U0083339

古代歷史文化研究輯刊

十四編

王明蓀 主編

第 **16** 冊

唐代博戲文化探究

張永慶 著

國家圖書館出版品預行編目資料

唐代博戲文化探究／張永慶 著 -- 初版 -- 新北市：花木蘭文化
出版社，2015〔民 104〕
目 2+182 面；19×26 公分
（古代歷史文化研究輯刊 十四編；第 16 冊）
ISBN 978-986-404-324-8（精裝）
1. 博戲 2. 文化研究 3. 唐代
618   104014379

ISBN-978-986-404-324-8

9 789864 043248

古代歷史文化研究輯刊
十四編　第十六冊   ISBN：978-986-404-324-8

唐代博戲文化探究

作　　者　張永慶
主　　編　王明蓀
總 編 輯　杜潔祥
副總編輯　楊嘉樂
編　　輯　許郁翎
出　　版　花木蘭文化出版社
社　　長　高小娟
聯絡地址　235 新北市中和區中安街七二號十三樓
　　　　　電話：02-2923-1455／傳眞：02-2923-1452
網　　址　http://www.huamulan.tw 信箱 hml 810518@gmail.com
印　　刷　普羅文化出版廣告事業
初　　版　2015 年 9 月
全書字數　143067 字
定　　價　十四編 28 冊（精裝）台幣 52,000 元

唐代博戲文化探究

張永慶　著

作者簡介

張永慶，臺灣員林人。曾就讀於中國文化大學新聞系、台中教育大學數學系、台東教育大學師資班，中興大學歷史研究所。曾擔任記者、救國團嚕啦啦服務員、臺灣史前文化博物館解說志工等，目前擔任彰化縣僑信國民小學教師。任教期間，深覺充實自身學識之重要，因此，常利用工作閒暇，多方涉略，尤以歷史叢書為最。承蒙恩師宋德喜教授指導，以碩士論文《唐代博戲文化探究》出版本書。

提　　要

　　唐代（618～907）是中國歷史上的盛世，國家統一、疆域廣袤，政治、社會與經濟均有長足的發展。國內各民族間的融合與對外文化的交流，造就唐代多元、開放與兼容並蓄的文化特徵。

　　唐代，對於中國遊戲歷史的發展，有著關鍵性的地位。伴隨著社會的穩定與經濟的發展，上從皇帝與貴族，下至平民百姓，無不重視游藝活動。除了傳統遊戲內容得到進一步的定型、推廣與普及之外，更逐漸發展出多樣的遊戲，豐富中國的遊戲文化，顯示出唐代帝國的繁華、恢宏與多元。

　　本文旨在深入探究唐代文化中所呈現出來與博戲相關的生活面向。首先，從博戲產生的背景、源流與發展，概述博戲從先秦至唐代的沿革；其次，探究唐代博戲的社會階層，分別從帝王、貴族、平民百姓、婦女與博戲的關係及其所代表的意義；再者，從博戲中樗蒲與雙陸的形制與博法，還原唐代博戲盛況與文化。本文運用唐詩與筆記小說彌補史籍中博戲活動記載的不足，從中探究博戲在社會上傳播的情形，以及博戲文化所反映出唐代社會多元的精神文化。

目次

第一章 緒 論

　　遊戲是生物的一種本能，在原始人類甚至在其他動物界之中，遊戲都扮演著極為重要而不可或缺的活動。據《詩經》記載：

> 情動於中而形於言，言之不足，故嗟歎之；嗟歎之不足，故永歌之；
> 永歌之不足，不知手之舞之、足之蹈之也。〔註1〕

從詩經的敘述中可知，詩歌、音樂與舞蹈的產生是由某種激情所導致，而娛樂和遊藝等活動亦源於此。

　　因著叢林法則的影響，人與動物都具備爭強好勝的能力。隨著人類歷史的演變，人類從動物界逐漸脫離，在創造文明的過程中，除了原本依恃武力爭鬥的活動之外，益智、體育等各種休閒娛樂活動也跟著蓬勃發展起來。隨著時間的演進，人類逐漸豐富遊戲種類，使得人類的遊戲擁有動物遊戲所不具備的多樣性、複雜性、社會性與文明性。

　　隋唐時期，對於中國遊戲歷史的發展，有著關鍵性的地位。除了傳統遊戲內容得到進一步的定型、推廣與普及之外，更逐漸發展出多樣的遊戲，豐富中國的遊戲文化。遊戲，作為社會文化生活的重要組成部分，可說是社會發展的一面鏡子，某種程度上反映出社會文化的發展與變遷。隋唐時期遊戲的發展與演變，必然也受到當時社會文化等因素的影響；社會文化的發展，亦必然會受到當時遊戲發展的影響。在遊戲與社會的交互作用中，影響至大而深遠者，當屬博戲。

〔註1〕唐‧孔穎達，《詩經‧國風‧周南》（台北：藝文印書館，1965，據重刊宋本
　　　　十三經注疏附校勘記），頁13。

本研究論文即針對博戲與唐代之政治、經濟、社會與文化等，所產生的互動關係，做更全面的探究。

一、研究動機與目的

（一）研究動機

對於「不可知」的好奇與「不可預測」的著迷，是人類的天性，因此，不論古今，或是東西方，人類社會都存在著某種程度的「迷信」與「賭性」。在迷信方面，源於人們欲由諸鬼神等不可知的力量，抒發心中的疑慮藉以得到安慰；在賭性方面，人們欲藉由賭博活動以滿足投機取巧、僥倖取勝的心理需要之外，更從中尋求休閒娛樂、激發機智的作用。因此，不論是迷信或是賭性，對一般人而言均具有很大的誘惑力。

在古代中國，賭博與博戲〔註2〕常相伴而生。古人不論是藉博戲而行賭，或為賭而行博戲，都讓中國博戲與賭博產生密不可分的關係。這層關係更導致博戲在中國世人心中，僅被視為遊戲，無足輕重。並且，由於以博戲行賭所造成的負面影響，更讓社會所不容。但是，當我們把博戲放諸於中國傳統文化的架構中，博戲就不應只被視為遊戲而已。其實，博戲不是一種簡單或幼稚的遊戲，而是一種複雜而須透過邏輯思維的遊戲。而博戲這種邏輯思維遊戲，又不同於一般的思維遊戲，而是蘊含許多古代辯證法、象數及倫理的思維遊戲，可謂博大而精深。

中國博戲文化的內涵非常豐富，從先秦以來，博戲總不失時宜地把各時代的學術思想和科學技術成果蘊含於其中。博戲豐富的內在蘊含，更導致外在功能的多樣化。博戲作為珍貴的歷史文化遺產，應發揮其啟迪智慧的發展功能、忘憂添趣的愉樂功能、涵茹砥礪的陶冶功能、切磋交流的社交功能、因物設教的教育功能等積極意義。儘管博戲存在消極的一面，諸如因嗜博而廢事棄業、以博為卜的盲從與盲信、以博為賭而形成的社會問題等。但仍瑕不掩瑜，博戲在中國歷史的發展上佔有重要的地位。

因筆者對唐代文化獨有的興趣，並且認為博戲議題頗具開創性，故擬以「唐代博戲文化探究」為題，建立一有組織而完整的體系，對學術界作出一己微薄貢獻。

〔註2〕《中文大辭典》（台北：中華學術院，1982），第2、8冊，頁285、1410。博戲，局戲也。賭博，以能分勝負之遊戲，視勝負而授受財物者。

（二）研究目的

大唐盛世，國富民強，精神文明高度發展。於此同時，社會開放、文化多元、兼容並蓄與氣度恢弘，讓筆者嚮往不已，對唐代的生活層面尤感到興趣。在「生活」層面方面，內容廣泛，舉凡食、衣、住、行、社會風氣、節慶活動、遊藝活動等均屬之。

富饒的唐代，造就多采多姿的遊藝活動。舉凡琴、棋、書、畫、鬥雞走狗、博戲、百戲表演等，均成為人們在滿足豐衣食足等基本需求之後，所欲追求的精神層次的滿足。其中，博戲不僅源遠流長，而其受歡迎層面之廣，史料記載之豐，文學描繪之生動，均引起筆者的注意與興趣，故而欲進一步深入探究唐代文化中與博弈相關之課題。

筆者欲藉由本研究，探索唐代博戲活動產生之背景、源流與發展；各種博戲形制與博法；作為政治手段的博戲文化、社交活動的博戲文化與時代風尚的博戲文化；以及詩歌、小說中，博戲所反映之社會現象、風俗民情等領域與範疇。

二、前人研究成果與文獻運用

賭博，作為一種特殊的社會文化現象，至今影響頗深，但史學界對此論題相對其它論題而言，顯得著墨有限。除了受限於考古出土文物之外，或與賭博論題在社會上仍存在許多禁忌，故而無法廣泛地為一般社會大眾接受所致。

（一）前人研究成果

在逐一檢閱文獻的過程中，發現目前學術界的研究成果，多集中在「賭博犯罪」、「賭博行為」與「中國賭博文化」的研究方面，而與「唐代賭博文化」相關的著作，可以說是微乎其微。而在「中國博戲文化」的著作方面，從發表的質與量觀之，可以發現這些作品的整體架構，多偏重在中國各種賭博遊戲的發展脈絡與各朝代賭博遊戲的演進過程，並且多偏重於探討上層社會的賭博文化，明顯忽略來自民間社會生活的參與，及缺少對於唐代賭博文化更深層的探討。無形中透露出這樣的訊息：「唐代博戲文化」無疑是相當值得投入心力墾拓的領域。

1. 學位論文

目前所見有關賭博研究之學位論文，多集中在以法律和政策層面為主的

「賭博犯罪」、「賭博行為」等研究上。如李美苓〈論賭博行為之應罰性〉，從法律學、社會學、心理學、犯罪學等探究賭博行為，再從保護法益、無被害者犯罪等角度，檢討賭博的應罰性問題。陳暢偉〈澳門青少年對賭博的態度與行為：四個犯罪學理論的驗證研究〉，從自我控制、社會鍵、一般化緊張、社會學習等理論，探究與分析一年內澳門超過一半青少年參與過任一種賭博活動，並對家長與政府提出改善建言。若從文學或歷史的角度進行關於賭博研究的題材，則有陳正平之〈唐詩所見游藝休閒活動之研究〉，藉由唐詩的描繪，探究唐代各種游藝休閒活動之價值、意義與影響。再藉由各種游藝活動的影響層面，述及唐代政治與社會各階層的游藝生活。另外，賴永大之〈唐代弈棋文化探微〉則著重於唐代弈棋文化對政治、社會各層面影響的探究。而以「唐代博戲文化」作為主要研究對象的，在學位論文方面，至今可說是幾乎呈現空白的狀態。

2. 專　書

查閱近年來的隋唐五代史研究成果，有關隋唐博戲文化研究之論著，目前尚未出現。但在博戲活動的專著中，則多有所見。如戈春源的《賭博史》，從賭博的起源談起，介紹各種賭博及各式賭博手段，最後談及賭博造成的危害弊端。郭雙林、蕭梅花著的《中國賭博史》，原是依《中國禁賭史》構思，針對歷代賭博進行原則性的介紹，而不作詳細論述。書中提出許多中國歷代賭博的概況，提供本研究論文的研究基礎。此外，羅新本、許蓉生所著的《中國古代賭博習俗》，先論各種賭博（如六博、樗蒲、雙陸、葉子、麻將、鬥蟋蟀等）的形制，再論賭博在社會各階層的流傳與影響，最後論述歷代的禁賭法令，希冀從賭博的角度加深對中國傳統文化的了解，亦提供本研究論文對傳統博戲的思路。另外，由宋會群、苗雪蘭所著的《中國博弈文化史》，則從中國古代哲理與科學探究博弈的本質與中國文化的關係，並進行各種博戲的起源與流變的探討。其中對中國最早之博戲——六博的研究，提出較為系統性而完整的論述。以上三書均對唐代的博戲均有所論述，為本研究論文提供重要的參考資料，其成果與貢獻是值得肯定的。本研究以前人所作之基礎研究為底，對唐代的博戲活動進行較全面的探討，不妥之處望批評指正。

3. 期刊論文

關於賭博的期刊論文不少，諸如周清泉〈從博弈到賭博〉、許蓉生〈士大夫賭博風氣的時代特點〉、楊樂生〈中國歷代賭博奇觀〉以及涂文學《中國古

代賭博的流變〉、李金梅與路志峻〈中國古代博戲考〉等以中國歷代的賭博文化和現象爲範疇，根據考古資料與出土文物，結合多種學科，對六博、塞戲、樗蒲、雙陸等博戲進行探究，對古代博戲文化梳理出更清楚而深入的認識。

　　再者，關於以博戲爲主題或單篇研究，則有杜朝暉〈雙陸考〉與馬建春的〈大食雙陸棋弈的傳入及其影響〉等。杜朝暉在〈雙陸考〉中認爲，雙陸乃揉合波羅塞戲與六博特點所創制，是古代一種帶有賭博性質的遊戲。馬建春在〈大食雙陸棋弈的傳入及其影響〉中，藉由古代中國與阿拉伯經濟文化頻繁交流，探究阿拉伯雙陸自北朝傳入中國，於唐宋元盛行所產生廣泛的社會影響。此外，路志峻及張有之在〈絲綢之路上的胡戲 —— 雙陸之考析〉中，藉由絲綢之路的軌跡，探究中西文化交流，並進一部探討雙陸、波羅塞戲、握槊與長行間的關係。王璐在〈王梵志詩中關于飲食、博戲的世俗生活〉中藉由通俗易懂的王梵志詩歌，從飲食與博戲方面，進行初唐世俗生活的探究。劉欣在〈我國古代雙陸傳播考述〉中，以文獻資料法對雙陸在中國古代的傳播、影響、消亡等原因進行分析。李金梅在〈敦煌古代博弈文化考析〉中，透過敦煌莫高窟、榆林窟等壁畫藝術的考查與查閱敦煌文獻資料，進行敦煌博弈文化與絲綢之路諸文化型態的考析。

　　期刊論文中，對中國古代博戲文化與賭博歷史進行探析之外，更有甚者，對特定博戲進行議題討論與考析，並且得到成果，都爲本研究論文提供重要的參考資料。

4. 史籍資料

　　本文以「唐代博戲文化探究」爲研究主題，故而必須對博戲文化之背景及發展之「源」與「流」做深入而系統的認識與融合，因此唐代以前之博戲文化、政治、經濟與社會的影響，均是重要而不可或缺的參考資料。因此，本研究涉獵《史記》、《漢書》、《後漢書》、《隋書》、《舊唐書》、《新唐書》、《舊五代史》、《新五代史》等二十四史史料，並參以《唐六典》、《通典》、《資治通鑑》、《四庫全書》、《全唐文》、《全唐詩》等史料，再輔以《唐國史補》、《酉陽雜俎》、《朝野僉載》、《淵鑒類函》、《事物紀原》等小說、類書，以蒐羅歷代博戲文化之相關記載。

　　綜合上述可以發現，目前對於「唐代博戲文化」系統之作尙不多見，且發表的篇章多爲泛論性質，其關注的焦點多不集中，顯得片面而零散。本論文特根據原始材料爬梳，並進行系統化的分析，參證相關文獻史料，嘗試具

體論述，以期對「唐代博戲文化」有一全面性的關照。

（二）文獻運用

本研究牽涉範圍廣及政治、社會、文化等層面，所參考的文獻分為基本史料、專書與論文集、期刊（學報）論文、學位論文、外文書等，藉由透過這些古今中外資料，試圖還原中國唐代的博戲文化。在基本史料方面，提供本研究歷史上關於博戲的記載；在專書與論文集方面，提供本研究最新考古發現與探究方向；在學位論文方面，提供本研究關於唐朝政治、社會與文化各層面的聯繫；在外文書方面，提供本研究關於唐代博戲對外國（由其是日本）的影響，更藉由外文書籍對博戲的記載與描述，作為研究唐代博戲的佐證。

（三）回顧、檢討與評其得失優劣

前人關於博戲之研究，搜羅許多資料，內容豐富多彩，加上考古文物的陸續出土，使得中國博戲的形制，在文獻與實物的相互印證之下，得以逐漸描繪出原貌。但是，或因某些博戲的年代久遠，或因某些博戲早已失傳，使得某些博戲確切的博法今日仍舊是個謎。故而，對於古代博戲的研究，大多僅就博具和形制作描繪與介紹，至於博法或闕而不談，或僅就史書記載而呈現，並不能復原當時從事各種博戲活動的樣貌。

再者，前人研究博戲主題，有涵蓋整個中國歷代之博戲者，有以各種博戲形式為研究之對象主題者，或僅做「縱」的聯繫，或是僅做「橫」的研究，可以將各種博戲歷史做相對完整的探究，此為其優點。但是，鮮少以「橫加縱」結合的方式研究之，喪失更完整詳實的探索，此為其缺點。縱有之，亦從博戲成熟期之宋元時代為研究背景，而非從博戲關鍵時期的隋唐研究之。

儘管如此，前人對於博戲之研究，涵蓋範圍廣，牽涉之內容豐富，可謂成果豐碩。為本研究論文提供重要的參考資料，其成果與貢獻是值得肯定的。本研究以前人所作之基礎研究為底，對唐代的博戲活動進行較全面的探討，不妥之處望批評指正。

三、釋名與研究範疇

以財物的轉移，作為遊戲勝負的結果，為賭博的最初形式。賭博活動在各種人類行為當中時有所見，在這些賭博活動中舉凡以錢財為賭、以官職為

賭、以妻小爲賭、以生命爲賭者，甚至或有以戰略、國家存亡爲賭者。換句話說，賭博有廣義與狹義之分。廣義的賭博，含所有博弈成分：舉凡博戲、賭勝負、賭財物，甚至賭事業、賭人生、賭生命等活動或行爲均屬之。狹義的賭博是專指賭財物，以財物作賭注賭輸贏。其中，博財物則易誘使人走向深淵，甚至妻離子散、家破而人亡者，進而成爲社會大害〔註3〕。

　　古代有以「博弈」爲賭博名稱者；而「博弈」又有名爲「博戲」者。若單從字面上理解「博戲」二字，則有以博爲戲、娛樂怡情、戲而取人財物之義。雖然中國傳統文化、觀念以及倫理道德一直在譴責賭博，但這對擁有喜好遊戲、喜好投機天性的人們，確實也起不了多大作用。博戲的範圍既是如此多樣而廣泛，因此，有必要先對博戲之名與研究範疇作一限制與說明。

（一）釋　名

　　先秦時，人們常把博弈連稱；直至漢代，博弈在人們觀念中大致上仍然是共處的。因此，章昭在〈博弈論〉中，將博弈看成相同事物。直到班固〈弈旨〉開始，人們關於「對博」或「對弈」逐漸產生不同的看法。此外，「博戲」與「賭博」常被視爲相同活動，實則不然，兩者之間存在差異。茲分別就「博弈之名」與「博戲與賭博」兩大項分別說明。

1. 博弈之名

　　社會上一般將「博」、「弈」連稱，其實兩者存在相異之處。據《中文大辭典》云：「局戲曰博，圍棋曰弈〔註4〕」，此僅爲粗略分法。針對此主題，分別就「博」之諸名、「弈」非專指圍棋、博弈分流等論題進行探究。

（1）「博」之諸名

　　博戲之名，最早見於先秦文獻中。據《論語·陽貨》記載：

> 飽食終日，無所用心，難矣哉！不有博弈者乎？爲之，猶賢忽已。

〔註5〕

此處的「博弈」二字，專指古代一種擲彩行棋的「六博」局戲，因爲具有很高的運氣成分，因此成爲後代具有「賭博」涵義的「博」字由來。另外，據

〔註3〕孫順霖，《中國人的賭》（鄭州：中原農民出版社，2005），頁2～3。
〔註4〕《中文大辭典》，第2冊，頁281。
〔註5〕十三經注疏整理委員會整理，《十三經注疏·論語注疏》（北京：北京大學出版社，2000），第23冊，卷17，〈陽貨〉，頁277。另據《論語新繹》（台北：聯經出版事業公司，2010），頁622～623。

《莊子‧駢拇》中有云：

> 臧與穀二人相與牧羊，而俱亡其羊。問臧奚事？則挾筴讀書；問穀
> 奚事？則博塞以遊。〔註6〕

此處「博」又有「博塞」之稱。「塞戲」與「六博」棋局大致相同，屬同類博
戲，但兩者仍存差異。根據《莊子‧駢拇篇》敘述：

> 博塞以遊。（唐‧成玄英疏曰：行五道投瓊曰博，不投瓊曰塞。）
>
> 〔註7〕

六博依所擲「箸」或投「瓊」之彩行棋，塞戲則不擲箸〔註8〕。除此之外，揚
雄《方言》中有云：

> 簙謂之蔽，或謂之箘，秦晉之間謂之簙。吳楚之間或謂之蔽，或謂
> 之箭裏，（簙著名箭）或謂之簙毒，或謂之夗專，或謂之□璇，（或
> 曰竹器，所以整頓簙者。）或謂之棋。所以投簙謂之枰（評論），或
> 謂之廣平。所以行棋謂之局，或謂之曲道。圍棋謂之弈。自關而東
> 齊魯之間皆謂之弈。〔註9〕

文中的簙〔註10〕、蔽、箘、箭裏、簙毒、夗專、棋、枰、廣平、局、曲道等
均為博具，揚雄提出以博具作為「博」之諸名。其中，只有關東以至齊魯之
間，「弈」才特指圍棋。

綜上所述，簙、蔽、箘、簬、箭、箭裏、箭囊、簙毒、夗專、究、榮、
璇、碁等均為博具，以博具代表「博」戲，成為古代為「博」命名的特色。

（2）「弈」非專指圍棋

「弈棋」二字，最早出現於《左傳‧襄公二十五年》：

> 今寧子視君不如弈棋，其何以免乎？弈者舉棋不定，不勝其耦。而
> 況置君而弗定乎？必不免矣。（晉代杜預注：弈，圍棋也。）〔註11〕

〔註6〕清‧郭慶藩輯，《莊子集釋‧駢拇》（北京：中華書局，1954），頁146。
〔註7〕清‧郭慶藩輯，《莊子集釋‧駢拇》，頁146。
〔註8〕擲采行棋乃塞戲關鍵，成氏所解，乃受唐代盛行之骰戲而誤解塞戲。於第二
　　　章詳述之。
〔註9〕漢‧揚雄撰，晉‧郭璞注，《方言‧簙》（台北：中華書局，1985），卷5，頁
　　　53。
〔註10〕許慎撰，段玉裁注，《新添古音說文解字注》云：「簙，局戲也，六箸十二棋
　　　也。」（台北：洪葉文化公司，1999），五篇上，竹部，頁200。
〔註11〕十三經注疏整理委員會整理，《十三經注疏‧春秋左傳正義》（北京：北京大
　　　學出版社，2000），第18冊，卷36，頁1182。

就此上下文判斷，《左傳》中的「弈」字顯然應作動詞解，意為「下棋」，其中，「弈者」乃指下棋者。除此之外，湖北省睡虎地秦墓竹簡《為吏之道》中記載道：

> 凡治事，敢為固，謁私圖，畫局陳棋以為藉。宵人懾心，不敬徒語
> 恐見惡。〔註12〕

因為該墓出土為博棋實物而未見圍棋，顯然，「棋」正是指博棋，而非指圍棋。故而《左傳》之「弈棋」，應作「進行博棋」解，並非專指圍棋。杜預將「弈」作圍棋解，或許是受到揚雄與許慎的影響。漢・許慎在《說文》中有云：「弈，圍棋也。〔註13〕」由此可知，漢代時，有稱圍棋或博棋為「弈」者。因此，若從文獻記載與考古文物中作判斷，與其把《左傳》中的「弈棋」看成下圍棋，不如將之看成下博棋，應較為適宜。

再者，漢代亦有將先秦的「弈」解作「博」者，據《孟子・告子上》：

> 今夫弈之為數，小數也。不專心致志，則不得也。弈秋，通國之善
> 弈者也。使弈秋誨二人弈。（漢趙岐注：弈，博也，至不得也。……
> 古者堯曾作博）〔註14〕

趙岐將「弈」解作「博」，因此將「弈」視為小數。另據《孟子・離婁下》云：

> 世俗所謂不孝者五，……博奕，好飲酒，不顧父母之養，二不孝也。
> 〔註15〕

在此，孟子亦將「博弈」作「博戲」解，以至於好之者常導致荒時廢業，因而有不孝之嫌。此外，古人習慣稱「博戲」為「博弈」，如《漢書・王莽傳》中記載：

〔註12〕睡虎地秦墓竹簡，亦稱雲夢秦簡，是1975年12月在中國湖北省雲夢縣城關睡虎地十一號墓出土的秦代竹簡，記載了當時的法律和公文，經過整理竹簡的內容被收集進《睡虎地秦墓竹簡》一書。這批竹簡是研究戰國晚期到秦始皇時期政治、經濟、文化、法律、軍事的珍貴史料，也是校核古籍的依據。共51簡，位於墓主腹下，簡長27.5公分，寬0.6公分。內容主要是關於處世做官的規矩，供官吏學習。

〔註13〕漢・許慎撰，段玉裁注，《新添古音說文解字注》，頁105。

〔註14〕十三經注疏整理委員會整理，《十三經注疏・孟子注疏》第25冊，卷11下，〈告子上〉，頁361。

〔註15〕十三經注疏整理委員會整理，《十三經注疏・孟子注疏》第25冊，卷8下，〈離婁下〉，頁279。

平原女子遲昭平能說博經以八投，亦聚數千人在河阻中。（服虔曰：

「博弈經，以八箭投之。」）亦聚數千人在河阻中。〔註16〕

由「以八箭投之」可知，此「博弈」之戲乃為博戲，服虔將「博經」稱作「博弈經」，顯然亦將「博弈」作為博戲的統稱，而非專指圍棋。直到東漢早期，博弈領域仍以博棋為盛，圍棋雖已發明，但流傳不廣。

綜上所述，先秦文獻中「博弈」連稱，當作「博戲」解；「弈」在先秦時或指下棋，或指下博棋。而且《孟子章句》中趙岐亦將「弈」作「博」解，輔之以考古資料，則可推知先秦之「弈」非專指圍棋。

（3）「博」與「弈」分流

「博弈」一詞，最早記載於《論語・陽貨》：「子曰：飽食終日，無所用心，難矣哉。不有博弈者乎？為之猶賢乎已。〔註17〕」在此，孔子主要在鼓勵人要用心而不是鼓勵人去博采下棋。而且，博采下棋原本亦為一種局戲罷了，與後人所謂賭錢，意義不同。現今對「博弈」的認識，多以為含有「博」與「弈」二種類型。「博」即博戲，主要指藉由擲骰子以賭輸贏的遊戲，如樗蒲、雙陸、葉子戲等。「弈」即棋類遊戲，如圍棋、象棋、彈棋，尤其特別指圍棋。

在古籍記載當中，博弈原本是作為博戲的統稱。博弈連稱，當始於先秦；到了漢代，博弈仍是共處的狀態。據三國吳・韋昭〈博弈論〉記載：

夫一木之枰，孰與方國之封；枯棋三百，孰與萬人之將？袞龍之服，

金石之樂，足以兼棋局而貿博奕矣。〔註18〕

此處韋昭將博與弈看做相同事物，故而能「兼棋局而貿博奕矣」。但是，到了漢代，班固於〈弈旨〉中則云：

夫博懸于投。不專在行。優者有不遇。劣者有僥倖。踦挈相淩。氣勢力爭。雖有雄雌。未足以為平也。至于奕則不然。高下相推。人有等級。〔註19〕

〔註16〕漢・班固，《漢書》（北京：中華書局，1995），卷99下，〈王莽傳〉，頁4170。

〔註17〕十三經注疏整理委員會整理，《十三經注疏・論語注疏》（北京：北京大學出版社，2000），第23冊，卷17，〈陽貨〉，頁277。另參《論語新繹》（台北：聯經出版事業公司，2010），頁622～623。

〔註18〕晉・陳壽，《三國志》（台北：鼎文書局，1980），卷20，〈吳志・韋昭傳〉，頁1461。

〔註19〕清・嚴可均校輯，《全上古三代秦漢三國六朝文》（北京：中華書局，1958），

班固將「博」與「弈」對舉，此時「博」指「六博」，「弈」作「圍棋」解。
意即「弈」不擲骰子，專爲行棋；「博」須擲骰子，不專在行。這樣的區分，
成爲中國古代的「博」與「弈」之間一個重要的分界線。換句話說，從班固
〈弈旨〉開始，博與弈已非完全相同性質。

若從棋具上比較，「博」具比「弈」具多了瓊（或箸、骰）；若從行棋方
式上比較，進行「博」戲時，須先擲骰再依點數行棋，故而不專在行，後來
衍伸爲各種機率遊戲的總稱；進行「弈」棋時，則不須擲骰，而直接行棋，
後來衍伸爲各種策略性、不擲骰遊戲的總稱。由於「瓊」的出現，導致博弈
性質上的差異。而瓊的神秘與僥倖等因素，使得博戲更加貼近於賭博與占卜。

因博與弈存在差異，故而，漢代以後博與弈逐漸分流。唐代《藝文類聚》、
宋代《太平御覽》以及清代《古今圖書集成》等，均把博與弈區分出來。在
「博」的基礎上，衍生出樗蒲、雙陸、骰子戲、采選、打馬、馬吊、麻將等
博戲；在「弈」的基礎上，衍生出中國象棋、國際象棋等棋戲。

綜上所述，博戲偏重於物欲、取勝與功利得失，比較適合於文化層次較
低、賭博意圖較強的人玩樂；弈戲則偏重於訓練思維、陶冶性情，比較適合
於文化層次較高、較注重精神享受的人玩樂。博戲在博弈文化中，雖然屬於
從屬地位，但化俗爲雅亦是中國博弈文化中的重要特色。

2. 賭博與博戲

（1）博弈與博戲的本質

社會上一般將「博」、「弈」連稱，其實兩者存在相異之處。博與弈二者
同源，均源於中國古代數術文化。博弈與一般遊戲不同，一般遊戲中，陀螺
依賴技巧，射箭依賴臂力與穩定度，而拔河需要臂力與耐力，但是，博弈需
要的是依賴智力與運氣。中國博弈中，無論是六博、圍棋、樗蒲或雙陸等，
都必須在規則的設計中進行棋局。據東漢邊韶在〈塞賦〉中記載道：

> 始作塞者，其明哲乎。故其用物也約，其爲樂也大。〔註20〕

邊韶認爲，博戲所用之道具雖然少，但博戲之棋局、棋子與著法中蘊含盛大
而廣博之道，因此，博戲顯得精妙而美。例如：六博以「局平以正」象地；
外層 12 個鉤識象 12 地支，法地而右旋；內層 8 個鉤識以象八卦九宮，法天
而左旋。另外，六博子分黑白，以象陰與陽；棋有十二，與呂律之數相合；

卷 26，〈全後漢文・班固〉，頁 615。

〔註20〕唐・歐陽詢，《藝文類聚》（臺北：新興書局，1969），卷 74，頁 1916。

投箸而行棋，以象崇天安排之運數；梟棋行於天，「至震取兌，至離取坎」；散棋行於地，「在子取未，在午取卯」，均以天上歲星、地上太歲之沖為原則。

由上可知，博戲設計，充滿象數觀念與邏輯思維方法，將人類社會的一切運行在小而方正的博棋局之中，提高遊戲的知識性、娛樂性與趣味性，中國古代博棋因而能流行千年。而這種種設計傳統，被後世博戲所繼承。

（2）博戲與賭博之別

追求事物的偶然性，是博戲與其它遊戲上最大的差別。而當遊戲具有一定偶然性，而且勝負難以預料和猜測，那麼此種遊戲將有機會成為賭博。因為，此種遊戲具備「每個遊戲者都有機會戰勝對方，贏得錢財」的特質。因此，在多數人的潛意識當中，「博戲」多會與賭博聯繫起來。

社會上將「博弈」連稱，其意傾向作「賭博」解，因此有人以「博弈」作為「賭博」的代名詞。究其原因，或因「以博弈之戲為賭」，或「為賭而行博弈之戲」所造成。

此外，賭博是人類遊戲活動中，一種較為特殊的遊戲方式。賭博的主要特點，在於遊戲的勝負結果，必須以錢財來兌現。倘若遊戲活動中，獲勝的一方，可以支配負者一方所支付的財產錢物，則該種遊戲方式，實質上即是一種具備賭博性質的活動。

僅管有以博戲進行賭博活動者，亦有為賭博而行博戲者。然而，許多博戲本身並非賭博，只是有許多人在博戲形成之後把它們作為賭博的手段罷了。這或許是由於博戲除了能滿足人們的娛樂需求之外，博戲結果是要以輸贏來判定勝負的，而且勝負往往伴隨著錢、財、物的押注，因此，古代博戲活動多數帶有賭博色彩。

然而，真正的賭博純粹是為了獲得錢財，並不帶有娛樂性；而博戲的情況卻並非如此。博戲主要追尋的是一種情緒上的刺激，只不過由於有了錢財因素的介入，這種刺激性更為強烈、突出而已。換句話說，真正的賭博完全是一種經濟行為，而博戲則是一種具有強烈刺激性的娛樂活動。換句話說，中國博戲是一種「以博為戲」與「為戲而博」的活動，並非純粹以財物為目的的賭博行為。

（二）研究範疇

本論文以「博戲」為中心，主要論述博戲在唐代流行之情況。同時，本文中對博戲的研究，除了述及所有唐代流行博戲之源流與發展之外，更從社

會各階層、人物、文學等面向，探討博戲活動在唐代流行情形。

在研究的時空方面，篇章行文在無牽涉連貫而直接相關的資料的情形下，則依時間前後依序論述，以求脈絡清楚。另外，當述及各類博戲、棋具或博法之源流與發展時，則從創造之初探究至唐代，以求系統完整。在研究空間方面，包括唐代都城長安與四方之地，甚至鄰國異域等，以求論述完整而客觀。

在研究內容上，舉凡六博、樗蒲、雙陸、長行及一切依擲骰而進行，具有賭博、依靠運氣成分之戲，均包含在本研究範疇之內。此外，唐代是「詩」的全盛時期，詩的產量亦以唐代最豐富，文人常將生活中所見、所聞與心境融入詩作之中，故而若捨棄唐詩則無以見唐代政治與生活之全貌。除了「詩」大量描寫當代政治之外，「筆記小說」亦常述及平民百姓之生活態樣，故而透過筆記小說更能彌補正史之不足。因此，本研究論題輔以詩歌與筆記小說中的賭博，以期將博戲文化進行完整的研究與論述。

在對象層面方面：人組成社會、造就國家，雖地位、階級或有不同，但滿足慾望與追尋歡愉的心，是相同的。故而，欲了解博戲活動在唐代的流行情形，其參與者──「人」的組成，更是不可或缺。本論文之研究對象，包含不同族群、不同階級，舉凡帝王、士大夫、貴族、平民百姓以及婦女們，甚至是外國異域人士，均是唐代博戲之風盛行的重要成員，亦成為本論文研究之必然成員。

四、研究方法與內容

本研究以文獻的搜羅、整理與探討為主要研究方式，並加以分析各方史料、各家史評與論點。

（一）研究方法

本研究所使用相關研究方法，有歸納方法、詩文史互證法以及比較方法。以文獻的搜羅、整理與探討為主要研究方式，並加以分析各方史料、各家史評與論點。分述如下：

1. 歸納方法

選擇史料時，以正史的記載為主要的依據，再輔以間接史料作為引證的需要，並考量客觀性，對於歸納時所得到的通則或結論，則採取肯定卻非絕

對性的態度。賭博文化爲社會現象之一，形成原因有其複雜性，過於武斷的論定則有偏頗之虞。考古文物時有出土，故僅能以現階段的研究，蒐集資料作出合理的分析與解釋。隋唐五代的筆記、傳奇小說、詩集、文集等，與隋唐五代社會生活息息相關，因此常能與經籍、正史等相互證明，增補其不足的部分。

2. 比較方法

博戲文化在比較中才能顯現其差異性，所以探討社會風氣對博戲文化的影響時，必須先瞭解隋唐五代博戲的種類，再對所研究範圍內各種參與博戲活動的階層進行了解，找出之間的差異性或相似情形。綜合資料的訊息分析與解釋形成結論，探討可能繼續形成的問題，針對本論文之研究主題進行辨證與詮釋。

在了解博戲文化的歷史背景及相關資料之後，必須進一步分析博戲文化對隋唐五代社會生活的影響，探討其中社會背景、經濟、政治等因素，研究其中的獨特性與共通性，並綜合參考各項相關文獻資料，作爲適當的佐證，進一步顯示出各種不同的博戲文化，所有的性質與風貌，而作一深入的比較，才能呈現隋唐五代博戲文化的特色與歷史意義。

3. 詩史互證

陳寅恪所倡立的「詩史互證法」，強調歷史研究，首先要將歷史資料一網打盡，用來佐證歷史史實；之後才可能得出正確的判斷。史詩互證取其兩意：一是以詩文論證史料或補證史書，相互引發，亦即以詩證史；第二是以史事解釋詩歌，以通解詩歌原意，亦即以史釋詩。《全唐詩》具有廣泛代表性，唐代社會生活，蘊含其中。引用唐詩做佐證，更能完整全面地呈現歷史背景與眞相。

以上研究方法，脈絡相連，無法分立。筆者必廣泛參酌各項文獻資料，審愼並兼顧各方說法，以求更客觀地進行判斷與陳述，使研究更臻完善。

（二）研究內容

本研究論題，主要從下列三個面向探討唐代博戲文化——

1. 博戲的背景、源流與發展。分爲中國博戲產生的背景、六博——中國最早的博戲、歷朝各代博戲的發展。

2. 唐代博戲中的社會階層：分爲帝王與博戲、士大夫及貴族與博戲、婦女及平民百姓與博戲等主題，進行探究。

3. 唐代博戲文化初探：分爲呼盧喝雉鬥五木、雙陸爭道智人痴、多姿多采的博戲等範疇進行探究。

第一個研究面向——唐代以前博戲的源流：在本主題探討中，依序就中國博戲產生的背景、中國最早的博戲：六博、歷代博戲的發展等各層面進行宏觀、深入而廣泛的探究。在歷代博戲文化的發展中，分爲先秦時期的博戲發展（遠古～西元前二二一年）、秦漢時期的博戲發展（西元前二二一～西元二二○年）、魏晉南北朝時期的博戲發展（220～581）等三個時期進行博戲文化廣泛的探究。

第二個研究面向——唐代博戲文化初探：唐代博戲種類繁多，本研究以樗蒲、雙陸與多姿多采的博戲（骰子戲、采選、葉子戲、龜背戲與宮棋、錢戲、蹙融）作爲主要的研究標的，分別從各博戲的起源、形制與博具、博法與名人紀事等方向進行論述。

第三個研究面向——唐代的博戲與社會：分爲政治手段的博戲文化、社交活動的博戲文化、時代風尚的博戲文化等主題，進行探究。在此主題之下，將社會各階層與博戲格局之大小、博戲種類之雅俗，進行分析與探究，以期更完整地探究各種博戲對唐代政治、社會與生活造成的影響。

此外，唐代是「詩」的全盛時期，詩的產量亦以唐代最豐富，文人常將生活中所見、所聞與心境融入詩作之中，故而若捨棄唐詩則無以見唐代政治與生活之全貌。唐代文學中，除了「詩」大量描寫當代政治之外，「筆記小說」亦常述及平民百姓之生活態樣，故而透過筆記小說更能彌補正史之不足。因此，本研究論題輔以詩歌與筆記小說中的賭博，進行研究與論述。

期望從這三個面向對唐代的賭博文化作一縱向與橫向的連貫研究，讓生活在現代的我們認識唐代多姿多采的賭博文化，從而對唐代文化與生活樣貌有一更深層的認識與了解。

（三）研究步驟

```
              ┌──────────────┐
              │  研究動機與目的  │
              └──────────────┘
                     │
              ┌──────────────┐
              │   文獻探討     │
              └──────────────┘
                     │
              ┌──────────────┐
              │  選定研究資料   │
              └──────────────┘
         ┌───────────┼───────────┐
  ┌───────────┐ ┌───────────┐ ┌───────────┐
  │ 考古文物、雕 │ │ 史書、唐詩與唐代│ │ 近代學者研究論│
  │ 刻、圖片等  │ │ 小說等資料   │ │ 文期刊及專書 │
  └───────────┘ └───────────┘ └───────────┘
        │                  │
  ┌───────────┐      ┌───────────┐
  │ 參照、比對  │      │  解讀、分析  │
  └───────────┘      └───────────┘
        └─────────┬─────────┘
              ┌──────────────┐
              │  界定研究範圍   │
              └──────────────┘
                     │
              ┌──────────────┐
              │ 運用歷史研究方法 │
              └──────────────┘
                     │
              ┌──────────────┐
              │ 理解、詮釋、推論 │
              └──────────────┘
                     │
              ┌──────────────┐
              │  擬定章節次序   │
              └──────────────┘
                     │
              ┌──────────────┐
              │   完成論文     │
              └──────────────┘
```

五、可能遭遇困難與預期成果

（一）可能遭遇困難

　　筆者在擬定論文題目時，起源於對唐代文化的喜愛，特別是社會生活史中的遊藝史。遊藝史的博戲領域，除了獨具的特殊性與迷人性之外，特別的

是含有神秘性與禁忌性。筆者對於博戲充滿探究興趣，但興趣並非等於專業，加上六博、樗蒲、雙陸、長行等博戲，失傳已久，筆者在進行研究時只能據史料記載、考古文物及圖片等拼湊其輪廓，恐怕對於當中的棋理、棋譜以及博法的理解有限，研究上可能的困難是可見的

其次，史料浩如煙海，逐一閱讀，則時間不足；不逐一尋找，則史料置身其中如滄海之一粟，難以發現。加以文字或艱澀難懂、或字義不明，而所學與能力有限，造成研究初期的盲點。筆者必須加強史料之蒐集與閱讀能力，並多方請教，以求克服。

最後，對於博戲文化之研究，不論台灣、大陸或外國學者之相關文獻史料著作不少，但礙於筆者外文能力不足，以致缺乏發掘新史料和相互印證的可能。但筆者會盡力克服這些問題，以期立論穩固，研究更臻於完善。

（二）預期成果

把博戲作為唐代文化的一個重要部分進行研究，揭示它在文化史、思想史、學術史、民俗史等發展中所起的廣泛作用，進而探討博戲對唐代政治、社會、思想、習俗的深刻影響。

1. 從文學角度看博戲

（1）文人而嗜博者，從文章中抒發博戲過程和心得，並藉以從中更深入體驗唐代博戲的各種面向。

（2）文人而為博戲之旁觀者，從第三者看博徒之得意、失意、窮困潦倒、寄事抒懷等情形，建構當時人民的生活與百態。

2. 從社會角度看博戲

（1）唐代的博戲風氣，上自宮廷，下至文人、百姓，社會各階層均有博戲情事。當時雖有禁賭規定，但是執法鬆緊無度，等同鼓勵人民暗自賭博。

（2）「上有所好，下必甚焉」，在朝之皇帝若嗜博成性，臣民為取悅皇帝，因之效尤，如此博戲之風必然大盛。為取勝利，各種投機取巧與詐術，將迭次翻新。如此，必嚴重影響社會風氣與人民價值觀。

（3）賭博金額有多有少，當賭金大而輸時，將導致家破甚至人亡。博徒為求勝利，甚至不擇手段，故而騙術、詐術、威脅、恐嚇等手段盛行，不一而足，嚴重威脅社會秩序與國家安定。

3. 從經濟角度看博戲

（1）博戲從休閒娛樂遊戲轉變成為純金錢遊戲，必然造成社會經濟型態的轉變。可能促進新經濟的形成（如：流行鬥蟋蟀，市場上賣蟋蟀的人家增多）；可能造成經濟秩序破壞（如：大商人子弟沉溺博戲，形成家道衰敗）。

（2）當為數眾多的平民百姓生活因博戲而受到影響，將因之影響國家總體經濟，國家經濟若處理不當，甚至導致敗亡。因此，不可不謹慎處理。

唐代國勢鼎盛，中西文化交流頻仍，博戲種類眾多，造就博戲文化成為唐代文化中重要的部份。博戲活動，在唐代的社會、經濟與生活各層面必然產生重要影響。本研究論文即欲從各層面進行探究，以期完整地呈現唐代的博戲文化。

第二章　唐代以前博戲的源流

　　大致來說，人類的賭博觀念，從動機或目的區分，可分為兩種：一是偶爾為之的娛樂型，此類型的參與者大多認為，賭博是一種娛樂，通常所下的賭注比較小。另一者為投資與消費型，此類型的參與者大多認為，賭博不僅是一種消費，更是一種投資，此類賭徒所從事者多屬豪賭。

　　再者，若就賭博金額的多寡加以區分，則可分為小賭與大賭兩種。所謂小賭，其娛樂成份比較重，參與賭博之原因不外是消遣、好勝、試運氣、應酬與受到當時風氣的影響。所謂大賭，其參與賭博的投機成份比較重，而且賭博已成為日常生活中的一部份，甚至希望藉由賭博以改善生活，能由貧轉富；更有甚者，欲藉賭博以維生。

　　賭博雖有娛樂性與消費性之分、有小賭與大賭之別，但是，賭博的危險性，即在小賭與大賭之間存在一連串的過渡地帶。由小賭變為大賭似乎比較容易，由大賭變為小賭則較難。雖然，賭性是人性的一部分，卻不是人人好賭，其中的差別，即在於參與賭博者的理性成分的高低。理性成分高者，則不迷戀於賭博，有則小賭；理性成分低者，則常迷戀於賭博，最終導致身敗名裂。

　　博戲的功能，不僅在於休閒娛樂，其對文化發展與建設亦是具有無法抹滅的功效。因此，古人對於博戲、弈戲的賭性存在一把特別的尺。據《顏氏家訓·雜藝》云：

> 數術淺短，不足可玩；圍棋有手談、坐隱之目，頗為雅戲，但令人耽憒，廢喪實多，不可常也。〔註1〕

〔註 1〕北齊·顏之推撰，王利器集解，《顏氏家訓集解》（上海：古籍出版社，1980），卷7，〈雜藝〉，頁 527～528。

在此《顏氏家訓》否定博的賭性，主要乃因凡「賭」技術和骰數都十分淺短，因此都是「不足可玩」，而弈則無此極端性。但若沉迷於弈，亦會玩物喪志，故而弈亦「不可常也」。

針對博戲的源流、背景與發展，分為中國博戲產生的背景、中國最早的博戲、歷朝各代博戲的發展等層面，進行深入而廣泛的探究。

第一節　中國博戲產生的背景

遊藝，即遊戲的藝術，人們用以娛樂、休閑遣興所進行的精神文化活動。在遊戲的過程中，或多或少存在競賽與輸贏的特性，在榮譽心與好勝心的驅使下，原本單純的娛樂活動轉變成為相互競技的工具。從遊戲中獲勝，除了內心滿足之外，更或多或少伴隨著戰利品（錢財、物品等）的擁有，遊戲賭博化於焉誕生。

中國博戲文化產生的因素很多，而且各時期對博戲造成的影響也各不相同。大致而言，生產技術的進步與商品經濟的發達、統治者的倡導與親自參與等，是中國博戲產生的重要原因。此外，對自然宇宙的觀察與認識、博戲與占卜的聯結，也是中國博戲文化的特色。

一、生產技術的進步與商品經濟的發達

遊戲，作為社會文化生活的重要組成部分，可說是社會發展的一面鏡子，某一程度上反映出社會文化的發展與變遷。隋唐時期遊戲的發展與演變，往往受到當時社會、經濟、文化等因素的影響；社會文化的發展，亦必然會受到當時遊戲發展的影響。墨子曾說：

> 食必常飽，然後求美；衣必常暖，然後求麗；居必常安，然後求樂。

〔註2〕

人在溫飽、安居之後，才有追求娛樂的慾望，故而溫飽安居，乃為遊戲的前提。再者，博戲具有冒風險、圖僥倖以及求暴利的行為，是人類獨有的現象。反映的是商品經濟中的社會心理，和僅有的文化現象。

春秋戰國時期，隨著商品經濟的發展，博戲風氣也因之而興盛。不乏喜愛博戲之諸侯國君，而此時之博戲重視金錢的輸贏。例如在齊國的都城臨淄，

〔註2〕吳毓江、孫啓治點校，《墨子校注·佚文》（北京：中華書局，2006年），頁980。

鬥雞走狗與六博是人民普遍進行的博戲形式。據《史記》記載：

> 臨菑甚富而實，其民無不吹竽鼓瑟，彈琴擊筑，鬥雞走狗，六博蹋
> 鞠者。〔註3〕

戰國時期的齊國臨淄，人口眾多，生活富裕。人民在閒暇時，多從事鬥雞走狗、六博、蹴鞠等百戲。這些活動不但沒有被禁止，而且是值得記載於史書內的活動，可見當時的博戲等活動，對社會具有正向意義，並且反映出當時商品經濟的發展和市民的風尚。

中國歷史上的漢唐盛世，社會高度發展，農業、工商業均呈現全面的發展態勢，促進城市進一步繁榮，因而帶動中小城市和工商城鎮的大量興起，人們的物質和精神生活達到前所未有的鼎盛，進而產生對文化與娛樂生活的強烈渴望。據《隋書》記載：

> 七德既敷，九歌已洽，要荒咸暨，尉候無警。於是躬節儉，平徭賦，
> 倉廩實，法令行，君子咸樂其生，小人各安其業，強無陵弱，眾不
> 暴寡，人物殷阜，朝野歡娛。二十年間，天下無事，區宇之內晏如
> 也。〔註4〕

由於國家統一，經濟繁榮，文化發達，使得物富民豐，朝野歡娛，造就區宇之內晏如景象。於此同時，中國古代遊藝的發展，至隋唐時期達到鼎盛。

至於魏晉南北朝時期，雖然是分裂戰亂的局面，但是仍有相對安定與短暫統一的社會環境。諸如官渡戰後曹操統一北方、赤壁戰後三國鼎立、西晉統一全國、北魏時期的北方，以及東晉與南朝時的南方，社會經濟並非完全停滯或遭受破壞，而是處於緩慢恢復與發展。於此同時，遊戲與各項娛樂活動逐漸打下了基礎。

二、統治者的倡導與親自參與

遊戲與各項娛樂活動發展的興盛，更得益於歷代統治者的提倡與親自參與。

由於遊戲具有其獨特的愉情遣興，不論是有所作為的帝王，抑或是昏庸荒唐的君主，均對遊戲活動表現出濃厚的興趣。

〔註3〕漢·司馬遷，《史記》（台北：鼎文書局，1979），卷69，〈蘇秦傳〉，頁2257。
〔註4〕唐·魏徵等，《隋書》（北京：中華書局，1981），卷2，〈高祖本紀下〉，頁14。

　　君王們可透過其政治權力和經濟條件，進行徵召或僱用各種藝術娛樂人才，以供其享樂。據《隋書》記載：

> 都邑百姓每至正月十五日，作角抵之戲，遞相誇競，至於糜費財力，
> 上奏請禁絕之，……，每以正月望夜，充街塞陌，聚戲朋遊。鳴鼓
> 聒天，燎炬照地，人戴獸面，男爲女服，倡優雜技，詭狀異形。以
> 穢嫚爲歡娛，用鄙褻爲笑樂，內外共觀，曾不相避。〔註5〕

每年元宵時節，都城百姓們多大肆競相從事角抵之戲，甚至「充街塞陌，聚戲朋遊。鳴鼓聒天，燎炬照地」者。由此可知，隋代各種遊藝活動十分興盛。另據《新唐書》記載：

> 唐之盛時，凡樂人、音聲人、太常雜戶子弟隸太常及鼓吹署，皆番
> 上，總號音聲人，至數萬人。〔註6〕

唐代之時，遊藝活動更爲興盛。宮廷內藝人的數量，甚至多可至數萬人，規模之龐大，也反映出唐代帝王對宮廷遊藝活動的喜愛與重視。另據《東觀奏記》云：

> 相從宴飲，鬥雞擊球，或獵於近郊，遊賞別墅。〔註7〕

隋煬帝、唐太宗、唐玄宗等均提倡並參與各種遊藝活動，故而馬球、圍棋、蹴鞠等均有很大的發展。而在帝王的倡導之下，推動各種遊戲的普及與發展，遊戲在社會各階層之中都擁有許多的愛好者。

　　博戲作爲一種具有思維方法與窮變通玄的遊戲，在中國歷代政治中，都因人而異地扮演著不同的角色。對有所作爲的君王來說，是其施展政治才華的得力工具；對治國賢臣而言，是諫言的恰當形式；對耽於其中的權臣而言，常因其而誤國誤事；對以上凌下之淫威者，常成爲禍亂鬥爭之源。

　　歷代君主名相，好爲博戲者不少，但善用博戲者卻不多。儘管如此，因著「上之所好，下必甚焉」，隋唐時期，民間的遊藝活動十分活躍。據《太平廣記》引《續仙傳》云：

> 一城士女，四方之人，無不載酒樂遊縱。連春入夏，自旦及昏，閭
> 裏之間，殆於廢業。〔註8〕

〔註5〕唐・魏徵等，《隋書》，卷62，〈柳彧傳〉，頁1481。

〔註6〕北宋・歐陽修、宋祁等，《新唐書》（北京：中華書局，1995），卷22，〈禮樂志〉，頁477。

〔註7〕唐・裴庭裕，《東觀奏記》（北京：中華書局，1997），頁112。

〔註8〕宋・李昉，《太平廣記》（北京：中華書局，1961），卷52，〈神仙・殷天祥〉，

不分春夏四季、不論早晨或黃昏、大街或小巷，均可看見人們進行民間的節慶娛樂、各種棋戲，以及博戲、童戲等。由此可見，遊藝活動在隋唐時期得到很大的發展。

三、博戲與自然宇宙的觀察與認識

　　中國遊藝活動，除了起源於人們生產活動中的具體事物之外，最大的特色即在於加入人們對自然、天文、地理、宇宙的觀察與認識，而產生象數思維的遊戲。其中，中國傳說與古籍中的「河圖」與「洛書」即反映先民對自然宇宙的認識與想像、神秘而其妙。據《尚書》記載：

　　　　越玉五重：陳寶、赤刀，大訓、弘璧，琬、琰，在西序；大玉、夷

　　　　玉、天球、河圖，在東序。〔註9〕

在此，《尚書》將大玉、夷玉、天球、河圖等並列於越玉五重中的東序。另據《漢書》記載：

　　　　易曰：「天垂象，見吉凶，聖人象之；河出圖，雒出書，聖人則之。」

　　　　劉歆以爲虙羲氏繼天而王，受河圖，則而畫之，八卦是也；禹治洪

　　　　水，賜雒書，法而陳之，洪範是也。〔註10〕

伏羲氏王天下時，龍馬出河，據其紋而畫成八卦之像。禹治水時，在神龜背部出現一至九的數字，據此而成洛書。以上古籍所載近似神話，雖不可盡信，但八卦是古人依自然界各種形象而畫成的，倘若河圖、洛書本於八卦，則亦爲自然界現象的圖繪。

　　　　頁321。

〔註9〕　鄭玄注，《古文尚書・周書・顧命》（北京：中華書局，1991），頁238〜239。
　　　　《易・繫辭》：「河出圖，洛出書，聖人則之。」《禮記・禮運》：「河出馬圖」。

〔註10〕　東漢・班固，《漢書》（台北：鼎文書局，1986），卷27，〈五行志〉，頁1315。
　　　　注云：「師古曰：『放劾河圖而畫八卦也。』」據《尚書》云：「河圖，八卦。
　　　　伏羲王天下，龍馬出河，遂則其文以畫八卦，謂之『河圖』。洛書者，禹治水
　　　　時，神龜負文，而列於背，有數至九，禹遂因而第之，以成九類。」另外，
　　　　據孔子《易經・繫辭傳》亦有云：「河出圖，洛出書，聖人則之。」

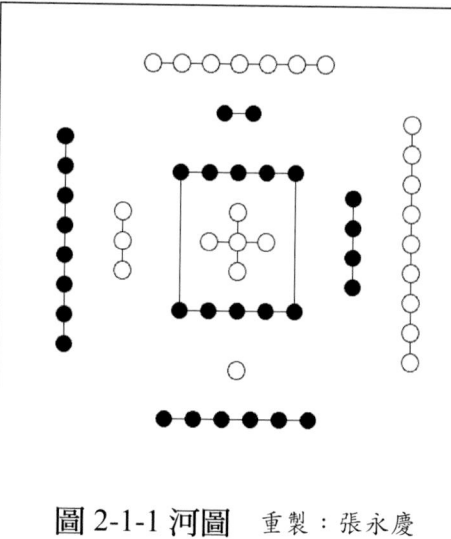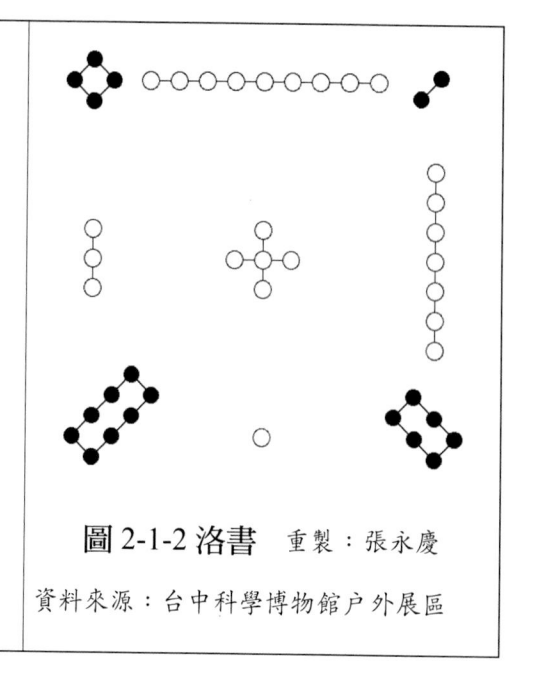

圖 2-1-1 河圖　重製：張永慶	圖 2-1-2 洛書　重製：張永慶
資料來源：台中科學博物館戶外展區	資料來源：台中科學博物館戶外展區

河圖是數的列式，1 和 6 列在北方，2 和 7 列在南方，3 和 8 列在東方，4 和 9 列在西方，5 和 10 布列在中央，它們之間的差都是 5。奇數代表陽，用白點；偶數代表陰，用黑點。每個方位所排列的數字都是一奇一偶，表示陰陽相配，一切事物乃因而發生變化。

洛書的特徵是中央的數目為「5」，無論從平行、垂直或對角線方向與中央的數目相加起來，其總和都等於「15」，原理簡單而奧妙。河圖數 10、洛書數 9，而定型的中國象棋中即有 9×10 條線，隱含河洛象數。此外，據邊韶《塞賦》中云：

> 始作塞者，其明哲乎，故其用物也約，其為樂也大。猶土鼓塊枹，空桑之瑟，質樸之化，上古所耽也。然本其規模，制作有式，四道交正，時之則也。棋有十二，律呂極也。人操厥半，六爻列也。赤白色者，分陰陽也。乍亡乍存，像日月也。〔註11〕

邊韶認為，博戲所用道具較少，質樸無華，但在局、棋與行棋中則蘊含廣博盛大之意。追溯博塞原本形制，是以式盤制作；棋盤局道相互交正，如同四時運作有常；十二枚棋，象徵律呂之數；博局中更顯現出八卦六爻之象。而據《敦煌棋經》記載：

〔註11〕唐‧歐陽詢，《藝文類聚》，卷 74，頁 1916。

碁子圓以法天，碁局方以類地，碁有三百一十六道，放周天之道。

〔註12〕

在此「碁有三百一十六道」應作「碁有三百六十一道」，棋子形狀如天之圓，棋局如地之方。而棋盤上有三百十一道，則象徵周天度數以 360 為準。另據宋・張擬在《棋經》中敘述：

夫萬物之數，從一而起。局之路，三百六十有一。一者，生數之主，據其極而運四方也。三百六十，以象周天之數。分而為四，以象四時。……枯棋三百六十，白黑相半，以法陰陽。局之線道，謂之枰。線道之間，謂之罫。局方而靜，棋圓而動。自古及今，弈者無同局。

〔註13〕

萬物之道，從一開始。局道共有三百六十一，其中三百六十象周天之數。棋子在不變的局中產生無盡的局面，這種日日見新，變化無窮之道，充分體現上古融合自然、宇宙的思維方式。據清・施襄夏《弈理指歸・序》云：

弈之為道，數葉天垣，理參河洛，陰陽之體用，奇正之經權，無不寓焉。是以變化無窮，古今各異，非心與天遊、神與物會者，未易臻其至也……按五行而佈局，循八卦以分門。〔註14〕

以上揭示棋與易學、象數間的關係。博弈之思維，蘊含許多古代辯證法及象數、倫理之思維，故而與一般思維遊戲不同。正因博弈有如此特質，所以精蘊豐富的文化內涵。

除了圍棋之外，古人創造六博、象戲、葉子戲等遊藝活動的過程中，亦注入河圖、洛書等對宇宙和自然的思維與哲理。

四、博與占卜

關於中國古代博戲的起源，有起源於田獵、農閒者，有起源於人類爭強好勝的本性者，亦有起源於對未知的好奇與迷信者。其中，起源於對未知的好奇與迷信者的說法，乃因中國古代博戲多以擲「骰」為行棋之決定，亦即

〔註12〕敦煌藏經洞（莫高窟第 17 窟），《敦煌棋經》〈第 51～52 行〉。敦煌寫本碁經試釋 http://go.yenching.edu.hk/dh_txt1.htm （2011.2.28）
〔註13〕宋・張擬，《棋經・棋局篇》，收入《續修四庫全書・子部・藝術類》（上海：古籍出版社，1997），頁 7。
〔註14〕清・施襄夏，《弈理指歸》（上海：古籍出版社，1999），頁 1～2。續修四庫全書子部藝術 309～324。

利用隨機之數來進行遊戲，排除作弊成分之外，與傳統擲筊、占卜以斷吉凶之意相同。

據《教育部台灣閩南語常用詞辭典》〔註15〕，對於賭博一辭，捨「博傲」不用，推薦用「跋筊」；棄「博杯」不論，推薦用「跋桮」。質言之，即是用「跋」不用「博」，強調一致性。其中「跋」，有「擲、投」的意思。因此，若從文字學與訓詁學來看，則賭博原本即具有「跋筊」之占卜意義。

再者，據《左傳·僖公十五年》記載：

> 韓簡侍，曰：「龜，象也；筮，數也。物生而後有象，象而後有滋，滋而後有數。先君之敗德，及可數乎？史蘇是占，勿從何益？《詩》曰：『下民之孽，匪降自天。僔沓背憎，職競由人。』」〔註16〕

數本身即是一種占卜方法，「投」的神祕性決定人們對「數」的崇拜。博戲濃厚的神性，導致它出現占卜的功能。在樓蘭遺址和吐魯番窟地均曾發現過突厥文和藏文的骰子卜辭，由此可知，古突厥人和吐番人也以擲骰子的方式來決定判決。

據班固《奕旨》有云：「博懸於投，不專在行〔註17〕」。博戲，先擲骰再依采行棋，因此，博戲中出現各種非預期與不能掌握的過程與結果，若此過程與結果恰與後來事件相同，或有被認為「樗蒲有神」、「神的啟示」、「預知未來」的功能，甚至因而被記載於各類書籍、史冊之中。六博紋鏡上之銘文可供佐證：

> 左龍右虎掌四方，朱雀玄武順陰陽，八子九孫治中央，刻鏤博局去不祥。〔註18〕

兩漢時，盛行把六博棋局銘於銅鏡上，其目的即為了厭勝、袪邪與禳除不祥，並且，顯示出博局與占卜間存在密切關係。

因此，中國博戲活動的產生，除了與占卜活動有關之外，更需配合生產技術的進步與商品經濟的發達而興起，再加上歷代統治者的倡導與親自參

〔註15〕《教育部台灣閩南語常用詞辭典》http://twblg.dict.edu.tw/holodict/index.htm（2011.01.14）

〔註16〕春秋·左丘明，《左傳·僖公十五年》（台北：藝文印書館，1965，據重刊宋本十三經注疏附校勘記），頁234。

〔註17〕清·嚴可均輯，《全上古三代秦漢三國六朝文》，卷26，〈後漢文·班固〉，頁615。

〔註18〕周錚，〈「規矩鏡」應改稱「博局鏡」〉，《考古》12期（1987），頁1116～1118。

與，才得以讓博戲活動更加活躍。此外，中國博戲的最大特色，即在於融入自然宇宙的觀察與認識，而逐漸演繹出獨特思維與哲理。

以上種種因素，造就中國多采多姿的博戲文化。

第二節　六博：中國最早的博戲

關於中國最早的博戲——六博，茲分成六博的起源、六博博具、六博博法、六博與塞戲之別等進行論述。

一、六博起源

中國博戲產生的時間，有人認為在三皇五帝時即已出現。據《神仙傳》記載：

> （漢）孝武皇帝閒居殿上，……度世曰：「不審向與父並坐是誰也？」
> 叔卿曰：「洪崖先生、許由、巢父、火低公、飛黃子、王子晉、薛容耳。」〔註19〕

漢武帝時，神仙衛叔卿曾與遠古時期的洪崖、許由、巢父等人博戲於華山石上。從此記載中我們可以推知，漢朝時認為，博戲於遠古時代即已出現；而直至漢朝，博戲仍充滿未可知與傳奇的色彩。另外，亦有認為博戲最早出現於夏代者，據高承《事物紀原》記載：

> 說文曰：古烏曹氏始作博，蓋夏后之臣也。事始曰：烏曹始置博陸之戲。聲譜曰：博陸，采名也。孔子曰：不有博弈者乎，莊子博塞以游。〔註20〕

由上可知，《說文》、《事始》與《事物紀原》等均認為，博戲乃夏朝的大臣烏曹所發明，故有「烏曹作博」之說法。但若從文獻記載來看，則中國的博戲活動最晚當於商周時期產生。據《史記·殷本紀》中記載：

> 帝武乙無道，為偶人，謂之天神。與之博，令人為行。天神不勝，
> 乃僇辱之。為革囊，盛血，卬而射之，命曰「射天」。〔註21〕

從帝武乙與代替天神的人偶對博一事可知，商朝時六博已經過相當一段時間

〔註19〕晉·葛洪，《神仙傳》（台北：廣文書局，1989），卷2，〈衛叔卿〉，頁1～2。
〔註20〕宋·高承，《事物紀原》（台北：臺灣商務印書館，1971），卷9，頁347。
〔註21〕漢·司馬遷，《史記》（台北：鼎文書局，1979），卷3，〈殷本紀〉，頁104。

的發展。由此可知，六博遠比中國象棋早得多，大約在商代時即已存在，到了戰國時期即相當流行。

二、六博博具

六博，又作六簿，是中國古代一種擲采行棋的博戲類遊戲，因博戲時使用六根博箸，故名爲六博。六博之戲，有大博、小博之分，形制與博法雖有不同，但均爲博棋、博局與博箸所組成。茲分別就六博博具、六博博法等探究。

在六博博具方面，就考古文物中的六博博具、六博各種博具之形制分述之。

（一）考古文物中的六博博具

根據考古出土文物，我們能更完整而詳實地認識六博博具。茲將考古出土博具實物及相關文物簡述如下：

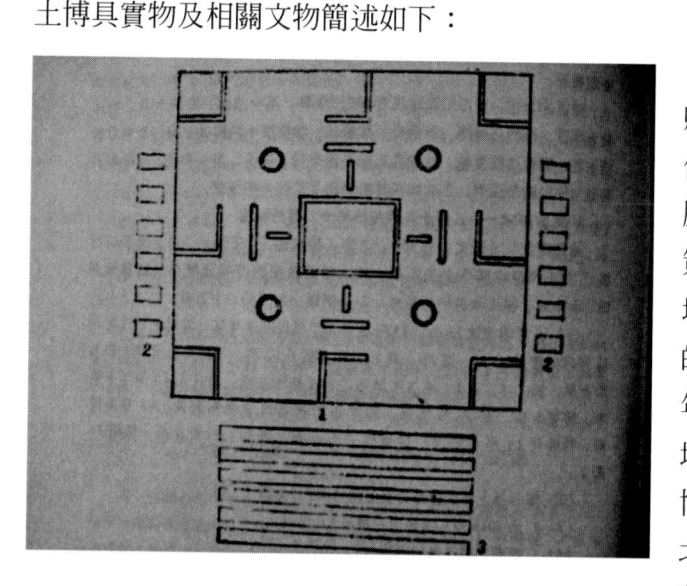

圖 2-2-1 雲夢睡虎地 M13 秦代木博局

資料來源：宋會群、苗雪蘭，《中國博弈文化史》（北京：社會科學文獻出版社，2010），頁10。

1972 年，河南靈寶縣出土東漢綠釉陶六博俑；1973 年，湖北江陵鳳凰山 8 號墓出土之遺策；1973 年，長沙馬王堆 3 號西漢墓出土完整的漆盒裝六博棋具；1975年 12 月，湖北雲夢睡虎地 11 號、13 號秦墓出土博具；1995 年 3 月，湖北荊州紀城戰國墓一號墓，發現六博盤。

此外，有的墓葬雖隨葬全套博具，但出土時卻已朽壞殘缺。如 1972 年，湖北雲夢大墳頭 1 號西漢墓，出土方形木博局盤一件；1974 年，北京大葆台 1 號西漢墓出土象牙博

棋子一枚；1978 年，廣西西林縣西漢墓則出土銅質博局盤一件；1978 年，宜昌前坪 105 號西漢墓出土銅質博棋子一枚；1983 年，廣州二代南越王墓出土博具；2005 年 5 月，徐州東郊一座西漢中期夫妻合葬墓，出土「六博」；2006 年 1 月，徐州北洞山漢墓附近發現西漢楚王的陪葬墓，出土一套完整的六博棋具。〔註22〕

　　透過考古資料發現，早期和後期的六博棋具稍有不同。戰國時期的一套完整的六博棋具包括椇（棋局）、棋（棋子）、箸（相當於後世的骰子）。漢代時，有些博具中，開始使用「煢」，代替博箸。

（二）六博各種博具之形制

　　六博有大博與小博之別，據《楚辭·招魂》篇中描述：

　　　　 篦蔽象棊，有六簿些。分曹並進，遒相迫些。成梟而牟，呼五白些。

　　〔註23〕

此段敘述中，「篦蔽象棊，有六簿些」即為大博的形制，「分曹並進，遒相迫些。成梟而牟，呼五白些」則為大博的博法，於後詳述之。另據晉人張湛在《列子》的注裡，引用一段《古博經》，則具體記載小博的形制與博法：

　　　　 博法：二人相對坐，局分為十二道，兩頭當中名為「水」，用棊十二，故法六白六黑。又用「魚」二枚，置於水中，其擲瓊以骰為之。

　　〔註24〕

小博的棋局、棋子數、棋具與博法等，均與大博存在相異性，於後探究之。依上述文獻資料，分別就大博與小博之博棋、博局、博箸的形制說明如下。

<hr>

〔註22〕以上據〈湖北江陵鳳凰山西漢墓發掘簡報〉，《文物》6 期（1974），頁 41～61；〈長沙馬王堆二、三號墓發掘簡報〉，《文物》7 期（1974），頁 39～48。熊傳新，〈談馬王堆 3 號西漢墓出土的陸博〉，《文物》4 期（1979），頁 35～39；《考古》4 期（1999），頁 88～91，據說此棋盤曾被盜墓者盜走；湖北省博物館，〈雲夢大墳頭 1 號漢墓〉，《文物資料叢刊》；北京市古墓發掘辦公室，〈大葆台西漢木槨墓發掘簡報〉，《文物》6 期（1977），頁 30～33；廣西壯族自治區文物工作隊，〈廣西西林縣普馱銅鼓墓葬〉，《文物》9 期（1978），頁 43～51；宜昌地區考古隊，〈湖北宜昌前坪 105 號漢墓出土的青銅器〉，《文物資料叢刊》期，頁 58；廣州象崗漢墓發掘隊，〈西漢南越王墓發掘初步報告〉，《考古》3 期（1984），頁 222～230 等資料整理。

〔註23〕戰國·屈原、宋玉等，《楚辭·招魂》（新疆：新華書店，1984），頁 88。

〔註24〕戰國·列禦寇，《列子》（台北：台灣商務印書館，1974），卷 8，〈說符〉，頁 93。

1. 六博棋

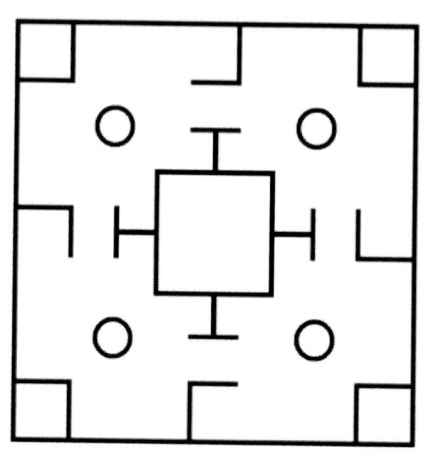

圖 2-2-2 六博中的大博棋局

資料來源：蜀地漢畫像石
製圖：張永慶

大博棋子，多以象牙、玉石或金屬製成，12 枚棋子分爲六黑六紅或六黑六白兩組，呈立方體狀。各方 6 枚棋子中有一枚較大稱爲「梟」，其餘五枚較小稱爲「散」，亦即棋子分爲一大而五小。與春秋戰國兵制：五人爲伍，設伍長一人，共六人相同。因此，六博可說是一種象徵戰鬥的棋戲。

小博棋子，依造型不同可分爲兩種：一是各方均擁有大小相同的六枚長方形棋子（與大博一大五小不同），每一枚棋子均可能變成梟棋。另一種是圓形的「魚」。

2. 六博局

大博局，亦即棋盤，亦稱爲椐、桐或曲道，多爲木製。盤面髹黑漆，也有白漆的。棋局呈方形大框，框內中部亦爲一方框，周邊則刻有 TLV 等規矩紋的棋路，名「曲道」，共十二個，四角處另有四個圓點，以紅漆描繪。博局形式似乎是模仿自栻盤，栻盤關於生門、死門、相生、相剋的說法，對博局也產生了影響，博局上的十二曲道中就有不利行棋的「惡道」。

小博局，由十二條橫道所組成，中間存在一條寬敞的「水」，類似現在象棋中的「楚河漢界」。

3. 六博箸

秦漢魏晉時期，博箸的質地不同、形狀各異。

六博博箸，又稱爲「箭」。功能與唐代以後的骰子相同，是中國博戲中最重要的博具。博箸是用半邊細竹管製成，中間填金屬粉或玉石，外髹黑漆，剖面呈新月形，凡六枚。由於一面爲平面，另一面呈圓弧形，因此，投擲時即能產生「正、反」不同之排列組合之「博采」，而博者即依采而行棋。據《韓非子》記載：

秦昭王令工施鉤梯而上華山，以松柏之心爲博，箭長八尺，棋長八

寸，而勒之曰：「昭王嘗與天神博於此矣。」〔註25〕

秦昭王爲了做玩六博用的博劍，命令工匠至險峻的華山伐取千年松柏，而且只選用松柏的木心做博劍。可見，六博進行時需要使用「博劍」博具。而此具博劍長八尺，棋長八寸，工匠並於其上刻上「王與天神博於此」等字。至今，華山東南孤峰上，存在「博台」遺址。除了從史籍記載中可以描繪出六博博具之外，我們亦可從漢朝畫像石中，見到「仙人六博」的圖案而加以勾勒。

由以上資料可以看出，一套完整的六博棋，應包括棋局、棋子、箸（即後世所稱的骰子）。另外還有博籌，用於記錄對博者的輸贏情況。

三、六博博法

六博創制、流傳年代久遠，棋具和棋局結構複雜，走棋方式變化多樣，采點名目繁複，由於年代久遠，具體的玩法早已失傳，只能從古籍的隻字片語中猜度一二。據1972年於河南靈寶縣出土的東漢綠釉陶六博俑中可發現，六博發展至東漢已較春秋戰國時期產生變化。

春秋戰國時期，六博有12枚棋子，而且均爲方形；到了東漢，六博中間置長方形局，其一邊置6根箸，一邊置方形博局，博局兩邊各有6枚方形棋子，中間有2枚圓形「魚」。此時六博利用「牽魚」來決定勝負。至此，因六博博法不同，而分成大博與小博兩類。

「大博」和「小博」的主要差別，在於大博使用六箸，小博使用兩焭。據南北朝的《顏氏家訓·雜藝》記載：「古爲大博則六箸，小博則二焭，今無曉者。比世所行，一焭十二棋，數術淺短，不足可翫〔註26〕」。據此將大博與小博博法介紹如下：

（一）大博博法

西漢及其以前的博法爲大博。此法以殺「梟」爲勝，即對博的雙方各在己方棋盤的曲道上排列好六枚棋子，其中一枚代表「梟」，五枚稱作「散」，以「梟」爲大。對博時，雙方輪流擲六著，再根據所擲「箸」的數量多少行

〔註25〕戰國·韓非，《韓非子》（台北：成文出版社，1980），卷11，〈外儲說左上〉，頁692。中華8。

〔註26〕北齊·顏之推撰，王利器集解，《顏氏家訓集解》，卷7，〈雜藝〉，頁527～528。

棋。數越大，走的棋步越多。六博行棋時，雙方要互相逼迫，己方之「梟」棋可吃掉對方之「散」棋。同時，己方之「梟」棋在「散」棋的配合下，調兵遣將，爭取時機殺掉對方的「梟」棋。據《楚辭·招魂》篇中描述：

> 箟蔽象棊，有六簙些。分曹並進，遒相迫些。成梟而牟，呼五白些。
> 〔註27〕

第一句「箟蔽象棊，有六簙些」，說明當時六博棋的用具。箟即玉，箟蔽象棋亦指六博。六博棋是由棋、局、箸等部分組成。棋是在局盤上行走的象形棋子，由象牙製成，每方各六枚，一梟五散，故稱六博。局就是棋盤，片形並有曲道。「箸」又稱「蔽」、「采」，亦即骰子，通常用箟籙竹子做成，長約爲八分。兩邊各置細銅絲，中間填充金屬粉，外面塗黑漆。貴族人家用蓲即玉來做裝飾。以顯其珍貴。由於箸的一面是平的，另一面呈現圓弧形，所以投擲時有正反兩面之別。棋子在局盤上行走前，以投箸決定行棋的步數。

第二句「分曹並進，遒相迫些」，說明行棋對博的方法。「分曹」即分組之意。六博由兩人對局，當多人參與博戲，則採用分曹的辦法，進行兩組聯賽。六博以兩人進行爲主，其他人則以一對對方式加入其中一方，並將賭注加在己方，形成分曹局面。「並進」即雙方運棋進攻，方法是「投六箸，行六棋」。先投箸，後行棋，鬥智又鬥巧。「遒相迫些」即雙方互相逼迫，並爭先搶佔有利的棋道。行棋時要講究技巧，相互攻逼，務使對方死棋。

第三句「成梟而牟，呼五白些」，即取勝的方法。「梟」有貴、驍、勇、健之意。梟棋與散棋不同，對博之勝負，決定於梟棋是否被吃掉。「成梟而牟」即己方散棋變成梟棋時，就高興地大聲叫喊。「散棋」成「梟棋」的關鍵，在於擲箸成「五、白」高采時，則可以任意擊殺對方重要棋子而取得倍勝（牟），並迸發出勝利的呼聲。所以，博者於擲箸時，往往大聲喝采，期望擲出「五白」。

另外，明·彭大翼在《山堂肆考》中亦提到：

> 古者烏曹氏作博：以五木爲子，有梟、盧、雉、犢、塞爲勝負之彩。
>
> 博頭有刻梟形者爲最勝，盧次之，雉、犢又次之，塞爲下。〔註28〕

說明大博擲箸所產出結果有梟、盧、雉、犢、塞等彩名，其中以「梟」爲最勝，依序爲盧、雉、犢、塞等彩。此爲大博之博法。

〔註27〕戰國·屈原、宋玉等，《楚辭·招魂篇》，頁88。
〔註28〕明·彭大翼，《山堂肆考》（北京愛如生數字化技術研究中心，據文淵閣四庫全書本）。

（二）六博口訣——方畔揭道張

晉‧葛洪在《西京雜記》中記載：

> 許博昌，安陵人也，善陸博。竇嬰好之，常與居處。其術曰：「方畔
> 揭道張，張畔揭道方，張究屈玄高，高玄屈究張。」又曰：「張道揭
> 畔方，方畔揭道張，張究屈玄高，高玄屈究張。」三輔兒童皆誦之。

〔註29〕

許博昌創編了一套六博棋的棋術口訣，依照方畔揭道張，張畔揭道方，張究
屈玄高，高玄屈究張等順序行棋，成為當時六博棋術的通俗教本。此口訣極
為簡便，在喜好博弈的社會風氣浸潤下，使得「三輔兒童皆誦之」，就連女性
也對這種遊戲表現出濃厚的興趣。從此現象亦得知，漢代六博戲極為盛行。

　　六博棋已失傳千年，欲根據現有資料徹底還原六博棋制，幾乎是不可能。
但是，江蘇東海縣尹灣漢墓群中《六甲陰陽書‧博局占》〔註30〕的出土，使
得學界對六博棋的認識得以更邁進一大步。

　　學界從考古發掘與文物中，逐漸揭開二千年的博戲口訣。李學秦《〈博局
占〉與規矩紋》為破解博局奠定基礎。劉樂賢《尹灣漢墓出土數術文獻初探》、
曾藍寶《尹灣漢墓〈博局占〉木牘試解》找出規律並校正干支之排列；李解
民《尹灣漢墓〈博局占〉木牘試解訂補》將「辛未（8）移至方框的右下位置」。
至此，學界為解決博局占占位和博棋棋位之關係奠定基礎〔註31〕。學界研究
發現，從博局占占辭與《西京雜記》所載許博昌六博口訣相對應。據此，推
導出六博棋制、棋位、運棋順序復原圖。（見附錄一）

（三）小博博法

　　東漢以後，六博的形制出現了新變化，出現了使用瓊（同箸的作用）的
小博，以多獲得籌為勝。晉人張湛在《列子》的注裡，引用了一段《古博經》，

〔註29〕晉‧葛洪，《西京雜記》（上海：商務印書館縮印江安傅氏雙鑑樓藏明刻本），
　　　　卷4，〈陸博術〉，頁14。

〔註30〕連雲港市博物館，〈江蘇東海縣尹灣漢墓群發掘簡報〉，《文物》8期（1996），
　　　　頁23～24。

〔註31〕宋會群、苗雪蘭，《中國博議文化史》（北京：社會科學文獻出版社，2010年），
　　　　頁39～44。引李學勤，〈博局占‧與規矩紋〉，《文物》1期（1997），頁49～
　　　　51。劉樂賢，〈尹灣漢墓出土數術文獻初探〉，《尹灣漢墓簡牘綜論》（北京：
　　　　科學出版社，1999），頁175～186。曾藍寶，〈尹灣漢墓〈博局占〉木牘試解〉，
　　　　《文物》8期（1999），頁62～65。李解民，〈尹灣漢墓‧博局占木牘試解訂
　　　　補〉，《文物》8期（2000），頁73～75。

具體記載了小博的玩法，是至今能找到最詳盡的紀錄：

> 博法：二人相對為局，局分為十二道，兩頭當中為「水」，用棋十二
> 枚，古法六白六黑。又用「魚」二枚，置於水中……二人互擲彩行
> 棋，棋行到處即豎之，名為「驍棋」。即入水食魚，亦名「牽魚」。
> 每牽一盍，獲二「籌」，翻一盍，獲三「籌」……獲六「籌」為大勝
> 也。〔註32〕

這種博法是兩人對局，博局有十二道，兩頭中間是「水」，一方執白棋6枚，一方執黑棋6枚，12枚棋子分別佈於局中12曲道上。雙方還各有一枚稱作「魚」的圓形棋子，放在「水」中，雙方輪流擲箸行棋。

行棋的步數，是根據所擲的數字來決定。棋子進到規定的位置時即可豎起，名為「驍棋」。這枚「驍棋」便可入「水」（博局中間稱為水）中，吃掉對方的「魚」，名為「牽魚」。每牽魚一次，可獲得博籌二根；連牽兩次魚，獲得博籌三根，誰先獲得六根博籌，就算獲勝。

有關這類博法的形象資料，見於河南靈寶東漢墓出土的一套綠釉博棋桶。在一張坐塌上置長方盤，盤的半邊擺有6根長條形算籌，另半邊置方形博局。博局上每邊有6枚方形棋子，中間有二枚圓形的「魚」。坐塌兩旁跪坐二俑對局，左邊一人雙手向上前舉，似乎在拍手叫好，右邊一人兩手攤開，形象逼真。

四、六博與塞戲之別

春秋戰國時期，除了六博、圍棋之外還有一種「格五」的棋戲。格五與六博的棋盤、棋子之形式大致與六博相同，而格五與六博兩者間的不同點，在於行棋的方式不同。據《莊子·駢拇篇》敘述：「博塞以遊。（唐·成玄英疏曰：行五道投瓊曰博，不投瓊曰塞。）〔註33〕」六博是據所擲之「箸」行棋，塞戲則不投瓊。據此說而有「塞戲已擺脫了僥倖取勝的成分〔註34〕」。但是，擲采行棋乃塞戲關鍵，成氏所解，或受唐代盛行之骰戲因而誤解塞戲。

從漢代文獻上可推知，塞戲或格五其實是依據所擲之「瓊」行棋。據《後漢書·梁冀傳》記載：

> （梁冀）性嗜酒，能挽滿、彈棋、格五、六博、蹴鞠、意錢之戲。（說

〔註32〕戰國·列禦寇，《列子》（台北：台灣商務印書館，1974），卷8，〈說符〉，頁93。
〔註33〕清·郭慶藩輯，《莊子集釋·駢拇》，頁146。
〔註34〕李松福，《象棋史話》（北京：人民體育出版社，1981），頁17。

　　文曰：籤，行棋相塞謂之籤。……唐‧李賢注引鮑宏《籤經》云：
　　籤有四采：塞、白、黑、五是也。至五即格，不得行，故謂之格五。）
〔註35〕

另據《古博經》記載：

　　博法……其擲采以瓊爲之，瓊方寸三分長寸五分銳其頭，鑽刻瓊四
　　面爲眼，亦名爲齒。二人互擲采行棋。〔註36〕

「瓊」是一個中間爲五面體，兩面各削去一個尖頭。其中，刻四面爲「眼」，
眼又稱爲「齒」。齒上塗有「五采」，故又稱「齒采」。齒采分別是刻一劃的
「塞」、刻二劃的「白」、刻三劃的「黑」、兩畫交錯的爲「五」，不刻者爲
「繩」等五采。亦即擲「瓊」共可產生塞、白、黑、五等四采。塞、白、黑
代表勝，若擲得「五」即不能行棋，因此名之爲「格五」。

　　此外，擲具「籤」或「瓊」，二者乃依材質作區分，木製爲籤，玉石製
稱爲瓊或玖。籤最早出現於秦代，盛行於兩漢。根據考古發現，籤大多爲十
八面體，近球形；亦有呈十四面體者。18 面體中的 16 面，分別刻上 1～16
數字，另外相對的兩面，則刻上「驕、鵜」2 字，有勝負之意。行棋時，有
使用 1 籤或 2 籤的。「瓊」可能爲博籤的簡化。

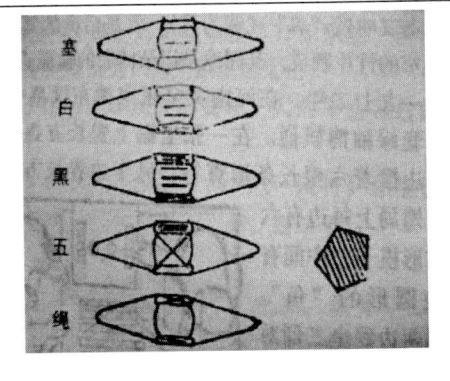

圖 2-2-3　博齒正面

資料來源：羅新本、許蓉生，《中國古代
賭博習俗》（西安：陝西人民
出版社，2002），頁 28。

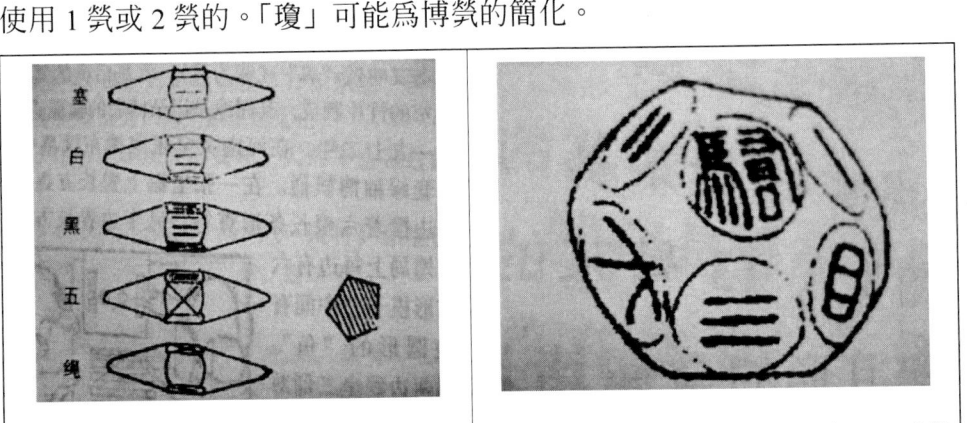

圖 2-2-4　秦始皇陵園出土之 14 面籤

資料來源：宋會群、苗雪蘭，《中國博弈文
化史》（北京：社會科學文獻出
版社，2010），頁 32。

〔註35〕南朝宋‧范曄，唐‧李賢注，《後漢書》（台北：鼎文書局，1991），卷 34，〈梁
　　　　冀傳〉，頁 1178。
〔註36〕戰國‧列禦寇，《列子》，卷 8，〈說符〉，頁 93。

除此之外，邊韶《塞賦》中有云：

> 始作塞者，其明哲乎，故其用物也約，其為樂也大。猶土鼓塊枹，
> 空桑之瑟，質樸之化，上古所耽也。然本其規模，制作有式，四道
> 交正，時之則也。棋有十二，律呂極也。人操厥半，六爻列也。赤
> 白色者，分陰陽也。乍亡乍存，像日月也。〔註37〕

依目前考古資料中之博具，凡不用投箸而用投簺、投瓊的畫像或實物，似乎都應是塞戲而非六博〔註38〕。從湖北雲夢西漢墓、馬王堆 3 號墓、江陵鳳凰山 10 號西漢墓和甘肅武威磨嘴子 48 號西漢墓等出土的塞戲棋盤、彩繪木俑塞戲等，亦可以印證漢代邊韶《塞賦》中對塞戲形制的描寫。

由上可知，塞戲可說是在六博的基礎上演變而來，故而古書常以「博塞」相稱。但是，六博與塞戲仍存在相異之處。二者之間最大的不同在於六博是據所擲「箸」行棋；塞戲則據「瓊」行棋。

五、六博與博戲的發展關係

中國博戲從何時開始出現，依目前考古出土文物仍難定論，但是，中國古代的博戲種類繁多，卻是不爭的事實。究其源流，別其種類，大致可歸納為「博棋類」、「骰子類」、「牌戲類」和「錢戲類」等四類。〔註39〕

表 2-2-1　中國博戲分類　　　　　　　　　　　　　　　　製表：張永慶

	博棋類	骰子類	牌戲類	錢戲類
博具	局、棋、投子（箸、瓊、骰）	投子	紙牌或骨牌	銅錢
特點	類似棋賽，但須擲投子行棋，以決定勝負輸贏	省去行棋，只以擲投子決定勝負	紙牌的內容和骨牌的外形相結合，形成麻將	從漢代～今，為延續時間最長的博戲之一
種類	六博、格五、樗蒲、雙陸、打馬	彩選、升官圖	紙牌：葉子戲、馬吊 骨牌：宣和牌、牌九	猜銅錢個數的掩錢、番攤；猜正反面排列組合的關撲

資料來源：羅新本、許蓉生，《中國古代賭博習俗》（西安：陝西人民出版社，2002），頁 16～18。

〔註37〕唐·歐陽詢，《藝文類聚》，卷74，頁1916。

〔註38〕宋會群、苗雪蘭，《中國博弈文化史》（北京：社會科學文獻出版社，2010），頁64。

〔註39〕羅新本、許蓉生，《中國古代賭博習俗》（西安：陝西人民出版社，2002），頁16～18。

　　由上可知，中國博戲的發展與演變，大致可分爲「局戲」（board games）
與「牌戲」（card games）兩大類。中國博戲，局戲率先登場。據宋・程大昌
《演繁露》中云：

> 博之流爲樗蒲，爲握槊，爲呼博，爲酒令，體制雖不全同，而行塞
> 勝負取決於投，則一理也。〔註40〕

從此段記載中我們得知，凡「懸於投」者，均爲博戲。諸如六博擲箸、塞戲
投瓊、樗蒲擲五木、雙陸投二骰，以及後來的彩選、打馬、馬吊等，均離不
開擲骰。所以，骰子可說是中國博戲（局戲）的靈魂。

　　當以擲骰子爲行棋依據的局戲，經過漫長的發展歷程而逐漸產生變化。
到了唐末，產出了新形式的博戲——「牌戲」。當牌戲中的葉子戲出現在中國
遊藝史之後，即迅速發展，到了明清時期，葉子戲甚至登上博戲的霸主地位。
由葉子戲演化出來的各種牌戲，更於此時流行於大江南北。此外，詩牌在宋
代發展成爲「宣和牌」，到了清代中葉以後，以紙牌作爲基礎，吸收骰子與宣
和牌成分，形成一種新的牌戲——麻將。麻將一出，更是風靡全社會。〔註41〕

表2-2-2　中國博戲發展歷程與擲具之演變

中國博戲發展歷程	中國擲具之演變
六博 （以竹製六箸爲擲具，亦有骨器或玉製之瓊） ↓ 樗蒲（五枚擲具，以樗木或蒲草製成） ↓ 雙陸 （以二枚六面體之骰子爲擲具） ↓ 骨牌 ↓ 葉子戲 ↓ 馬吊 ↓ 麻將	瓊 ↓ ↓ 五木 ↓ ↓ 骰子

〔註40〕宋・程大昌，《演繁露》（北京：中華書局，1991），卷6，〈投五木瓊橇玖骰〉，
　　　　頁58～59。
〔註41〕麻國鈞，《中華傳統遊戲大全》（北京：農村讀物出版社，1990），頁132。

中國博戲種類繁多，屬性各有不同，因而產生各種樣貌。人們藉博戲活動以消遣之外，許多博戲更有助於智力的開發。故而，中國古代博戲，可謂「博大精深」。

第三節　歷代博戲的發展

博戲兼具娛樂與財物輸贏的功能，因此產生既可協調亦可惡化人際關係的相對功能。在中國封建社會中，因博戲而導致人際關係改變的一幕幕悲喜劇，甚至直接或間接影響與決定當時個人，甚至整個國家、民族的命運。

一、先秦時期博戲的發展

春秋戰國時期，隨著社會經濟的發展，尤其城市商品經濟的繁榮，博戲活動已在社會各層面和各地區流行。上流社會中，從國君、王侯等統治階級、富豪，都嗜好博戲。一般百姓亦有嗜好博戲者。先秦時期的博戲，種類已趨多樣化，其中以六博最盛，但此時的六博僅限於男性。此外，在某些地區更出現以博戲為業的「博徒」。

（一）帝王與博戲

中國古代博戲具有兩大特性，一是遊戲性，另一為技巧性。因此，進行博戲者必需擁有大量的閒暇時間，才得以進行研究博戲的技巧，以盡性博戲。因此，在古代中國社會中有閒暇、有權勢又有財富的帝王，便成為博戲的主要參與者。先秦帝王進行博戲時，百態各異。茲分述如下：

1. 文獻記載中，第一位參與賭博的君主

封建時代帝王們的博戲，除了休閒、追求刺激之外，爭勝負、爭名號更是帝王們「與眾不同」的地方。

殷商自盤庚中興以後，經過八傳，由武乙即位。武乙狂傲，暴虐無道，是殷商時期暴虐君主的代表人物之一。帝武乙喜愛六博，是文獻記載中第一位參與賭博的君主，更是中國歷史上第一名有名有姓的博徒。但是，其行六博的方式與目的，卻是絕無僅有的。據《史記・殷本紀》中記載：

> 帝武乙無道，為偶人，謂之天神。與之博，令人為行。天神不勝，乃僇辱之。為革囊，盛血，卬而射之，命曰「射天」。武乙獵於河渭之間，暴雷，武乙震死。子帝太丁立。帝太丁崩，子帝乙立。帝乙

> 　　立，殷益衰。〔註42〕

文中描寫到帝武乙進行的一場別出心裁的博局。帝武乙以眞人擺成六博棋局，並且以木偶代表天神而與之對博。當「天神」不勝時，帝武乙便加以羞辱。在敬畏鬼神的殷人心中，帝武乙要的是「勝天」的名號而非金錢，其無道可見一斑。此外，根據此則記載，因爲武乙爲紂的曾祖，由此可推知，博的創始並非殷紂所爲。

2. 史上第一次因六博激烈爭道，導致君爲臣所弒

　　當六博之戲氣氛熱絡時，或有忘君臣之禮，或有口不擇言者。更甚者，因爲心理的驕縱之氣，而於博戲過程中發生鬧出人命的情況。據《史記‧宋微子世家》記載：

> 　　十一年秋，湣公與南宮萬獵，因博爭行，湣公怒，辱之，曰：「始吾
> 　　敬若；今若，魯虜也。」萬有力，病此言，遂以局殺湣公于蒙澤。
>
> 　　〔註43〕

春秋時，宋湣公與大夫南宮萬出獵時六博，於博戲過程中發生爭道，互不相讓。湣公盛怒之下出言侮辱南宮萬，南宮萬聞言而怒火中燒，提起博局將宋湣公打死。這是中國歷史上第一位因博戲而死於臣子之手的國君。宋愍公因爲驕慢而自以爲是，甚至在宋國水患、百姓愁怨之際，視災若未睹，昏愚可見一斑。最終導致與大臣南宮萬博戲時，亡於博局。

（二）遊士與博戲

　　士大夫是社會中具有最高文化層次的階層，在某些時代，士大夫對於社會文化的態度、價值取向和參與方式，甚至成爲社會風尚的重要內容和標誌，對整個社會、政治、文化產生重要的影響。故而，士大夫對於博戲的態度和參與方式，成爲中國古代文化研究的重要一環。

　　中國博戲文化最晚至殷周時期已產生，但是，此時的博戲活動主要在貴族階級。春秋戰國時期，博戲已成爲一種廣泛的社會文化活動。士大夫的前身「遊士」與博戲在此時產生關係，並且，參與博戲活動的「士」階層，越來越多。

　　戰國後期，士的人數增加，流品日趨複雜，但是他們有一個共同趨勢，

〔註42〕漢‧司馬遷，《史記》（台北：鼎文書局，1979），卷3，〈殷本紀〉，頁104。
〔註43〕漢‧司馬遷，《史記》，卷38，〈宋微子世家〉，頁16244。

即注重實際，講求功利，不受傳統禮義、道德與法治的約束。據《戰國策》記載：

> 臨淄之中七萬戶，……甚富而實，其民無不吹竽、鼓瑟、擊筑、彈琴、鬥雞、走犬、六博、蹴踘者；臨淄之途，車轂擊，人肩摩，連衽成帷，舉袂成幕，揮汗成雨；家敦而富，志高而揚。〔註44〕

蘇秦所描繪的是齊都臨淄熱鬧的遊樂景象，士作為繁華城市的主要成員之一，自然亦是「無不鬥雞、走犬、六博、蹴鞠」。其中，鬥雞、走犬與六博，絕大部分包含賭博成分在內。此外，戰國時期，廣大遊士普遍生活窮困、無恆產。為了生存，如不想成為「雞鳴狗盜」之徒，亦不恥於「賤業、惡業」。因此，以博戲維生成為遊士的謀生手段。據《史記》記載：

> 公子聞趙有處士毛公藏於博徒，薛公藏於賣漿家，公子欲見兩人，兩人自匿不肯見公子。公子聞所在，乃間步往從此兩人游，甚歡。
> 〔註45〕

不論藏身於博徒中的毛公，或是隱身酒店裡的薛公，魏無忌均親門拜訪，最終彼此以相識為樂事。由此可見，先秦時不論遊士或與遊士關係密切的貴族，並不鄙視職業博徒。而且，博徒在當時已經成為擁有相當人數的專門職業，只是在當時人們的心中仍是一種賤業或惡業。

（三）統治階級與博戲

中國古代社會各階層中，統治階級們絕大部分擁有雄厚財力，錦衣玉食、養尊處優，為博戲創造最佳環境，故而統治階級的博戲風氣最盛。

1. 因行博戲，誤己成就大事機會

據司馬遷《史記》記載：

> （魏無忌）公子止王曰：「趙王田獵耳，非為寇也。」復博如故。王恐，心不在博。居頃，復從北方來傳言曰：「趙王獵耳，非為寇也。」

〔註44〕漢·劉向輯，漢·高誘注，繆文遠著，《戰國策考辨》（北京：中華書局，1984），卷8，〈齊策〉，頁93～94。

〔註45〕漢·司馬遷，《史記》，卷77，〈魏公子〉，頁2382。另據，司馬光《資治通鑑》，卷5，〈周紀〉記載：「公子聞趙有處士毛公隱於博徒，薛公隱於賣漿家，欲見之。兩人不肯見，公子乃間步從之遊。」東漢·班固，《漢書·藝文志》注曰：「毛公九篇。趙人，與公孫龍等並游平原君趙勝家。師古曰：「劉向別錄云論堅白同異，以為可以治天下。此蓋史記所云：『藏於博徒』者。」，頁1736。

魏王大驚……是後魏王畏公子之賢能，不敢任公子以國政。〔註46〕

魏無忌爲人仁愛寬厚，禮賢下士，士人因而爭相前往歸附於他，最高峰時門下曾有三千食客。所以當時的魏無忌威名遠揚，各諸侯國連續十多年都不敢動兵侵犯魏國。但其卻因博戲時之言，致使魏王對此庶弟不由得另眼相看。從此魏王不敢將國政交與魏無忌，魏無忌而誤了自己成就大事的機會。

2. 治國賢臣，善以博為諫

由於博戲在社會與政治生活中佔有一定地位，因此博戲的思維方式、名詞與術語等深入人心。以博戲爲喻而進行勸諫或遊說，對政治進行影響者，在史書上多有所見，這也成就了博戲的另一種功能。據《史記》記載：

> 魏將段幹子請予秦南陽以和。蘇代謂魏王曰：「欲璽者段幹子也，欲地者秦也。今王使欲地者制璽，使欲璽者制地，魏氏地不盡則不知已。且夫以地事秦，譬猶抱薪救火，薪不盡，火不滅。」王曰：「是則然也。雖然，事始已行，不可更矣。」對曰：「王獨不見夫博之所以貴梟者，便則食，不便則止矣。今王曰『事始已行，不可更』，是何王之用智不如用梟也？」〔註47〕

當趙、魏聯軍伐韓，韓求救於秦而連敗魏軍之時，段幹子提出割讓南陽與秦以求和。蘇代勸諫魏王勿聽信段幹子以地事秦之議，藉博戲之「貴梟」——方便時即吃子，不便時則停止。奉勸魏王應因時制宜，可惜得不到魏王的贊同。從臣以博喻君可推知，魏王必是六博的愛好者，並且博戲技藝甚高。

3. 藉博戲收買人心，以為己用

六博之戲，除了爭道、搶勝的過程充滿刺激而吸引人之外，其金錢之轉移更讓人爲之風靡。故而，或有藉六博之戲，而以金錢收買人心者。據《韓非子·外儲說》記載：

> 薛公之相魏昭侯也，左右有欒子者曰陽胡、潘，其於王甚重，而不爲薛公，薛公患之。於是乃召與之博，予之人百金，令之昆弟博，俄又益之人二百金。〔註48〕

薛公田文爲魏昭王相國時，因陽胡、潘其爲魏昭王所器重，卻不爲薛公效勞。

〔註46〕漢·司馬遷，《史記》，卷77，〈信陵君列傳〉，頁2377～2378。
〔註47〕漢·司馬遷，《史記》，卷44，〈魏世家〉，頁1854。
〔註48〕戰國·韓非，《韓非子》，卷13，〈外儲說右上〉，頁712。

田文乃藉博戲之故，賞賜陽胡、潘其兄弟金錢，使其爲己效命。顯然地，這種博戲另有企圖。

4. 以博為喻，知所進退

博戲活動在統治階級間極爲流行，以博戲爲喻常能引起共鳴，進而達到政治目的。據《史記》記載：

> 君（范睢）獨不觀夫博者乎？或欲大投，或欲分功，此皆君之所明知也。……君之功極矣，此亦秦之分功之時也。如是而不退，則商君、白公、吳起、大夫種是也。吾（蔡澤）聞之，「鑒於水者見面之容，鑒於人者知吉與凶」。〔註49〕

范睢助秦昭王屢敗韓趙之師，功高位重，權勢顯赫。但因用人不當，而爲昭王猜疑。蔡澤以博戲爲喻，奉勸范睢須審時度勢，急流勇退，否則將重蹈商鞅、白起、吳起、文種的結局。范睢恍然大悟，因此稱病退隱山林，保全其身。

（四）平民百姓與博戲

博戲起源於民間遊戲，亦爲民間娛樂與遊戲的重要內容，因此博戲活動在民間存在廣泛的社會基礎。

1. 商品經濟發展，人民博戲盛行

隨著商品經濟的發展與商業城市的興起，中國民間的博戲之風，興盛於戰國時期。齊都的臨淄、趙都邯鄲、魏都大樑都是各種博戲活動的流行地區。據司馬遷《史記》中記載：

> 臨菑甚富而實，其民無不吹竽鼓瑟，彈琴擊筑，鬥雞走狗，六博蹹鞠者。〔註50〕

我們可知戰國時期的齊國臨淄，生活富裕，臨淄居民無不吹竽鼓瑟，彈琴擊筑，鬥雞走狗，下六博棋與踢蹹鞠者。由此可見，這座「甚富而實」之城博戲之風極盛。於此同時，博戲活動成了國家富強的象徵。

2. 宴飲時，博戲常相伴

宴飲和博戲在古代人們的生活中佔著重要位置，而且並行不衰，甚至使

〔註49〕漢・司馬遷，《史記》，卷79，〈范睢蔡澤列傳〉，頁2423。班固《弈旨》曰：「博縣於投，不必在行。」駰謂投，投瓊也。索隱曰言夫博弈，或欲大投其瓊以致勝，或欲分功者，謂觀其勢弱，則投地而分功以遠救也，事具小爾雅也。按：方言云「所以投博謂之枰」。局也。

〔註50〕漢・司馬遷，《史記》，卷69，〈蘇秦傳〉，頁2257。

博戲與飲酒產生出「博酒」的娛樂文化。從戰國時代開始，博戲和飲酒常成為人們聚會宴樂的主要內容。據《史記》記載：

> 若乃州閭之會，男女雜坐，行酒稽留，六博投壺，相引為曹，握手無罰，目眙不禁，前有墮珥，後有遺簪，髡竊樂此，飲可八斗而醉二參。〔註51〕

齊國辯士淳于髡曾向齊威王說到北方鄉閭之會博酒娛樂的場面，藉以說明喝酒過多容易出亂點子，歡樂到極點就會發生悲痛之事。最終使得威王停止徹夜歡飲之事，淳于髡也成了賓禮官。

3. 先秦博戲，乃男性之戲也

雖然，六博在戰國時期盛行於各國，但此戲大多限於男性之間。據《漢書‧五行志》記載：

> 博弈，男子之事。於街巷仟伯，明離閩內，與疆外。臨事盤樂，忨陽之意。〔註52〕

漢代仍記載「博弈，男子之事」，顯然先秦時亦然。綜上所述，六博在先秦時即已在社會各階層流行，而其在政治上的應用，更開啟後代六博活躍於政治的先例。

二、秦漢時期博戲的發展

秦漢時期社會經濟的發展與平民貧富差距的擴大，為博戲的興盛創造了社會基礎。上至貴族官僚，下至黎民百姓無不樂於此道，成為宮廷和民間喜聞樂見的活動之一。先秦博戲除了賭錢輸物之外，還帶有原始的娛樂成分；秦漢時期，博戲進一步蛻變成「戲而取人財」之賭博活動。

此外，西漢的開國元勳大多來自民間，他們將各種博戲帶入宮廷，再由宮廷擴散至民間。不僅造成上流社會與民間的嗜博風氣，更直接導致博戲技藝進一步向純粹賭具與賭技蛻變。秦漢時期最流行的博戲仍舊是六博，另有格五、彈棋、樗蒲和意錢等新產生的博戲種類。除此之外，女子逐漸參與博戲，而且以博戲為業的「博徒」大量出現，顯示出此時期博戲的蓬勃發展。

〔註51〕漢‧司馬遷，《史記》，卷126，〈滑稽列傳〉，頁513。
〔註52〕東漢‧班固，《漢書》，卷27，〈五行志下之上〉，頁1476。

（一）帝王與博戲

博戲兼具娛樂與財物輸贏的功能，因此產生既可協調亦可惡化人際關係的相對功能。在中國封建社會中，因博戲而導致人際關係改變的一幕幕悲喜劇，直接或間接影響或決定當時個人甚至整個國家、民族的命運者，史有載之。

1. 以官職償還幼年賭債

漢宣帝劉詢幼年流落民間時，染上鬥雞、走馬等賭博習慣。據《漢書》記載：「（宣帝）受詩於東海澓中翁，高材好學，然亦喜游俠，鬥雞走馬，具知閭里奸邪，吏治得失。〔註53〕」陳遂是漢宣帝年幼時在民間的友人，經常陪他一起賭博，輸了不少錢給劉詢這位淪落於民間的皇孫，藉以接濟劉詢。劉詢深深記住陳遂常與之賭博而又輸錢這件事，後來劉詢當了皇帝，便任命陳遂擔任太原太守，以為報答，更在詔書中直言「官尊祿厚，可以償博進矣」。陳遂這樣的行徑，可謂呂不韋「奇貨可居」的翻版。

2. 首設棋待詔、博待詔

漢代文帝、景帝、武帝、昭帝、宣帝不僅喜好博戲，更在朝廷設立棋博士、博待詔，專門與皇帝六博。在皇帝行六博的風氣之下，群臣百姓們亦盛行六博。據《漢書》記載：

> 吾丘壽王字子贛，趙人也。年少，以善格五召待詔。〔註54〕

吾丘壽王即因為擅長格五博戲，而成為博待詔。此待詔官職創於漢代，至唐代則隸於翰林院，與漢代不同。據《舊唐書》記載：「翰林院……其待詔者，有詞學……術藝、書、弈，各別院以稟知之。〔註55〕」據《新唐書》記載：「唐制：乘輿所在，必有文詞、經學之士，下至卜、醫、伎術之流，皆直於別院，以備宴見。〔註56〕」可見翰林待詔雖同樣為皇帝服役，但其範圍較漢代廣泛得多。

（二）士大夫與博戲

秦漢以後，遊士階級與宗族和土地發生密切聯繫，逐漸演變成為具有深

〔註53〕 東漢・班固，《漢書》，卷8，〈宣帝紀〉，頁237。
〔註54〕 東漢・班固，《漢書》，卷64，〈吾丘壽王傳〉，頁2794。引注云：蘇林曰：「博之類，不用箭，但行梟散。」孟康曰：「格音各。行伍相各，故言各。」劉德曰：「格五，棋行。簺法曰塞白乘五，至五格不得行，故云格五。」師古曰：「即今戲之簺也。」
〔註55〕 劉昫等，《舊唐書》，卷43，〈職官志〉，頁1853。
〔註56〕 歐陽修、宋祁，《新唐書》，卷46，〈百官志〉，頁1222。

厚社會和經濟基礎的「士大夫」。於此同時，戰國時期遊士的博戲現象和不以博戲為恥的觀念，持續到西漢初年。據《史記》記載：

> 劇孟行大類朱家，而好博，多少年之戲。然劇孟母死，自遠方送喪蓋千乘。及劇孟死，家無餘十金之財。而符離人王孟亦以俠稱江淮之間。〔註57〕

景帝時，劇孟行俠顯名於諸侯，此由「劇孟母死，自遠方送喪蓋千乘」即可知其一二。但是，其喜歡博棋，以至身後家中竟連十金的錢財也沒有。像劇孟這樣的行徑，自漢武帝罷黜百家，獨尊儒術之後，在社會上逐漸消聲匿跡。士大夫改以儒家所遵奉的道德標準，作為生活的信條。

東漢以降，士大夫晉身之道，在很大程度上決定於鄉曲對於道德品行的評論，故而士人們很注意自己的行為。被儒家斥為「兼行惡道」、「五不孝之一」的博戲，自然被注意砥礪名節的士大夫所拋棄。故而從漢武帝至東漢末年，較少見到關於士大夫博戲的記載。

（三）統治階級與博戲

中國古代社會各階層中，統治階級絕大部分擁有雄厚財力，錦衣玉食、養尊處優，為博戲創造最佳環境，故而統治階級的博風最盛。據《後漢書‧梁冀傳》記載：

> 性嗜酒，能挽滿、彈棋、格五、六博、蹴鞠、意錢之戲。〔註58〕

東漢外戚、權傾一時的大將軍梁冀，年少時即精於當時流行的彈棋、格五、六博、意錢、鬥雞、走狗等各種博戲。可見梁冀年幼時，受到身邊奴僕們博戲風氣的影響而習得，亦可想像於此當時梁府內的賭風之盛。

（四）婦女與博戲

博戲本為男子之事，至秦漢時期開始於女子之間流行，甚至有以博具作為嫁妝者，如《漢書》記載：

> 漢元封中，遣江都王建女細君為公主，以妻焉。賜乘輿服御物，為備官屬宦官侍御數百人，贈送甚盛。烏孫昆莫以為右夫人。〔註59〕

漢江都王之女嫁給烏孫昆莫之時，宣帝即賜以博具。另據《漢書‧五行志》

〔註57〕　漢‧司馬遷，《史記》，卷 124，〈遊俠列傳〉，頁 3184。索隱曰：博乃六博戲也。

〔註58〕　宋‧范曄、唐‧李賢注，《後漢書》，〈梁冀傳〉，頁 1178。

〔註59〕　東漢‧班固，《漢書》，卷 96，〈西域傳〉，頁 3903。

記載：

> 京師郡國民聚會，里巷阡陌，設張博具，歌舞祠西王母。〔註60〕

當京師節慶時，大街小巷張設博戲之具，與仙人同歡，而將博戲延及仙人或鬼魂。當博具成爲嫁妝、帝王賞賜之物，或博戲成爲節慶娛神的活動時，象徵該博戲已在社會廣爲流傳與得到多數人的熱愛。由此可知，秦漢時期婦女賭博之風盛行。

（五）平民百姓與博戲

漢代時，博戲不僅盛行於統治階層，百姓之間博戲也很普遍，可說是民間最常見的娛樂遊戲方式之一。據《史記》記載：

> 富者，人之情性，所不學而俱欲者也。……博戲馳逐，鬥雞走狗，作色相矜，必爭勝者，重失負也。……此有知盡能索耳，終不餘力而讓財矣。〔註61〕

追求富貴是人們的本性，不用學習即會去追求。進出賭場，鬥雞走狗，爭得面紅耳赤，自我誇耀，必定要爭取勝利，是因爲看中輸贏的關係。如此絞盡腦汁，用盡心力，終究是爲了不遺餘力地爭奪財物。再再說明「戲而取人財」，爲秦漢博戲與先秦最大的區別。

1. 出現大量以博戲爲業的「博徒」

在漢代民間，出現一些專門以經營博戲爲業的人，這些人被稱爲「博徒」。據《史記》記載：

> 博戲，惡業也，而桓發用富。〔註62〕

精打細算、勤勞節儉，是發財致富的正道，但是，若想要致富，則需要出奇制勝。儘管賭博是惡劣的行徑，如同六博被後人斥爲「惡業」一般，然而桓發卻能因賭博而成爲富翁。另外，《後漢書·許升妻傳》云：「（吳許）升，少爲博徒，不理操行，榮嘗躬勤家業，以奉養其姑。〔註63〕」，《鹽鐵論·授時》亦云當時「博戲馳逐之徒，皆富人子弟」。漢代這種以博戲爲業的情形，一直延續到三國時期，以致出現了因「好玩博弈」而達到「廢事棄業，忘寢與食」的地步。

〔註60〕東漢·班固，《漢書》，卷27，〈五行志下之上〉，頁1476。
〔註61〕漢·司馬遷，《史記》，卷129，〈貨殖列傳〉，頁3271。
〔註62〕同上注，頁3282。
〔註63〕南朝宋·范曄、唐·李賢注，《後漢書》，卷84，〈列女傳〉，頁1178。

**圖 2-3-1 新津崖墓石刻 —— 蜀地
漢畫像石 —— 仙人六博**

資料來源：李露露，《圖說中國傳統玩具
　　　　與遊戲》（西安：世界圖書出
　　　　版公司，2006），頁 152。

2.《六博經》：六博專書問世

　　秦漢時期，博戲不僅在統治階級流行，百姓博戲十分普遍。有些社會地位較低者，亦能因善於博戲而受到上流社會者的青睞。據晉・葛洪在《西京雜記》中記載：

許博昌，安陵人也，善陸博。
竇嬰好之，常與居處。其術曰：
「方畔揭道張，張畔揭道方，
張究屈玄高，高玄屈究張。」
又曰：「張道揭畔方，方畔揭道
張，張究屈玄高，高玄屈究張。」
三輔兒童皆誦之。法用六著，
或謂之究，以竹為之，長六分。
或用二著。博昌又作《大博經》
一篇，今世傳之。〔註64〕

許博昌不但善於六博，更創編了一套六博棋的棋術口訣，使得「三輔兒童皆誦之」。後來，又作《大博經》一篇。由此可知，秦漢時期民間對博戲的喜好，以至連京師周圍的小孩子都能順口而歌六博訣。而《大博經》的出現，更象徵漢代六博遊盛行的又一顯證。另據《後漢書》記載：

　　今人奢衣服，侈飲食，事口舌而習調欺。或以謀姦合任為業，或以
　　游博持掩為事。……以巧詐小兒，此皆無益也。〔註65〕

當時人們衣食奢華，生活或以巧謀姦邪為業，或以賭博為事，或以巧詐手段欺騙兒童等，均是無益之舉。顯然，博戲賭博化的結果，已造成社會不良影響。

　　另外，在漢代的畫像石、畫像磚以及銅鏡紋飾中，也有許多反映當時六

〔註64〕晉・葛洪，《西京雜記》，卷4，〈陸博術〉，頁14。
〔註65〕南朝宋・范曄，《後漢書》，卷49，〈王充傳〉，頁1634。引注曰：「博謂六博，
　　　　掩謂意錢也。另據《欽定四庫全書・史部・兩漢刊誤補遺・卷3・搏揜》曰：
　　　　『掘冢搏掩犯姦成富也』」。

博的圖案。例如：四川成都市郊出土的《仙人六博》畫像磚，圖中兩仙人肩披羽飾，相對博弈。背景上有仙草、鳳鳥爲陪襯。這類「仙人六博」，是漢畫中的常見題材，它與曹植〈仙人篇〉「仙人攬六著，對博太山隅」以及南朝陳張正見〈神仙篇〉中的「已見玉女笑投壺，複睹仙童欣六博」等文字正相吻合，人們認爲玩六博之戲，如同神仙過的日子。

另外，漢代流行與六博棋盤曲道一樣圖案的銅鏡，考古界稱此種銅鏡爲「規矩紋銅鏡」或「博局紋銅鏡」。人們日常使用的銅鏡紋飾，也受六博影響，可見六博在當時影響之深。

漢代博戲賭博化結果，造就上流社會與閭巷民間嗜賭風氣，並且導致博戲技藝朝向純粹賭具與賭技蛻變。到了漢末，具有「怡情冶性」的六博逐漸爲「唯勝負是圖」的樗蒱所取代，更開啓魏晉南北朝嗜賭之狂潮。

三、魏晉南北朝至隋代博戲的發展

魏晉南北朝時，經濟持續發展，江南地區逐漸成爲中國經濟中心，而且南方社會相對於北方安定，各種遊藝十分興盛，造成南北存在差異。此外，朝政更迭頻繁、倫理名教式微，如此特殊的環境，爲博戲創造滋生的溫床。門閥士族因長期政治動盪而顯得意志消沉，追求放浪形骸，縱情享樂，抱持一種即時行樂的人生觀，而庶民則期盼能僥倖發達。儘管動機不同、心態各異，但其無不以贏錢輸物爲依歸，而且輸贏頗劇，數額驚人。士族文人尤好蒲弈，日夜不息，因此，樗蒱、握槊、彈棋、鬥雞等含有濃厚賭博性的博戲盛行。

但是，時間一久，人們對於博法簡單而趣味性不強的博戲感到不滿，另一方面，圍棋又太費時間，故而也遭到不少的誹議。如《顏氏家訓》云：

> 數術淺短，不足可翫。圍棋有手談、坐隱之目，頗爲雅戲。但令人
> 耽愦，廢喪實多，不可常也。〔註66〕

南北朝時期，博戲形式朝多樣化發展，傳統六博漸成強弩之末，新的博戲便應運而生。究其原因有二：一是以擲骰僥倖取勝的六博，遠不如圍棋具有啓迪智慧、培養思維之魅力。另一是六博之賭博化，遭到正直人士的批評與抨擊。故而，六博於西晉之後完全退出博戲舞台，代之而起的是樗蒱、雙陸以及圍棋等。

〔註66〕北齊・顏之推撰，王利器集解，《顏氏家訓集解》，卷7，〈雜藝〉，頁527～528。

（一）帝王、統治階級與博戲

1. 帝王與博戲

　　魏晉南北朝嗜博帝王不乏其人，如晉武帝司馬炎、宋武帝劉裕、宋孝武帝劉駿、宋明帝劉彧等，都愛好樗蒲博戲。三國時期各國都頒布禁賭法令，但實際上對各類賭博均採取放任態度，諸如曹丕之於彈棋、曹植之於各類鬥戲即是。

　　據《宋書》記載：「初高祖家貧，嘗負刁逵社錢三萬，經時無以還。逵執錄甚嚴，王謐造逵見之，密以錢代還，由是得釋。〔註67〕」此事件讓劉裕深深感念王謐的德厚，而深深怨恨刁逵。

　　劉裕的孫子即宋武帝劉駿，是一位嗜博又貪財的皇帝，常以博戲作為聚斂錢財的手段。大臣顏師伯投其所好，常故意輸給劉駿。甚至一天中，顏師伯即輸上百萬。另據《南史·垣護之傳附閬傳》中記載：

> 時交土全實，閬罷州還，資財鉅萬。孝武末年貪慾，刺史二千石罷
> 任還都，必限使獻奉，又以蒲戲取之，要令罄盡乃止。〔註68〕

劉駿當上皇帝之後，封賞顏師伯吏部尚書一職，顏師伯藉以招權納賄、獨斷專行，而劉駿亦視若無睹、不加以阻止。劉駿嗜賭如此，而且縱容貪官污吏的行徑。另據《南齊書》記載：

> 事平，明帝大會新亭，勞接諸軍主，樗蒲官賭，安民五擲皆盧，帝
> 大驚，目安民曰：「卿面方如田，封侯狀也。」安民少時貧窶，有一
> 人從門過，相之曰：「君後當大富貴，與天子交手共戲。」至是安民
> 尋此人，不知所在。〔註69〕

宋明帝劉彧於武衛將軍李安民等平定王子勛之亂後，為慰勞和感謝平叛有功的將領而大會新亭樓，並進行樗蒲官賭，不僅說明劉彧頗有乃兄宋孝武帝劉駿嗜賭之風，更象徵當時宮廷博風之盛。此外，國君有時為團結、拉攏臣下，必須使用一些手段，而賭博就是其中一種。在南北朝時，帝王們不僅自己喜與人賭，甚至還與滿朝文武官員聚賭為戲，以此拉進君臣間的關係。如十六國後涼的呂光喜歡賭博，據《晉書》記載：

〔註67〕梁·沈約，《宋書》（北京：中華書局，1974），卷1，〈武帝紀〉，頁10。
〔註68〕唐·李延壽，《南史》（北京：中華書局，1995），卷25，頁688。
〔註69〕南朝梁·蕭子顯，《南齊書》（台北：鼎文書局，1980），卷27，〈李安民傳〉，頁505。

光既平龜茲……大饗文武，博議進止。眾咸請還，光從之，以駝二
萬餘頭致外國珍寶及奇伎異戲、殊禽怪獸千有餘品，駿馬萬餘匹。
〔註70〕

呂光將龜茲貢獻的各種寶物奇珍和汗血馬等作為賭注，在金鑾殿上召集文武
大臣聚賭，以示君臣同樂進而收買人心。文武百官在廟堂呼盧喝雉，一時之
間，將神聖的廟堂變成嘈雜的賭場。此外，在君臣氣氛融洽的聚賭過程中，
有時大臣會藉此向皇帝表達忠心之意，而效果甚至超乎預期。

於此同時，北朝皇帝嗜博情況亦不下於南朝帝王。宋元嘉27年，北魏太
武帝拓跋燾率軍攻宋，兵至彭城，與鎮守彭城之武陵王劉駿對峙。拓跋燾竟
於兩軍對壘之時數度命人向劉駿索要賭博器具，拓跋燾對賭博興趣之濃厚可
見一斑。另據《北史·王思政傳》記載：

大統之後，思政雖被任委，自以非相府之舊，每不自安。周文帝曾
在同州，與群公宴集，出錦罽及雜綾絹數千段，令諸將摴蒲取之。
物盡，周文又解所服金帶，令諸人遍擲，曰：「先得盧者即與之。」
群公擲將遍，莫有得者。次至思政，乃斂容跪而誓曰：「王思政羈旅
歸朝，蒙宰相國士之遇，方願盡心效命，上報知已。若此誠有實，
令宰相賜知者，願擲即為盧；若內懷不盡一座盡驚。即拔所佩刀，
橫於膝上，攬摴蒲，拊髀擲之。比周文止之，已擲為盧矣。徐乃拜
而受帶。自此朝寄更深。〔註71〕

當時人們普遍認為「摴蒲有神〔註72〕」，對「盧」彩懷有特別的迷信心理。因
此，摴蒲不僅與金錢輸贏有關，甚至還與人品、能力與命運產生關聯。王思
政協助宇文泰創立大業雖有功績，但因非宇文泰舊部而不被視為心腹。因此，
在一次宇文泰舉行的聚賭大會上，王思政於擲骰前拔出佩刀，以死表明盡心
效力之意。宇文泰未及制止，骰子已成盧。從此以後，宇文泰將王思政作為
知己忠臣，委以重任，王思政最終成為開國元勳。此外，《北史》另記載：

〔註70〕唐·房玄齡、褚遂良等撰，《晉書》，卷122，〈呂光載記〉，頁3056。另據北
宋·李昉，《太平御覽·工藝部》記載：「龜茲國使至，獻寶貨、奇珍、汗血
馬。（呂）光臨正殿設會，文武博戲。」（台北：台灣商務印書館，1967），頁
3349。
〔註71〕唐·李延壽，《北史》（北京：中華書局，1995），卷62，〈王思政傳〉，頁2205。
〔註72〕清·陳夢雷編，蔣廷錫校訂，《古今圖書集成·博物彙編·藝術典》，卷807，
〈博戲部〉記載：後燕慕容寶與韓黃、李根於宴會摴蒲時云：世云摴蒲有神，
豈虛也哉！若富貴可期，恆得三盧。

梁主蕭詧曾獻馬瑙鍾，周文帝執之顧丞郎曰：「能擲撦蒱頭得盧者，
便與鍾。」已經數人不得。頃至端，乃執撦蒱頭而言曰：「非爲此鍾
可貴，但思露其誠耳。」便擲之，五子皆黑。文帝大悅，即以賜之。
〔註73〕

周文帝欲以樗蒲得「盧」者賜以馬瑙鍾，而薛端欲以「擲盧」示忠誠，最終
五子俱黑成「盧」，周文帝大悅並賜以鍾。

南北朝博戲的政治功能可謂多采多姿，到了隋代，博戲亦在政治上有著
舉足輕重的地位。據《資治通鑑》記載：

（楊）約時爲大理少卿，（楊）素凡有所爲，皆先籌於約而後行之。

（楊）述請約，盛陳器玩，與之酣暢，因而共博，每陽不勝，所齎

金寶盡輸之約。〔註74〕

楊素每次有所作爲之前，總會與擔任大理少卿的弟弟楊約商議。楊廣想謀求
太子之位，透過楊述邀請楊約一同暢飲共博，並將財物故意輸給楊約，用以
賄賂楊約，而達成說服楊素廢黜楊勇。最終，楊廣即位爲隋煬帝。

隋煬帝喜歡遊藝宴飲活動，因此在位時，喜歡與諸蕃酋長群集洛陽，在
端門街上列陳百戲，場地有五千步之廣，音樂演奏者更達一萬八千人。「角抵
大戲於端門街，天下奇伎異藝畢集，終月而罷。帝數微服往觀之。〔註75〕」
其實，隋煬帝在藉博戲以達政治高峰前，即對蒲博有所研究。在其擔任揚州
總管時，即設置王府學士百餘人，並常令他們修撰典籍。直到煬帝當上皇帝，
前後二十年，修撰之事未曾停歇。「乃至蒲博、鷹狗，皆爲新書，無不精洽」
〔註76〕，所著之作共分三十一部，計一萬七千餘卷。

2. 統治階級、文士與博戲

魏晉南北朝時期，由於政治劇烈變化和玄學興起，人們言行表現出擺脫
傳統束縛的趨勢。文士思想意識，從修身、齊家、治國、平天下之群體自覺，
轉變而爲追求自我與自然的個體意識。老莊易三玄取代漢代的經學，形成突
破傳統禮教的藩籬與束縛的風氣。驚世駭俗的行爲屢見不鮮，被儒家所貶斥
的博戲活動於此蓬勃興起。

〔註73〕唐·李延壽，《北史》，卷36，〈薛端傳〉，頁1328。
〔註74〕唐·魏徵等，《隋書》，卷61，〈宇文述〉，頁1464。
〔註75〕唐·魏徵等，《隋書》，卷3，〈煬帝紀〉，頁74。
〔註76〕宋·司馬光，《資治通鑑》，卷182，〈隋紀煬帝〉，頁333。

　　此時統治階級世代高官厚祿，有雄厚的經濟後盾，因此在博戲中多不以錢財為目的。他們在博戲中所追求者，乃是精神的享受與超脫，充分展示出放蕩不羈的本性，並且尋求對名士風範的認同感。據《世說新語》記載：

> 彭城王君夫有牛，名「八百里駁」，常瑩其蹄角，至愛惜之。王太尉
> 與射，賭得之（八百里駁）。彭城王曰：「君欲自乘則不論；若欲噉
> 者，當以二十肥者代之。既不廢噉，又存所愛。」王遂殺噉，叱左
> 右速探牛心來。須臾，炙至，一臠便去。〔註77〕

西晉名士王衍與彭城王司馬權賭射，贏了司馬權十分珍惜的一頭牛，司馬權願意以二十頭牛來交換，但王衍不理會司馬權的請求，依舊「遂殺噉」。如此放蕩豪侈的行徑，可謂驚世駭俗。猶有甚者，最能體現不以所賭珍物為意，而以精神的超脫與放蕩不羈的價值取向者，當屬東晉名士袁耽。據《晉書》記載：

> （袁）耽字彥道，少有才氣，俶儻不羈，為士類所稱。桓溫少時游
> 于博徒，資產俱盡，尚有負，進思自振之方，莫知所出，欲求濟於
> 耽，而耽在艱，試以告焉。耽略無難色，遂變服懷布帽，隨溫與債
> 主戲。耽素有藝名，債者聞之而不相識，謂之曰：「卿當不辦作袁彥
> 道也。」遂就局，十萬一擲，直上百萬。耽投馬絕叫，探布帽擲地，
> 曰：「竟識袁彥道不？」其通脫若此。〔註78〕

袁耽居喪期間，竟然在桓溫的請託之下脫去喪服，和債主一賭高下。袁耽看似重義氣，但其實本身不僅善於此道，更嗜愛此戲。而這一事件，不僅得到同時代的劉義慶與劉孝標的欣賞，就連相距三百年後的房玄齡也以「通脫若此」對此事讚嘆不已。

　　其實，魏晉時期，由於社會不安、政治壓迫、禮教虛偽，不少人轉而崇尚老莊，鄙棄漢儒的酸腐迂頑之氣而崇尚「通脫」，追求虛靜超然的精神境界。當學術定於一尊的局面被打破之後，重視自我個性與才能，成了多數士人普遍的心態和人生取向。士人為滿足自己的興趣及喜好，而破壞禮俗，此類情況所在多有，肆其性情而達其所生，成為此時期的風氣。〔註79〕東晉陳郡的袁耽，可

〔註77〕南朝宋·劉義慶，《世說新語》（北京：中華書局，1991），卷下，〈汰侈〉，頁220。
〔註78〕唐·房玄齡、褚遂良等撰，《晉書》，卷53，〈袁耽傳〉，頁2170。
〔註79〕郭于菁，〈東晉士人應世觀的轉折〉（台南：成功大學中國文學系碩士論文，2005），頁7、53。

說是最能體現士族在博戲中超脫傳統而獲得完全的自我表現，對名士風範的認同感完全得到滿足。

博與弈在漢代以後逐漸分流，但在三國時代，圍棋並沒有和賭博分離，後代的賭郡、賭墅、賭石等均以圍棋作爲賭博的工具。據《晉書·謝安傳》記載：

> （謝）安遂命駕出山墅，親朋畢集，方與（謝）玄圍棋賭別墅。安常棋劣於玄，是日玄懼，便爲敵手而又不勝。安顧謂其甥羊曇曰：「以墅乞汝。」〔註80〕

謝安圍棋實力原在謝玄之下，但在肥水戰前，大敵當前，謝安故意與謝玄以圍棋賭墅。因爲當天謝玄心理不安而輸局，謝安將贏得的別墅贈與外甥羊曇。隨後謝安調兵遣將，指揮若定，最終大破前秦苻堅。謝安得知自己的軍隊打了勝仗後，表面裝作若無其事，但是後來才發現把自己的木屐鞋根給踩斷了。顯然，當時的圍棋不僅是賭博的工具之一，更具有穩定軍心的功能。

另外，在劉宋時期，亦有以賭爲官者。據《宋書·羊玄保列傳》記載：

> 善弈棋，棋品第三，太祖與賭郡戲，勝，以補宣城太守。〔註81〕

羊玄保擅長弈棋，宋文帝召之對弈，並以宣城太守一職爲賭注。結果羊玄保勝利，獲得太守一職。另據《宋書》記載：

> （王弘）少時嘗撝蒲公城子野舍，及後當權，有人就弘求縣，辭訴頗切。此人嘗以蒲戲得罪，弘詰之曰：「君得錢會戲，何用祿爲！」答曰：「不審公城子野何在？」弘默然。〔註82〕

以「王太保家法」得到時人仿傚的王弘，幼年時亦曾經「撝蒲公城子野舍」。當王弘當權之後，有昔日因蒲戲而得罪王弘者，欲向王弘請託當縣官，王弘以「君得錢會戲，何用祿爲！」而拒絕。不料，對方以「不審公城子野何在？」，如此以子之矛，攻子之盾，使得王弘因而無言以對。但是該名謀官者是否如願以償，史書中並無記載。亦足見魏晉南北朝博戲賭風極盛，據《晉書·葛洪傳》記載：

〔註80〕唐·房玄齡等，《晉書》，卷79，〈謝安傳〉，頁2075。另據孫元晏《晉，十六首之十一：謝公賭墅》記載：發遣將軍欲去時，略無情撓只貪棋。自從乞與羊曇後，賭墅功成更有誰。中華書局校訂，《全唐詩》（北京：中華書局，1996），第22冊，第767卷，頁8705。

〔註81〕梁·沈約，《宋書》，卷54，〈羊玄保傳〉，頁1535。

〔註82〕梁·沈約，《宋書》，卷42，〈王弘傳〉，頁1322～1323。

性寡欲無所愛玩，不知棋局幾道，樗蒲齒名。〔註83〕

由於文士博戲情形之普遍，因此葛洪「不知棋局有幾道，亦不知樗蒲齒名」這樣的行徑，在當時屬於稀罕的事，因此被記載於史傳之中。

魏晉六朝之時，玄風鼎盛，樗蒲連帶也大受歡迎，陶侃便曾痛斥其風：

諸參佐或以談戲廢事者，乃命取其酒器、蒲博之具，悉投之于江，吏將則加鞭扑，曰：「樗蒲者，牧豬奴戲耳！老莊浮華，非先王之法言，不可行也。君子當正其衣冠，攝其威儀，何有亂頭養望，自謂宏達邪！」〔註84〕

從「老莊浮華」、「亂頭養望，自謂宏達」的批判可知，陶侃麾下的「談戲」，即為玄談。在清談之餘，益以飲酒、樗蒲等曠放之舉，實無足怪。在世俗中，常人咸須藉由工作維持性命，故「蒲博」被視為「無行」且不事生產的象徵，也是理所當然，沈迷者不免受社會批判。但仙人則非如此，蓋其長生，故反得以時時休閒，盡豫遊之樂，正所謂不為「無聊之事」，何以遣「無涯之生」，這是仙俗二境的差異，境有所別，事即迥殊。〔註85〕儘管少數士大夫（如陶潛、庾翼）極力反對樗蒲，但在此洪流中，仍顯得格外微弱而不足道。

另外，除了圍棋、樗蒲外，握槊在東魏和北齊亦非常流行。據《北齊書》記載：

世祖性好握槊，士開善於此戲，由是遂有斯舉。加以傾巧便僻，又能彈胡琵琶，因此親狎。……恒令士開與太后握槊，又出入臥內無復期限，遂與太后為亂。……（韓鳳）與高阿那肱、穆提婆共處衡軸，號曰三貴，損國害政，日月滋甚。壽陽陷沒，鳳與穆提婆聞告敗，握槊不輟，曰：「他家物，從他去。」後帝使於黎陽臨河築城戍，曰：「急時且守此作龜茲國子，更可憐人生如寄，唯當行樂，何因愁為？」君臣應和若此。其弟萬歲，及二子寶行、寶信並開府儀同。寶信尚公主，駕復幸其宅，親戚咸蒙官賞。〔註86〕

韓鳳、穆提婆等人竟可以為了握槊之戲而不顧國破家亡，博戲之風在北齊統治階級之盛可見一斑。此外，此事件亦反映出北齊西胡化的現象。

〔註83〕唐·房玄齡、褚遂良等撰，《晉書》，卷72，〈葛洪傳〉，頁1911。
〔註84〕唐·房玄齡，《晉書·陶侃》（北京：中華書局，1974），頁1774。
〔註85〕陳一弘，〈仙鄉、帝鄉、梓鄉：崔顥·黃鶴樓新詮〉，《東華漢學》（花蓮：東華大學中國語文學系，2007）第6期：151。
〔註86〕唐·李百藥，《北齊書》，卷50，〈恩倖·韓鳳〉，頁692。

　　南北朝時期的北方漢人，因久居鮮卑地區，與鮮卑同俗，使得其本族的文化反而隱蔽不顯。例如：北齊皇室高氏爲漢人，但因累世北邊而爲鮮卑化，其後甚至造成鮮卑化的貴族反對漢人和漢化的胡人。此一現象反映出屬於鮮卑化武裝集團的北齊，是洛陽漢化文官集團的反對者，更是對北魏孝文帝漢化政策的反動者。

　　此外，握槊乃一胡戲耳，但北齊鮮卑統治階級如胡后、韓鳳等人卻陷之甚深。韓鳳甚至欲作龜茲國子。〔註87〕從「黃河以南，猶可作一龜茲國」可知，除了韓鳳、穆提婆外，齊後主及其左右大臣亦持此等想法，故最終於黎陽臨河築城戍守。北齊鮮卑貴族反對漢化，卻熱衷於西胡化。〔註88〕

　　至隋代，統治階級亦有嗜博者，據唐・魏徵《隋書》記載：

> （皇甫績）嘗與諸外兄博奕，（韋）孝寬以其惰業，督以嚴訓，愍績孤幼，特捨之。績歎曰：「我無庭訓，養於外氏，不能剋躬勵己，何以成立？」深自感激，命左右自杖三十。孝寬聞而對之流涕。於是精心好學，略涉經史。〔註89〕

韋孝寬以博奕爲「惰業」，因此對參與博弈者嚴格訓斥。皇甫績因感悟「不能剋躬勵己，何以成立？」轉而勵精向學，略涉經史。眾所周知，由不博而博，易；由博而不博，難；由嗜博而不博，更難。皇甫績的改變是由博而改易的特例，這樣的轉變，讓韋孝寬感動涕泣。此亦足見隋代博弈之風盛行且嗜賭者轉變之不易。

（二）婦女與博戲

　　婦女亦是博戲隊伍中的重要成員。古代常見的一種婦女博戲，是與娼妓有關的。據《北齊書・祖珽傳》記載：

> 遊集倡家，出山東大文綾並連珠孔雀羅等百餘匹，令眾妓女擲樗蒲以賭之，以爲戲樂。〔註90〕

〔註87〕宋・司馬光，《資治通鑑・陳紀》亦記載此事云：齊穆提婆、韓長鸞聞壽陽陷，握槊不報，曰：「本是彼物，從彼取去。」齊主聞之，頗以爲憂。提婆等曰：「假使國家盡失，黃河以南，猶可作一龜茲國，更可憐人生如寄，唯當行樂，何用愁爲？」君臣應和若此。

〔註88〕陳寅恪，萬繩楠整理，《陳寅恪魏晉南北朝史講演錄》（合肥：黃山書社，1987），頁292、297～300。

〔註89〕唐・魏徵等，《隋書》，卷38，〈皇甫績傳〉，頁1139。

〔註90〕唐・李百藥，《北齊書》，卷39，〈祖珽傳〉，頁514。

「挾妓飲博樗蒲」歷來是男人狹邪冶遊的主要內容，北齊的祖珽與紈綺子弟就是其中同好之人。婦女從事博戲活動，大約出現於秦漢之時。由於，中國博戲的技巧性，要求博戲者須有閒暇時間，而古代中國婦女相對男人而言有較多的閒暇。

而婦女之中最閒暇者當屬專制帝王的後妃嬪娥們，此乃因大多數宮人總是過著百無聊賴卻優裕的生活。這樣的生活環境，爲博戲創造了滋生的條件。據後蜀花蕊夫人〈宮詞〉詩云：

> 日高房里學圍棋，等候官家未出時。爲賭金錢爭路數，專擾女伴怪
> 來遲。〔註91〕

宮女嬪妃們從事博戲主要是用以排遣孤悶爲目的，最後竟把博戲當成贏取侍寢皇帝權力的手段。博戲發展成這樣的功能，在歷代後宮中不一定獨有，但只能在專制帝王的後宮中才能見到。在中國的博戲發展歷史上，婦女扮演的角色是不容輕忽的。

（三）平民百姓與博戲

南北朝時，民間出現「攤錢」或稱「意錢」的博戲。據《資暇集》云：

> 錢戲，有每以四文爲一列者，即史傳所云意錢也，俗謂之攤錢，亦
> 曰攤鋪其錢。不使疊映欺惑也。〔註92〕

其玩法爲擲銅錢於地，依其正反面之排列組合，以決定勝負，是一種賭博遊戲。此種博戲方式更爲簡單，隨意抓取銅錢或撒於盤中，或直接擲於地上，以四除之，最後以餘數多少來決定輸贏與勝負。據《後漢書》記載：「（梁冀）少爲貴戚，逸遊自恣。性嗜酒，能挽滿、彈棋、格五、六博、蹴鞠、意錢之戲，又好臂鷹走狗，騁馬鬥雞。〔註93〕」梁統玄孫梁冀少年時即縱情逸樂與飲酒，而且，頗能行挽滿、彈棋、格五、六博、蹴鞠、意錢等博戲，鬥雞、走馬亦相當擅長。由此則記載可知，錢戲最晚在從漢朝即已流行。另據《宋書·臧質傳》記載：「質少好鷹犬，善蒲博意錢之戲。〔註94〕」臧質年少時喜愛鷹犬，並且善於樗蒲與意錢博戲。可見，「意錢」在南北朝民間相當普及，

〔註91〕中華書局校訂，《全唐詩》，卷798，頁8977。

〔註92〕李匡乂，《資暇集（及其它二種）》（北京：中華書局，1985），卷中，〈錢戲〉，頁16。

〔註93〕南朝宋·范曄、唐·李賢注，《後漢書》，卷34，〈梁冀傳〉，頁1178。注引何承天《纂文》：詭億，一曰射意，一曰射數，皆攤錢也。

〔註94〕梁·沈約，《宋書》，卷74，〈臧質傳〉，頁1910。

是一種連小孩都會玩的博戲。由此可知，博戲在南北朝時之盛況。

（四）博戲與民族交流

除此之外，隨著民族遷徙與融合，民族間的遊藝有了交流與發展的機會，胡戲也開始往內地傳入。據李延壽《北史・突厥》記載：「男子好樗蒲，女子踏鞠。〔註95〕」、《北史・百濟》另記載：「有鼓角、箜篌、箏竽、箎笛之樂，投壺、樗蒲、弄珠、握槊等雜戲。尤尚奕棋。〔註96〕」《北史・倭傳》：「好棋博、握槊、樗蒲之戲。〔註97〕」此時中外遊藝交流更為頻繁，六面骰子傳入中國，不僅樗蒲與握槊等博戲活動，從少數民族地區進入中原的情況十分盛行，而且，樗蒲等博戲，甚至從中國傳至日本與朝鮮。魏晉南北朝遊藝活動上承秦漢，並為隋唐時期的遊藝繁榮奠定基礎。

第四節　小　結

中國博戲文化產生的因素很多，而且各時期博戲的發展也不相同。大致而言，生產技術的進步與商品經濟的發達、統治者的倡導與親自參與等，是中國博戲產生的重要原因。生產技術進步與商品經濟發達之後，人們的物質生活得到滿足，即欲追求精神層面的享受，博戲由此而生。封建時代的帝王，集權力與財富於一身，常導致「上有所好，下必甚焉」風吹草偃的影響力，故而統治者的倡導與親自參與極大地推動博戲在中國社會的流行。

除此之外，對自然宇宙的觀察與認識、博戲與占卜的聯結，更是中國博戲文化的特色。此即人們藉由對自然、天文、地理、宇宙的觀察與認識，產生像數思維的遊戲。其中，中國古籍與傳說中的「河圖」與「洛書」即反映先民對自然宇宙的認識與想像、神秘而其妙。

春秋戰國時期，隨著社會經濟的發展，尤其城市商品經濟的繁榮，博戲活動已在社會各層面和各地區流行。上流社會中，從國君、王侯到貴族、富豪，都嗜好博戲，一般百姓亦有嗜好博戲者。於此同時，博戲不僅重視勝負，亦有金錢的輸贏情形。先秦時期的博戲，種類已趨多樣化，六博、弈棋、鬥雞、走狗、投壺與蹴鞠等，不一而足。其中以六博最盛，但此時的六博僅限

〔註95〕唐・李延壽，《北史》（北京：中華書局，1995），卷99，〈突厥〉，頁3289。
〔註96〕唐・李延壽，《北史》，卷94，〈百濟〉，頁3119。
〔註97〕唐・李延壽，《北史》，卷94，〈倭傳〉，頁3137。

於男性。此外，在某些地區更出現以賭博為業的「博徒」。此外，先秦時，蹴鞠等活動並沒有明確記載用於賭博，但卻常與六博、鬥雞等相提並論，而且後代亦常被用於賭博，因此蹴鞠等活動亦與博戲產生關聯。

先秦博戲除了賭錢輸物之外，還帶有原始的娛樂成分；到了秦漢時期，博戲進一步蛻變成「戲而取人財」之賭博活動。秦漢時期社會經濟的發展與平民貧富差距的擴大，為博戲的興盛創造了社會基礎。此外，西漢的開國元勳大多來自民間，他們將各種博戲帶入宮廷，再由宮廷擴散至民間。不僅造成上流社會與民間的博戲風氣，更直接導致博戲技藝進一步向純粹賭具與賭技蛻變。秦漢時期最流行的博戲仍舊是六博，另有格五、彈棋、樗蒲和意錢等新產生的博戲種類。除此之外，女子逐漸參與博戲，而且以博戲為業的「博徒」大量出現，顯示出此時期博戲的蓬勃發展。

至於魏晉南北朝時期，雖然是分裂戰亂的局面，但是仍有相對安定與短暫統一的社會環境。諸如官渡戰後曹操統一北方、赤壁戰後三國鼎立、西晉統一全國、北魏時期的北方，以及東晉與南朝時的南方，社會經濟並非完全停滯或遭受破壞，而是處於緩慢恢復與發展。於此同時，遊戲與各項娛樂活動逐漸打下了基礎。由於遊戲具有其獨特的愉情遣興，不論是有所作為的帝王，抑或是昏庸荒唐的君主，均對遊戲活動表現出濃厚的興趣。因此，遊戲與各項娛樂活動發展的興盛，更得益於歷代統治者的提倡與親自參與。博戲形式呈多樣化特點，隨著民族間的融合，胡戲也開始往內地傳入，而自漢代以來流行的六博此時開始衰落，取而代之的是樗蒲、雙陸、攤錢，以及圍棋、射箭等。

此外，南北朝時期的北方政權中，鮮卑化武裝集團的北齊，不僅是洛陽漢化文官集團的反對者，更是對北魏孝文帝漢化政策的反動者。此時，握槊雖為一胡戲，但北齊鮮卑統治階級如胡后、韓鳳等人卻陷之甚深。韓鳳甚至欲作龜茲國子。除此之外，北齊鮮卑貴族不僅反對漢化，而且熱衷於西胡化。隨著博戲的擴展，特別是握槊的流行，不論是民族間的交流或是融合，都有長足的發展。

魏晉南北朝時期，中外遊藝交流更為頻繁，六面骰子傳入中國，不僅樗蒲與握槊等博戲活動，從少數民族地區進入中原的情況十分盛行，而且，樗蒲等博戲，甚至從中國傳至日本與朝鮮。魏晉南北朝遊藝活動上承秦漢，並為隋唐時期的遊藝繁榮奠定基礎。

第三章 唐代博戲文化初探

　　唐代社會風氣極爲開放，自由而浪漫的風氣造就人們不受拘束的心性，對於快樂與放縱的追求，導致博戲成爲社會上不可或缺的娛樂方式。唐代的博戲種類不勝枚舉，雅俗兼備。

　　博戲，在唐朝建立的過程中，扮演極爲重要的角色。而且，幾乎所有的皇帝都喜歡博戲，其中以武則天和唐玄宗最爲熱衷。博戲的主要特徵爲，先擲以骰子，再依骰子數值行棋的遊戲，亦即以擲骰子作爲遊戲的主要手段。唐代博戲種類繁多，其中以樗蒲與雙陸最具代表性。

第一節　呼盧喝雉鬥五木

　　樗蒲，又名樗蒱、摴蒱、摴蒲或樗博，源於植物名。樗，即落葉喬木臭椿〔註1〕；蒲，即用於織席的水草。古代人們常以投擲樗葉與蒲來占卜，預測吉凶禍福。以「樗蒲」作爲博戲之名，乃因此博戲行棋時須投擲「五木」，類似古人占卜時須投擲樗和蒲一般。樗蒲博戲，起於漢末魏初，活絡於魏晉南北朝。

　　「樗蒲」一詞，在現今的文獻記錄中，最早可見於漢末繁欽的〈威儀箴〉：
　　營操弄碁，文局樗蒲，言不及義，負勝是圖。〔註2〕

〔註1〕《中文大辭典》（台北：中華學術院印行，1982），第 5 冊，頁 403。引《傳》
　　　云：樗，惡木也。
〔註2〕嚴可均校輯，《全上古三代秦漢三國六朝文・全後漢文》（北京：中華書局，
　　　1958），卷 93，〈繁欽〉，頁 978。

由此可見，樗蒲問世不久，即成爲賭具。在唐代，樗蒲被視爲一種「雜戲」，據《唐律疏議》中記載：

罪名	法律條文及出處	備　註
居喪雜戲	《唐律疏議・職制律》〔註3〕（總120）條：諸聞父母若夫之喪，匿不舉哀者，流二千里；喪制未終，釋服從吉，若忘哀作樂，自作、遣人等，徒三年；雜戲，徒一年；即遇樂而聽及參預吉席者，各杖一百。	議曰：雜戲謂 樗蒲、雙陸、彈棋、象博之屬。

可知有唐一代，不論是樗蒲或是雙陸、彈棋、象博等，均被通稱爲「雜戲」，而且都在社會上流行。

一、樗蒲的起源

樗蒲在魏晉南北朝時期極盛，不但用於賭博，更有用於占筮者。〔註4〕關於樗蒲之起源，至少有三種說法，分述如次。

（一）老子創立樗蒲的說法

將樗蒲之發明歸於老子所創，乃欲提高樗蒲在社會上的地位。據東漢馬融〈樗蒲賦〉云：

> 昔有玄通先生，游于京都，道德既備，好比樗蒲。伯陽人戎，以斯消憂。〔註5〕

「玄通」即老子，「伯陽」乃老子的字，意思是老子至西方之後，爲排憂解愁，發明樗蒲之戲，這是關於老子創立樗蒲的最早紀錄。此說法得到不少後人支持，如晉・張華《博物志》記載：「老子入胡，作樗蒲。〔註6〕」另據宋・高承《事物紀原》中亦記載：「博物志曰：樗蒱，老子入西戎所造。或云胡亦以此卜也。〔註7〕」顯然，高承亦贊成張華以老子入胡作樗蒲，並提出西戎亦有以樗蒲爲占卜者。

將樗蒲之發明歸於老子所創，是欲提高樗蒲在社會上的地位。可是，若

〔註3〕長孫無忌，《唐律疏議》（台北：臺灣商務印書館，1973），卷10，〈職制〉，頁87。

〔註4〕戈春源，《賭博史》（台北：華成圖書出版股份有限公司，2004），頁19。

〔註5〕漢・馬融，〈樗蒲賦〉，收入高明總編纂，《兩漢三國文彙》（台北：中華叢書編審委員會，1960），頁343。

〔註6〕晉・張華，唐久寵導讀，《博物志》（台北：金楓出版有限公司，1987），頁192。

〔註7〕高承，《事物紀原》（台北：臺灣商務印書館，1971），卷9，頁348。

從文獻和文物來看，樗蒲在春秋戰國時期尚未出現，而關於老子入胡的傳說，是從東漢末年至魏晉時期才開始在社會上流傳，因此其真實性值得存疑。

（二）樗蒲從六博演變而來

秦漢時期，六博十分盛行，社會各階層都有不少六博的愛好者。當六博逐漸「雅化」，使得娛樂形式愈趨複雜，遂得不到大眾對於娛樂的要求，因而漸趨沒落；於此同時，玩法通俗而簡單的樗蒲，逐漸贏得人們的喜愛。據東漢馬融〈樗蒲賦〉描述：

> 杯為上將，木為君副，齒為號令，馬為翼距，籌為策勳，矢法卒數。……事在將帥，見利電發，紛綸滂沸。精誠一叫，入盧九雉，磊落蹭踔，并來猥至。先名所射，應聲粉潰，勝貴歡悅，負者沉悴。
>
> 〔註8〕

從上述史料中可知，行樗蒲博戲時，須如六博投箸般地投擲五木，故謂樗蒲自六博演變而來。但是，樗蒲在行棋過程中需要不斷彼此鬥智，呼盧喝雉，氣氛熱鬧非凡，這點則與六博存在極大的差異性。另據漢‧劉歆《西京雜記》記載：

> 京兆有古生者，學從橫，揣摩弄矢搖丸樗蒲之術。為都掾史四十余年，善訑謾二千石隨以諧謔，皆握其權要而得其歡心。趙廣漢為京兆尹，下車而黜之，終于家。京師至今俳戲，皆稱古掾曹。〔註9〕

古氏連名字均未留下，當無吹捧之嫌。因此，由西漢晚期的古生「學樗蒲之術」，說明西漢晚期，樗蒲即已流行。樗蒲可能從六博演化而來，但其行棋方式卻與六博存在極大的差異性。可能是古生最先把博棋演變為樗蒲，而其亦為至今所知玩樗蒲的第一人。

（三）樗蒲出於西鄰

若從樗蒲所用之博蓆出處，追溯其創始地，則樗蒲可能來自西鄰，而非中土。據東漢馬融《樗蒲賦》描述：

> 枰則素旃紫羂，出乎西鄰。緣以繢繡，紩以綺文。〔註10〕

〔註8〕 東漢‧馬融，《樗蒲賦》，收入嚴可均輯，《全上古三代秦漢三國六朝文‧全後漢文‧馬融》，頁566。

〔註9〕 晉‧葛洪，《西京雜記》，卷4，〈古生雜術〉，頁14。

〔註10〕 東漢‧馬融，〈樗蒲賦〉，收入嚴可均輯，《全上古三代秦漢三國六朝文‧全後漢文‧馬融》，頁 566。另據《釋名》云：「枰，平也，以板作其體平正也。」

樗蒲時，所用素色或紫色毯子織成的博席，出自於西方鄰國。故樗蒲可能來自西鄰，而非中土。

眾所周知，不論何種博戲或風俗，均經長時間發展而來，並非一人一時而創立。綜上所述，關於樗蒲之起源，以「樗蒲於西漢中期以前即已創制於中國，或樗蒲從六博演變而來，或從西鄰傳入中土」等說法，比較接近文獻史料與事實。

二、樗蒲博具

針對樗蒲作有系統的記錄者，首推東漢馬融的〈樗蒲賦〉。據〈樗蒲賦〉描述：

> 枰則搖木之幹，出自崐山，矢則藍田之石。卞和所工，含精玉潤，不細不洪。馬則玄犀象牙，是碪是礱。杯為上將，木為君副，齒為號令，馬為翼距，籌為策勳，矢法卒數。〔註11〕

由此可知，樗蒲博戲的主要博具有五木、矢、枰、馬、梧、籌等。歷代對於樗蒲博具的製作非常講究，多以精旃、玉石、象牙和珍貴木材所雕刻而成。將樗蒲博具分述如下：

（一）五木形制

「五木」，乃樗蒲擲采之具，共有五枚，故樗蒲又稱「五木之戲」。其功能相當於六博中的「箭」，與其他博戲中的骰子相仿。「五木」於魏晉南北朝時稱為「齒」，亦即「博齒」。

樗蒲五木，初為樗木所製，後改以玉石、象牙、獸骨等製成。其形狀為兩頭尖銳、中間平廣、形似杏仁。每枚樗蒲子一面漆黑，另一面漆白。據李翱《五木經》記載：「樗蒲五木玄白判，厥二作雉，背雉作牛。〔註12〕」其意為五枚樗蒲當中兩枚，上刻有牛犢與雉雞圖案。其中，黑面刻有牛犢，其背之白面則刻有雉雞。因此，每次投擲，最多只會出現兩枚帶有圖案之采。據元革釋：

> 樗蒲古戲，其投有五，故曰呼為五木，以木為之，因謂之木。今則

《釋名》（上海：商務印書館縮印江南圖書館藏明嘉靖翻宋刻本），卷6，頁25。
〔註11〕東漢·馬融，〈樗蒲賦〉，收入嚴可均輯，《全上古三代秦漢三國六朝文·全後漢文·馬融》，頁566。
〔註12〕唐·李翱，《五木經》，（北京：中華書局，1985），頁1～2。

以牙角尚節也，判半也，合其五投並上玄下白，故曰玄白判。雉烏
也，取二投於白上刻爲烏。其刻其烏二投，背上並刻牛，故曰背也。
以雉犢爲彩者，謂其悍戾，逢敵必鬪以求勝也。雖矢馬關亦皆角逐
防遏之義也。〔註13〕

因樗蒲五木或分黑白，或分牛犢雉雞，而有黑、白、犢、雉四種彩數之分。
其投擲結果，產生盧、白、雉、犢、開、塞、塔、禿、撅、梟等十種組合情
形。

（二）枰之形制

「枰」，即樗蒲盤，樗蒲以枰代替六博中的「局」，方形或長方形。其材
質爲白、紫色毛織品，上面繪有局道，以供行棋之用。枰上置有二關，以及
坑、塹若干，以作爲行棋時的障礙。故李肇《唐國史補》云：「限以二關」〔註
14〕，李翱《五木經》亦云：「設關二，間矢爲三」〔註15〕。

（三）矢之形制

「矢」，爲藍田玉石加工製作而成，其功能與棋盤上的格子相似，作爲行
棋時數步數之用。據李翱《五木經》記載：

矢百有二十，設關二，間矢爲三。間別也刻木爲關，彫飾之每聚四
十矢。〔註16〕

另據李肇《唐國史補》關於樗蒲的記載：「其法：三分其子，三百六十。〔註
17〕」依據李肇《唐國史補》與李翱《五木經》的描述，我們可知，樗蒲最初
應是二人或三人所進行的遊戲，故而將三百六十枚之矢，分爲三份。從「設
關二，間矢爲三」推知，矢應具有圍殺或阻止對方馬前進的功能。

（四）馬之形制

「馬」，即樗蒲棋子之名，以犀牛角或大象牙磨制而成，於樗蒲盤上依所
擲五木之「齒彩」所規定之「筴數」行走爭道。據李肇《唐國史補》中記載：

〔註13〕唐・李翱，《五木經》，頁2。
〔註14〕唐・李肇，《唐國史補》卷下，收入曹中孚校點，《唐五代筆記小說大觀》（上
　　　　海：上海古籍出版社，2000），頁197～198。
〔註15〕唐・李翱，《五木經》，頁4。
〔註16〕唐・李翱，《五木經》，頁4。
〔註17〕唐・李肇，《唐國史補》，卷下，收入曹中孚校點，《唐五代筆記小說大觀》，
　　　　頁197～198。

「人執六馬。〔註18〕」由此可知，進行樗蒲博戲時，每人各執六馬。另據李翱《五木經》記載：

> 馬笈二十，厥色五。大率戲時，不過五人五色者，各辦其所執也。〔註19〕

樗蒲之馬共有二十枚，分成五色，亦即每色四枚。綜上所述，樗蒲之戲，參加者最多可達五人；參加樗蒲者所執之馬，其數或四或六；行馬之數，則依所擲五木之采笈為知之。

（五）栻之形制

「栻」，即杯子，為樗蒲戲時投擲五木的骰盆，有取材自昆山之楢木者。魏晉南北朝之樗蒲戲，常將五木投擲於栻中。但是，一般於日常生活中進行樗蒲博戲時，常隨地而行，不用此博具。

（六）籌：即進行樗蒲博戲時的賭注。

由上可知，樗蒲博戲的主要博具有五木、矢、枰、馬、栻、籌等，其中以「五木」為最重要的博具。若從歷代樗蒲博具製作講究而精美，可推知樗蒲受到許多人士的歡迎。

三、樗蒲的博法

樗蒲經過長期的發展，不僅博具製作越趨精美，其博法亦逐漸轉變。茲就樗蒲傳統博法與轉變後樗蒲博法進行論述。

（一）傳統樗蒲的博法

東漢・馬融〈樗蒲賦〉中，關於樗蒲的博法，描述如下：

> 杯為上將，木為君副，齒為號令，馬為翼距，籌為策動，矢法辛數。
> 於是芬葩貴戚，公侯之儔，坐華榱之高殿，臨激水之清流。排五木，
> 散九齒，勒良馬，取道里。是以戰無常勝，時有逼遂，臨敵攘圍。
> 事在將帥，見利電發，紛綸滂沸。精誠一叫，入盧九雉，磊落蹛踔，
> 并來猥至。先名所射，應聲粉潰，勝貴歡悅，負者沉悴。〔註20〕

〔註18〕同上注。

〔註19〕唐・李翱，《五木經》，頁4。

〔註20〕東漢・馬融，《樗蒲賦》，收入嚴可均輯，《全上古三代秦漢三國六朝文・全後漢文・馬融》，頁566。

進行樗蒲博戲時，手執五木，擲於杯中，按所擲采數，執棋於博席上的杯上
行走。相互追逐，亦可吃掉對方棋子，以先到達終點者獲勝。除了憑運氣擲
彩之外，亦須‧於行棋過程中鬥智，呼盧喝雉，熱鬧非凡。此博戲常使勝利
者高興歡呼，輸局者消沉憔悴。雖然賦文中描述得簡略，但是，從中我們仍
不難發現，當時的上流社會非常流行玩樗蒲。

　　對於樗蒲博戲的文字記錄，唐代的李肇於《唐國史補》中，有別於〈樗
蒲賦〉的記載，可相互印證與補充。《唐國史補》中記載道：

> 洛陽令崔師本，又好為古之樗蒲。其法：三分其子，三百六十，限
> 以二關，人執六馬，其骰五枚，分上為黑，下為白。黑者刻二為犢，
> 白者刻二為雉。擲之全黑者為盧，其采十六；二雉三黑為雉，其采
> 十四；二犢三白為犢，其采十；全白為白，其采八。四者貴采也。
> 開為十二，塞為十一，塔為五，禿為四，撅為三，梟為二。六者雜
> 采也。貴采得連擲，得打馬，得過關，餘采則否。新加進九退六兩
> 采。〔註21〕

將三百六十枚棋子分成三堆，在每堆交接處，設有二關。參與者，每人各執
六馬，在杯上行走。先投擲五枚上下兩面為黑、白色的骰子，據彩行棋。五
枚骰子當中的兩枚，分別刻有牛犢與雉雞的圖案。其中，黑面刻有牛犢，其
背之白面則刻有雉雞。五木投擲結果中，盧、雉、犢、白等四采為貴采，其
餘六采為雜采。擲得貴采可以連擲，也可以打敵馬，也可以過「關」。雜采只
可依采行棋，而沒有打馬與過關的能力。李肇於文末提到「新加進九退六兩
采」，但對於是何兩采則無進一步說明。

　　李肇對於樗蒲博法的記載，雖然不容易明白，但我們仍可以佐以李翱《五
木經》的描述，對樗蒲作更進一步的認識。據李翱《五木經》中記載：

> 樗蒲五木，玄白判，厥二作雉，背雉作牛。王采四：盧、白、雉、
> 牛，眊采六：開、塞、塔、禿、橛、搗。全為王，駁為眊。皆玄曰
> 盧，厥筭十六；皆白曰白，厥筭八；雉二玄三曰雉，厥筭十四；牛
> 三白三曰犢，厥筭十；雉一牛二白三曰開，厥筭十二；雉如開。（如
> 開各一）。厥餘皆玄曰塞，厥筭十一，雉白各二玄一曰塔，厥筭五；
> 牛玄各二白一曰禿，厥筭四；白三玄二曰撅，厥筭三；白二玄三曰

〔註21〕唐‧李肇，《唐國史補》，卷下，收入曹中孚校點，《唐五代筆記小說大觀》，
　　　　頁197～198。

搗，厥筭二。矢百有二十。設關二，間矢爲三。馬筭二十，厥色五。
凡擊馬及王采皆又投。馬出初關疊行，非王采不出關，不越坑。入
坑有謫。行不擇筭馬。一矢爲坑。〔註22〕

李翱《五木經》與李肇《唐國史補》對於樗蒱之描述，大抵相似。其中，李
翱以樗蒱有一百二十矢，分成三聚，每聚四十矢。樗蒱有二十馬，分成五色，
可以供五人同時行棋，以作區別之用。此外，「入坑有謫」是指所罰隨所約並
輸合坐之規定。「行不擇筭馬一矢爲坑」則指矢行而致馬落坑也。樗蒱時所賭
之數隨臨時所約，所以，劉毅甚至可以一擲百萬也。

綜合李肇《唐國史補》與李翱《五木經》的描述，我們可知，進行樗蒱
博戲時，須先投擲五木，再依所擲之采所定筭數行棋。己馬相遇，則可重疊
而行；遭遇敵馬，則可打對方的馬。齒彩分爲王彩與虺彩。凡出關、越坑、
過塹、打馬等，都必須擲出王彩才得以爲之，亦才得以有機會取得最終勝
利。

茲將李翱《五木經》與李肇《唐國史補》關於樗蒱形制整理如下：

表 3-1-1 李翱《五木經》與李肇《唐國史補》樗蒱形制比較

	李翱《五木經》	李肇《唐國史補》	相同或相異
馬數	馬筭二十，厥色五	人執六馬	相異
矢數	百有二十	三百六十	
坑	一矢爲坑	無	
關數	二	二	相同

由此表可知，李翱《五木經》與李肇《唐國史補》對於樗蒱之描述，大
抵相似，惟馬數、矢數之規定不一。另外，《五木經》內有「坑」之設計，而
《唐國史補》中並無述及此部分。

《五木經》對於「采」之組成敘述較詳細，《唐國史補》對於「雜采」組
成方式之敘述則明顯較爲簡略，但依采而行的「厥筭數」均相同。此外，《五
木經》與《唐國史補》兩書對於貴采均有連擲與過關之規定；《五木經》於打
馬後得又投，但《唐國史補》則無此規定。另外，樗蒱五木組成各采之機率
如下：

〔註22〕唐‧李翱，《五木經》頁 4。

表 3-1-2 樗蒲采名出現機率

五木色別	五木組合情況	采名	王（貴）或 盰（雜）采	筴　數	出現機率
五黑	犢犢黑黑黑	盧	貴采	16	1 / 32
三黑二白	黑黑黑雉雉	雉	貴采	14	1 / 32
二黑三白	犢犢白白白	犢	貴采	10	1 / 32
五白	雉雉白白白	白	貴采	8	1 / 32
四黑一白	犢黑黑黑雉	塞	雜采	11	2 / 32
四黑一白	犢犢黑黑白	禿	雜采	4	3 / 32
三黑二白	黑犢犢白白	木梟	雜采	2	3 / 32
三黑二白	黑黑犢雉白	木梟	雜采	2	6 / 32
二黑三白	黑黑雉雉白	撅	雜采	3	3 / 32
二黑三白	犢黑雉白白	撅	雜采	3	6 / 32
一黑四白	犢雉白白白	開	雜采	12	2 / 32
一黑四白	黑雉雉白白	塔	雜采	5	3 / 32

　　樗蒲各采除了「開」之外，其筴數大小均與出現機率有關。亦即出現機率愈低，則筴數愈高，是為王采；出現機率愈高，則筴數愈低，是為雜采。盧、雉、犢、白等四采，屬於王采；塞、禿、開、撅、木梟、塔等六采，屬於雜采。

　　王彩中之筴數以「盧」最高，「雉」次之。當擲出盧和雉二彩者，往往都能取得最後勝利，故而在樗蒲進行中，「呼盧喝雉」之聲此起彼落，好不熱鬧。

（二）樗蒲博法之轉變

　　秦漢時期，樗蒲博具甚為富麗，博法亦較為繁複，需要有精確的計算與高超的技巧，決勝負所需時間亦較長，故而樗蒲大多是貴族與文士等階級所從事。

　　魏晉南北朝時期，出現一種簡化的樗蒲博戲，即僅以投擲五木所得齒彩而決定勝負輸贏的博戲。這種樗蒲形式，由於簡單容易，得到不少人喜愛，特別受到博徒們的歡迎而廣為盛行，開始成為樗蒲遊戲的主流玩法。據《晉書‧劉毅傳》記載：

　　　後於東府聚樗蒲大擲，一判應至數百萬，餘人並黑犢以還，唯劉裕

及毅在後。毅次擲得雉，大喜，褰衣遶床，叫謂同坐曰：「非不能盧，不事此耳。」裕惡之，因接五木久之，曰：「老兄試爲卿答。」

既而四子俱黑，其一子轉躍未定，裕屬聲喝之，即成盧焉。〔註23〕

有一次，劉裕與劉毅和眾人在東府樗蒲。他人擲得「犢」以下各彩，最後只剩劉毅與劉裕二人。劉毅先擲，得「雉」采，高興地大聲與同坐說：「非不能盧，不事此耳」。劉裕聽了不甚高興，回答劉毅說：「老兄試爲卿答」，隨即將手中五木擲出。當所擲四木爲黑而一木旋轉未定時，劉裕屬聲一喝，五子俱黑而成「盧」。在此，劉裕與劉毅等人所進行的博戲，即是簡化後的樗蒲博戲。

簡化的樗蒲博戲，以投擲五木所得齒彩而決定勝負輸贏，簡單容易，得到不少人喜愛。博戲時，呼盧喝雉，至鬧非凡。而其賭金甚至可達百萬，博徒們的熱衷與沉迷程度，可見一般。

（三）樗蒲之衰落

曾經風行中國的樗蒲博戲，從唐代末年開始衰落，至宋代已經很少有人從事這種博戲。其中，存在與中國博戲使用的投具之演進有關。

魏晉南北朝時期，當五木形成之後，秦漢時期博戲時的「箭」（又名箸）隋即失傳，「煢」亦幾乎失傳。此時，「呼盧喝雉」成爲博戲的代名詞。唐代改良後的骰子出現之後，將表面作記的符號由點數取代數字，擴大骰戲的社會基礎。並且，唐代盛行二骰並投，構成形形色色的排列組合，增加骰戲的趣味。加上文士的吟詠，增加各種投骰的博戲的雅趣，使得各種骰戲迅速取代樗蒲，最終造成樗蒲的失傳。換句話說，自唐代以下，諸如長行、雙陸、彩選、葉子戲、打馬、麻將等博戲，均無法與骰子脫離關係。「骰子」的定型是中國博戲史上的重要轉捩點。〔註24〕

據薛季宣於〈樗蒲〉詩中有云：「一局閑尋五木經，撅盧梟白意冥冥。」另外，南宋‧程大昌於〈樗蒲經略〉中亦證明了這樣的說法。

後世人們只有在特定的情況下才將「樗蒲」專指樗蒲本身，而大多數情

〔註23〕唐‧房玄齡、褚遂良等，《晉書》，卷85，〈劉毅傳〉，頁2210～2211。另據唐‧段成式，《酉陽雜俎》，續集卷4，〈貶誤〉中云：「今樗蒲塞行十一字。據《晉書》，劉毅與宋祖、諸葛長民等東府聚戲，并合大擲，制應至數百萬，余人并黑犢已還，毅后擲得雉。」收入曹中孚校點，《唐五代筆記小說大觀》，頁749。

〔註24〕郭雙林、蕭梅花，《中國賭博史》（台北：文津出版社，1996），頁77。

形下，「樗蒲」、「呼盧喝雉」則成為賭博的代名詞。足見當時樗蒲流行之廣泛
而影響之深遠。

四、樗蒲與中外交流

　　隋唐時期，樗蒲遊戲受到社會各階層人們的喜愛，甚至逐漸向周遭民族
與外國傳播，產生深遠的影響。據《隋書》記載：

> 雍虞閭弟都速六棄其妻子，與突利歸朝，上嘉之。敕染干與都速六
> 樗蒲，稍稍輸以寶物，用慰其心。〔註25〕

雖然隋文帝對於樗蒲反感，但當突利可汗與都藍可汗的弟弟都速六歸降之
後，隋文帝特意下令拿出寶物、財物，以供他們樗蒲。於此，樗蒲成了團結
民族的手段。此外，透過唐代與四方臨國的交流，樗蒲亦遠播至國外。

（一）日本與樗蒲

　　倭國每年正月一日均舉辦射戲、飲酒等活動，據《隋書》記載：

> 倭國……每至正月一日，必射戲飲酒，其餘節略與華同。好棋博、
> 握槊、樗蒲之戲。〔註26〕

從「好棋博、握槊、樗蒲之戲」可知，隋代時樗蒲已在日本流行，而且深受
倭國人民的喜愛。〔註27〕

　　唐代承繼隋代統一天下，為中國歷史上文物極盛的時代，各國相繼派遣
使節朝貢。據《舊唐書》、《新唐書》及日本相關史籍所載，日本在唐代二百
九十年間，先後遣使入唐達十八次（一說十九次）。在《舊唐書》、《新唐書》、
《冊府元龜》等文獻上，另有六次之日本使者也被紀錄下來。這六次的成員
不完全是日本正式的派遣，但唐代的文獻仍是將這些人記載為日本正式的遣
唐使。〔註28〕

　　日本平安時代中期的辭書《名類聚抄》〔註29〕（わみょうるいじゅしょ

〔註25〕唐·魏徵等，《隋書》，卷84，〈北狄·突厥傳〉，頁1864、1872。

〔註26〕唐·魏徵等，《隋書》，卷81，〈東夷·百濟、倭國傳〉，頁1864、1872。

〔註27〕另據增川宏一，《賭博》中亦云：「隋書は七三二年の編集とされているので、
　　　　この時期にわが国では少なくとも囲碁・すごろく・樗蒲が行なわれていた
　　　　とみなされる。」（東京：法政大學出版局，1983），頁13。

〔註28〕宋錫民·宋白川〈日本遣唐使者小考〉《文史哲》，1980年第三期所收）。

〔註29〕狩谷棭齋校訂，《箋注倭名類聚抄》（京本版，文政10年（1827），明治16年
　　　　（1883）刊行）。

う），於承平年間（931～938，相當於唐代末年）由勤子內親王應學者源順要求所編纂而成。《名類聚抄》是參考中國《爾雅》〔註30〕方式所編纂，可說是日本的第一部類書，是日本考證古代詞語的一部著作，更是研究日本文學、歷史和社會系統的專書。其中記載有關中國博戲的部分，恰可提供研究中國唐代及其以前博戲的參考。當中，記載「樗蒲」一條：

> かりうち〈樗蒲〉：博打（ばくち）の一。かりと呼ばれる楕円形の平たい四枚の木片を采（さい）とし、その一面を白、他面を黒く塗り、二つの采の黒面に牛、他の二つの采の白面に雉（きじ）を描き、投げて出た面の組み合わせで勝負を決するもの。中国から伝来。ちょぼ。〔註31〕

在《名類聚抄》的記載裡，樗蒲的形制與博法大致與唐・李翱《五木經》所敘述相似，每枚木片均分為黑白兩面，其中兩枚的黑面繪牛、白面繪雉。唯一而最大的不同點在於《五木經》樗蒲投以五木，《名類聚抄》樗蒲則擲以四枚木片。

唐朝的初期正值日本飛鳥時代末期，唐末則是平安時期，所以大部分的唐代是和奈良時代並行的。七世紀初到中葉的飛鳥時代，遣唐使的次數並不多，而九世紀末平安時代初期之後，因為唐朝國內情勢混亂，停止派遣遣唐使，所以日本對中國文化的吸收集於七世紀中葉到九世紀末的奈良時代。特別是 702～760 年大約六十年之間，唐代正值盛世，四次的遣唐使團也以大規模而嚴整的陣容迎接這個全盛時期。透過日本飛鳥、奈良與平安時代的文獻記載，亦可還原唐代與日本交流的風貌。

（二）朝鮮與樗蒲

隋代時樗蒲亦傳入朝鮮。據《隋書》記載：

> 百濟……有鼓角、箜篌、箏、竽、箎、笛之樂，投壺、圍棋、樗蒲、握槊、弄珠之戲。〔註32〕

〔註30〕 《爾雅》是中國最早的一部解釋詞義的書，也是世界上最早的一部詞典。《漢書・藝文志》將《爾雅》列為儒家的經典之一，列入十三經之中。唐朝時，是學館生徒必讀書之一。「爾雅」就是「近正」，使語言接近於官方規定的語言。《爾雅》是後代考證古代詞語的一部著作。

〔註31〕 《名類聚抄》，引自三省堂・大辭林
http://www.weblio.jp/content/%E6%A8%97%E8%92%B2 2010.12.22

〔註32〕 唐・魏徵等，《隋書》，卷 81，〈東夷・百濟、倭國傳〉，頁 1864、1872。

百濟國內有鼓角、箜篌、箏、竽、箎、笛等樂器，並且流行投壺、圍棋、樗蒲、握槊、弄珠等戲。

再者，現今朝鮮民間流行一種傳統的「擲柶」（사희,척사희，或윷놀이）遊戲，其法乃用赤荊條剖成四支，名爲柶，投擲以決定勝負。四俯曰牟，四仰曰流，三俯一仰曰徒，二俯二仰曰開，一俯三仰曰杰。此戲以二人爲之，據擲柶之采數行馬，每人各行四馬，最快到終點者勝利，此戲堪稱與樗蒲玩法相似。〔註33〕

（三）印度與樗蒲

除了東傳朝鮮半島與日本之外，樗蒲亦南傳至印度。據後秦釋道郎《大般涅槃經·聖行品》中記載：

> 樗蒲圍棋，波羅塞戲，獅子象鬥，彈棋六博，拍鞠擲石，投壺牽道，
>
> 一切戲笑，悉不觀作。〔註34〕

隨著佛教的往來，中印兩國傳統娛樂遊藝活動相互交流，豐富雙方娛樂生活。

（四）西域與樗蒲

樗蒲亦向西傳播，雖無確切文獻記載，但是《佛說長阿含經》、《央掘魔羅經》、《阿毗曇毗娑婆經》、《正法念處經》等魏晉南北朝漢譯的佛經中，內容將博弈與酒色之害相提並論，宣傳博弈種種危害，並且禁止僧人參加「棋局博弈」之戲。另據《佛本行集經六十卷》記載：

> 或試音聲，或試歌舞……和合雜香，博弈、樗蒲、圍棋、雙陸、握
>
> 槊、投壺、擲絕、跳坑種種諸伎。〔註35〕

從婚禮中「博弈、樗蒲、圍棋、雙陸、握槊」等活動熱鬧情形看來，博戲在唐代時之西域已相當流行。

綜上所述，樗蒲在唐代十分盛行，只是樗蒲逐漸發展成只單純憑藉運氣的「骰戲」，失去棋戲風貌。當骰子逐漸取代五木之後，樗蒲反而變成骰戲的

〔註33〕 김광언，《민속놀이 Minsoknori. 대원사》（2001）．另參 Yi I-Hwa/Lee E-Wha, transl. Park Ju-Hee, 《Korea's Pastimes and Customs A Social History》（Homa & Sekey Books, 2005）p.21。另據 http://www.everland.com/htm/MultiLanguage/english/htm/Af/AfSf.htm（2011.5.10）

〔註34〕 後秦·釋道郎，《大般涅槃經·聖行品第19》（佛陀教育基金會），頁579～580。

〔註35〕 安世高譯，高楠順次郎編，《大正新脩大藏經·佛本行集經六十卷》），頁711。

別稱。原本之樗蒲棋戲，反被稱爲「古樗蒲」。〔註36〕

五、樗蒲之弊害

（一）樗蒲具有遣興、娛樂的功能，但也有人因沉迷樗蒲而致家徒四壁者。岑參在〈送費子歸武昌〉詩有云：

> 知君開館長愛客，樗蒲百金每一擲。平生有錢將與人，江上故園空四壁。〔註37〕

費子作風豪邁大度，熱情好客，每次行樗蒲戲時，總以百金作爲賭注，最終導致故園均四壁蕭然。但岑參在此並無責難之意，反而傾向讚賞費子之樂天行徑。

（二）除了導致家徒四壁外，更有因樗蒲而賣妻鬻子者。據《舊唐書》記載：

> 父操，博徒。與鄉人蔡本結友，遂通其妻，因樗蒲贏本錢數十萬，本無以酬，操遂納本妻。入操門時，先已有娠，而生俊臣。凶險不事生產，反覆殘害，舉無與比。〔註38〕

來俊臣之父來操是個博徒，蔡本因樗蒲輸給來操數十萬塊錢而將妻子作爲抵債。蔡本妻歸來操之前即有身孕，後來生了武則天時的酷吏來俊臣。蔡本樗蒲以致賣妻地步，顯見樗蒲讓人無法自拔。此外，亦反映出社會上樗蒲成風已至影響家庭與社會倫理關係。

（三）因樗蒲破產而淪爲乞丐者。據《太平廣記》記載：

> 開元二十三年春往溫縣……姓屈突氏，名仲任。……性不好書，唯以樗蒲弋獵爲事。父卒時，家僮數十人，資數百萬，莊第甚眾。而仲任縱賞好色，荒飲博戲，賣易且盡。數年後，唯溫縣莊存焉。即貨易田疇，拆賣屋宇，又已盡矣，唯莊內一堂巋然。僕妾皆盡，家貧無計。〔註39〕

唐玄宗到溫縣時，遇到屈突仲任。仲任生性不喜歡讀書，整天只知道賭博、

〔註36〕史良昭，《枰聲局影——中國博弈文化》（上海：上海古籍出版社，1991），頁21。

〔註37〕唐・岑參，廖立箋注，《岑嘉州詩箋注》（北京：中華書局，2004），頁354～357。

〔註38〕後晉・劉昫等，《舊唐書》，卷186，〈來俊臣傳〉，頁4837。

〔註39〕宋・李昉，《太平廣記》，卷100，〈屈突仲任〉，頁667。

遊樂和打獵。父親去世時，家裏原有僮僕數十人，資產幾百萬，田莊宅第許多處。而仲任生性放蕩好色，整日吃喝玩樂，幾年之後便把家產變賣殆盡，只剩下溫縣的田莊。但仲任卻仍續賣田產、拆房子，最後田莊也變賣一空，僮僕、妻妾卻早已散盡，家庭生活貧窮。此乃因沉迷樗蒲而破產，又因無謀生之計而淪為乞丐者。

（四）因沉迷樗蒲而荒廢學業者，造成不良影響。時任國子祭酒的馮伉於《科處應解補學生奏》中云：

> 應解學生等：國家崇儒，本於勸學，既居庠序，宜在交修。其有藝
> 業不勤，遊處非類，樗蒲六博，酗酒喧爭，凌慢有司，不修法度。
> 有一於此，並請解退。〔註40〕

於庠序求學應努力向學，倘若沉迷於樗蒲、六博、酗酒嬉鬧者，當被解退，可見馮伉認為樗蒲對學生或未成年者的傷害甚大，因此應嚴加禁止。由此可知，唐代認為沉迷於博戲歡娛，將有害於學問之積累，故而以退為「禁」，藉以期許庠序在學者，應心無旁鶩，勸學以上。

由於樗蒲對於社會的危害性很大，因此大眾常將之視為破家害身的不孝之舉，告誡人們不要染上此惡習。據敦煌文書《父母恩重經講經文》云：

> 大凡世上不孝人，多在家費父母心神。……貪歡逐樂□時歇，打論
> 樗蒲更不休。……伴惡人，為惡跡，飲酒樗蒲難勸激，長遣慈親血
> 淚垂，每令骨肉懷愁戚。釋迦尊，留教敕，看取經文須審的；若是
> 長行五逆咬人，這身万計應難覓。〔註41〕

佛教經文中，將樗蒲列為不孝行為之最惡劣行徑者，利用通俗文字告誡人們，將沉迷樗蒲的危害性，起著較強制命令與法律禁令更為顯著的教育作用。

六、小　結

眾所周知，不論何種博戲或風俗，均經長時間發展而來，並非一人一時而創立。綜上所述，關於樗蒲之起源，以「樗蒲於西漢中期以前即已創制於中國，樗蒲或從六博演變而來，或從西鄰傳入中土」等說法，比較接近文獻史料與事實。

〔註40〕清・董誥等奉勅編、清・陸心源補輯拾遺，《全唐文及拾遺》（台北：大化書
　　　局，1987），卷138，〈馮伉・科處應解補學生奏〉，頁4472。
〔註41〕不著撰人，《敦煌變文》（京都：中文出版社，1978），卷5，頁674～692。

　　樗蒲博戲的主要博具有五木、矢、枰、馬、梧、籌等，其中以「五木」為最重要的博具。從歷代樗蒲博具製作講究而精美，可推知樗蒲受到許多人士的歡迎。樗蒲經過長期的發展，不僅博具製作越趨精美，其博法亦逐漸轉變。綜合李肇《唐國史補》與李翱《五木經》的描述，我們可知，進行樗蒲博戲時，須先投擲五木，再依所擲之采所定筮數行棋。己馬相遇，則可以重疊而行；遭遇敵馬，則可打對方的馬。齒彩分為王彩與畦彩。凡出關、越坑、過塹、打馬等，都必須擲出王彩才得以為之，亦才得以有機會取得最終勝利。

　　王彩中之筮數以「盧」最高，「雉」次之。當擲出盧和雉二彩者，往往都能取得最後勝利，故而在樗蒲進行中，「呼盧喝雉」之聲此起彼落，好不熱鬧。

　　魏晉南北朝時期，出現一種簡化的樗蒲博戲，即僅以投擲五木所得齒彩而決定勝負輸贏的博戲。這種樗蒲形式，由於簡單容易，得到不少人喜愛，特別受到博徒們的歡迎而廣為盛行，開始成為樗蒲遊戲的主流玩法。

　　唐代參與樗蒲博戲者為數不少，諸如太宗不以少年時與王無礙樗蒲之李陽之宿為憾；武則天喜於內殿曲宴時與武氏兄弟、張宗昌、張易之等以樗蒲為樂等；此外，楊國忠因善主蒲簿，玄宗稱讚為「度支郎才」，累官至監察御史。官宦、貴族、文人們參與樗蒲者亦為數不少，留下許多以樗蒲為背景的詩歌、文章。以上將於第四章中詳述。

　　樗蒲遊戲受到社會各階層人們的喜愛，甚至逐漸向周遭民族與外國傳播，產生深遠的影響。現今朝鮮民間流行一種傳統的「擲栖」遊戲，堪稱與樗蒲玩法相似。除了東傳朝鮮半島與日本之外，樗蒲亦南傳至印度。隨著佛教的往來，中印兩國傳統娛樂遊藝活動相互交流，豐富雙方娛樂生活。

　　由上可知，樗蒲在唐代十分盛行，只是樗蒲逐漸發展成只單純憑藉運氣的「骰戲」，失去棋戲風貌。當骰子逐漸取代五木之後，樗蒲反而變成骰戲的別稱。原本之樗蒲棋戲，反被稱為「古樗蒲」。

第二節　雙陸爭道智人痴

　　在中國，或有把波羅塞戲視為雙陸者，或有把波羅塞戲視為中國雙陸的初型者。不論何種看法，不可否認地，雙陸是源自外來的博戲。波羅塞戲最晚至三國曹魏時，即已傳入中國。到了南北朝時期，雙陸游戲即非常盛行。到了唐代，雙陸盛行依舊。據《新唐書》記載：「合州巴川郡，中。本涪陵郡，

天寶元年更名。土貢：麩金、葛、竹箸、雙陸子、書筒、橙、牡丹、藥實。〔註42〕」從劍南道合州巴川郡每年向朝廷進貢的特產中，包含「雙陸子」一事，即可推知，雙陸在宮廷十分受到喜愛，故而要求地方進貢雙陸棋具。另據唐·劉肅《大唐新語》記載：

> 宋守敬……每謂寮曰：「公輩但守清白，何憂不遷？俗云『雙陸無休勢』，余以爲仕宦亦無休勢，各宜勉之。」〔註43〕

唐代時，雙陸棋在官場上極爲流行，故而宋守敬以俗諺「雙陸無休勢」，來勉勵爲官者亦應「仕宦無休勢」，而非荒淫嬉戲忘卻政事。

雙陸，亦稱「雙六」。此乃因或對局雙方各有六枚棋子，故曰雙六；或因行棋時，須先投擲二枚六面骰子而得名；或因棋局上，前後各有六梁而名之。雙陸形制多樣，因而造就許多不同的博法。茲分別依雙陸的起源、雙陸的形制與博法、雙陸與握槊長行之異同、雙陸的名人紀事等進行論述。

一、雙陸之起源

雙陸棋在西方國家稱之爲 Backgammon，意即「往回走的遊戲」；在日本，雙陸棋稱之爲すごろく或 Sugoroku，是一種雙陸棋的變體。日本雙陸棋大約於西元六世紀時由中國傳入，直至現在仍流行於日本。若以考古出土文物爲依據，國際上認爲，雙陸棋應起源於古埃及和西南亞，至今已存在 5000 餘年。〔註44〕

在中國，或有把波羅塞戲視爲雙陸者，或有把波羅塞戲視爲中國雙陸的初型者。不論何種看法，不可否認地，雙陸是源自外來的博戲。

據唐·智周認爲：「波羅塞者，此翻象馬鬥，是西國象馬戲法。〔註45〕」據此說明波羅塞戲爲從西國傳來。另據《涅槃經·梵網法藏疏》中亦云：

〔註42〕 北宋·歐陽修、宋祁等，《新唐書》，卷42，〈地理志·劍南道〉，頁1090。

〔註43〕 唐·劉肅，《大唐新語》，卷1，收入恒鶴校點，《唐五代筆記小說大觀》（上海：上海古籍出版社，2000），頁320。

〔註44〕 Hayes, William C,"Egyptian Tomb Reliefs of the Old Kingdom",The Metropolitan Museum of Art Bulletin（New Series 4（7），1946），p170-178。Austin, Roland G.,"Roman Board Games"I. Greece & Rome. 4（10），1934），p24-34。Murray, Harold James Ruthven.,"Race-Games. A History of Board-Games Other than Chess. Hacker Art Books". Lillich, Meredith Parsons.,"The Tric-Trac Window of Le Mans. The Art Bulletin"65 （1），1983》，p23～33.

〔註45〕 後秦·釋道朗《涅槃經·智周疏》，轉引自李松福《象棋史話》（北京：人民體育出版社，1981），頁25。

波羅戲是西域兵戲法。二人各執二十餘小子，乘象或馬，於局道爭
得要路以爲勝。〔註46〕

除了再次確認波羅塞戲乃爲西域兵戲法之外，更具體指出波羅塞戲之博法。
其法爲，每人各執二十餘棋子，在局道中爭先。由此可知，波羅塞戲在唐代
已與雙陸有所區別，特別在所使用的棋子數上。

雙陸傳入中國，大約在曹魏時期。據高承《事物紀原》引《續事始》云：
「陳思王曹子建制雙陸，置投子二。〔註47〕」《續事始》與高承均認爲曹植建
制雙陸博戲。另據《魏書・術藝傳》則記載道：

趙國李幼序、洛陽丘何奴並工握槊。此蓋胡戲，近入中國，云胡王
有弟一人遇罪，將殺之，弟從獄中爲此戲以上之，意言孤則易死也。
世宗以後，大盛於時。〔註48〕。

西竺某胡國王之弟，因罪將被處死。弟弟於獄中做握槊之戲，以示「孤則易
死」之理。《續事始》與《魏書》記載中，關於西竺胡王兄弟相殘與曹魏子建
兄弟煮豆相煎之事，有相類似之處，或因而混淆，或因之張冠李戴。綜上所
述，筆者認爲，波羅塞戲最晚至三國曹魏時，即已傳入中國。到了南北朝時
期，雙陸游戲即非常盛行。據《酉陽雜俎》記載：

金錢花，一云本出外國，梁大同二年進來中土。梁時，荊州掾屬雙
陸，賭金錢，錢盡，以金錢花相足，魚弘謂得花勝得錢。〔註49〕

南朝梁時，荊州掾屬玩雙陸博戲，賭以金錢，金錢盡則賭以珍稀金錢花相抵，
稱爲「得花勝得錢」。可見，雙陸在南朝時非常盛行，而且到了無所不能賭的
境地。

二、雙陸的形制與博法

各種遊藝均非一時一人所能獨創，而各類遊藝經長時間的演變，或更趨
於多樣，或臻於完善，雙陸之發展亦如是。從三國曹魏，歷經南北朝，到了

〔註46〕《涅槃經・梵網法藏疏》，轉引自李松福《象棋史話》（北京：人民體育出版
社，1981），頁25。
〔註47〕高承，《事物紀原》（台北：臺灣商務印書館，1971），卷9，頁348。
〔註48〕北齊・魏收，《魏書》，卷91，〈術藝傳〉，頁1972。
〔註49〕唐・段成式《酉陽雜俎》（上海：商務印書館縮印明刊本），卷19，〈廣動植類
之四・草篇〉，頁107。

唐宋二代，雙陸經過長期的發展，產生多種形制。據宋・洪遵《譜雙》記載，其類型有平雙陸、打間雙陸、回回雙陸、七梁雙陸、三梁雙陸、囉嬴雙陸、下嚼雙陸、不打雙陸、佛雙陸、三堆雙陸、四架八雙陸、南皮雙陸、大食雙陸、東夷雙陸等。

針對各類型雙陸博具之形制，依雙陸棋盤、雙陸棋子、雙陸骰子、雙陸布陣等探究如下：

（一）雙陸的形制

1. 雙陸棋盤

雙陸棋盤依地域與類型，而有不同變化。據洪遵《譜雙》記載：

> 北雙陸盤如棊盤之半而長，兩門，二十四路。皆刻出，用象牙實之。以渤海索木爲重，蓋不假施漆而塵垢不能侵。或以花石砌飾，以木承之。……番禺人以板爲局，布黑道而漆之，或以紙或畫地爲之。……三佛齊、闍婆、占城、眞臘、南皮以花梨木爲板，刀割成路，多席地置板其上。蕃王則板下以銅爲簧，如響板。然拍子時，鏗然有聲以爲樂。……大食國以毯織成局。〔註50〕日本雙陸白木爲盤，闊可尺許，長尺有五，厚三寸，刻其中爲路。〔註51〕

雙陸棋盤其製作材料與局道刻畫，或有不同，但其形制大致相同。在雙陸棋盤上，共刻劃出二十四路（梁），左右棋盤中央處，另刻有月形之門。各類型雙陸盤之間，最大差異處，乃在製作之材質不同。北人多以雙層渤海索木製作，並用象牙或花石裝飾。番禺（廣州）人多以板爲局，漆以黑道。也有以紙或直接畫地做爲雙陸盤者。另外，三佛齊（印尼蘇門答臘）、眞臘（柬埔寨）等以花梨木爲板，以刀刻劃成二十四路，將雙陸盤置於地上行棋。至於大食國，則喜以毯織成棋局。日本雙陸則以白木爲棋盤，寬可超過一尺，長則爲一尺半，厚三寸，於棋盤中刻成二十四路。

2. 雙陸棋子

雙陸棋種類雖多，但是除了日本雙陸和眞臘雙陸使用圓形棋子之外，其他幾種雙陸均使用長約三寸、形似小棒槌之立體棋子。據宋・洪遵《譜雙》記載：

〔註50〕宋・洪遵，《譜雙》（北京：中華書局，1991），卷5，〈盤馬〉，頁41～42。
〔註51〕宋・洪遵，《譜雙》，卷4，〈日本雙陸〉，頁36。

－77－

> 北雙陸……以白木爲白馬，烏木爲黑馬。富者以犀象爲之馬。底圓
> 平而殺其上。長三寸二分，上徑四分，下徑寸一分，大抵如今人家
> 所用擣衣椎狀。番禺人……以黃楊木爲白子，桄榔木爲黑子。底平
> 柄短，如截柿、如浮屠形。三佛齊、闍婆、占城、眞臘、南皮……
> 以象牙爲白子，烏梅木爲黑子，或以紅牙爲黑子。大食國……白黑
> 子與諸國同。〔註52〕日本雙陸……馬以青白二色琉璃爲之，如中國
> 棋子狀。〔註53〕

北雙陸棋一般以白木作白馬，烏木作黑馬，而富貴之家有以犀、象等製作之
棋子。造型爲底圓平面，長有三寸二分，上徑爲四分，下徑爲寸一分，大概
與擣衣椎狀相似。而番禺雙陸則以黃楊木爲白子，桄榔木爲黑子。呈現平底
短柄如截柿、浮屠的造型。三佛齊、闍婆、占城、眞臘、南皮、大食等國，
則以象牙爲白子，烏梅木爲黑子，也有以紅牙作爲黑子者。日本雙陸子則以
青白二色琉璃爲之，形狀如中國棋子。日本正倉院所收藏的雙陸子，質地爲
水晶，或黃、藍綠琉璃（玻璃），形狀如圍棋子，與《譜雙》所述正相吻合。

在雙陸棋所用棋子數方面，據唐·李肇《國史補》記載：

> 今之博戲，長行最盛，其具有局有子，子黑黃各十五，擲采之。
> 〔註54〕

唐朝「長行」博戲中，使用黃、黑棋子各十五枚。而據《資治通鑑》中則記
載：「雙陸者，投瓊以行十二棋，各行六棋，故謂之雙陸。〔註55〕」雙陸以兩
人進行博戲，每人各持六枚名爲「馬」的棋子，棋子分黑白兩色，在棋盤上
依所得之采行馬。分別自棋盤一方行至另一方，己方疊行之馬可擊對方單行
之馬。最終依到達目的先後或打落敵馬之數，以定勝負。由此可知，李肇與
《資治通鑑》中對於「長行」與「雙陸」所用棋子數的多寡不一，其不同處，
於後說明之。

〔註52〕 宋·洪遵，《譜雙》，卷5，〈盤馬〉，頁41～42。
〔註53〕 宋·洪遵，《譜雙》，卷4，頁36。
〔註54〕 唐·李肇，《唐國史補》，卷下，收入曹中孚校點，《唐五代筆記小說大觀》，
　　　　頁197～198。
〔註55〕 宋·司馬光，《資治通鑑》，卷208，〈唐紀中宗〉，頁592。

圖 3-2-1　北雙陸盤

資料來源：洪遵，《譜雙》（北京：中華書
局，1991），頁 9～10。

圖 3-2-2　廣州雙陸板

資料來源：洪遵，《譜雙》（北京：中華書
局，1991），頁 11～12。

圖 3-2-3　大食雙陸毯

資料來源：洪遵，《譜雙》（北京：中華書
局，1991），頁 13～14。

圖 3-2-4　真臘闍婆雙陸板

資料來源：洪遵，《譜雙》（北京：中華書
局，1991），頁 15～16。

3. 雙陸骰子

雙陸一般是擲以二骰，「視所擲之彩行馬」。據洪遵《譜雙》記載：

> 三佛齊、闍婆、眞臘、大食以木爲骰子六面，南皮、占城以烏木或
> 角爲之。長二寸許，無么六。三佛齊、闍婆、占城骰子曰胡纏。么
> 曰薩，二曰塗打，三曰帝伽，四曰暗□，五曰班淬，六曰喃。眞臘
> 骰子曰撒家，么曰枚，二曰枚田比，三曰琳，四曰不琳田比，五曰
> 班，六曰辛。大食么曰亦，二曰塗打，三曰抴打，四曰察打，五曰

班打，六曰失打。〔註56〕

三佛齊、闍婆、眞臘、大食以木製作六面骰子，南皮、占城則以烏木或角製
作。大致而言，雙陸骰子爲正立方體，六面刻么至六點，有木製與角製。在
中國法庫葉茂台遼墓出土之雙陸盆中，即發現有二枚骰子，爲角質。另外，
日本正倉院北倉有「雙六頭」三個，亦爲角質。「雙六頭」就是骰子。

4. 雙陸布陣

雙陸棋因地域與種類之不同，而有不同布陣方式。據洪遵《譜雙》記載：

> 雙陸率以六爲限，其法：左右各十二路，號曰梁，白黑各十五馬。
> 右前六梁、左後一梁各布五馬，右後六梁二馬、左前二梁三馬，白
> 黑相偶。〔註57〕

北雙陸博戲時，左右各十二路，稱爲梁，每一梁不得超過六馬。佈陣時，白、
黑各十五馬。右前六梁，左後一梁，各布五馬；右後六梁二馬；左前二梁三
馬。並且，「白黑相偶」，即是對稱佈陣。下列各圖即各類雙陸佈局圖。

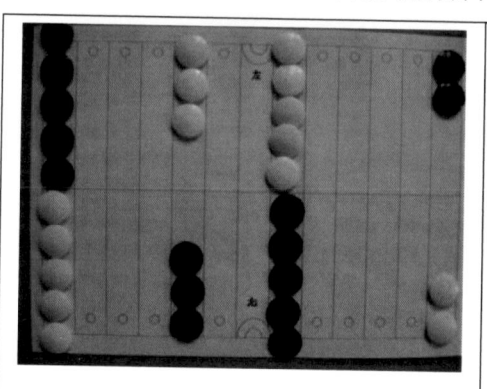

圖 3-2-5 北雙陸

製圖：張永慶

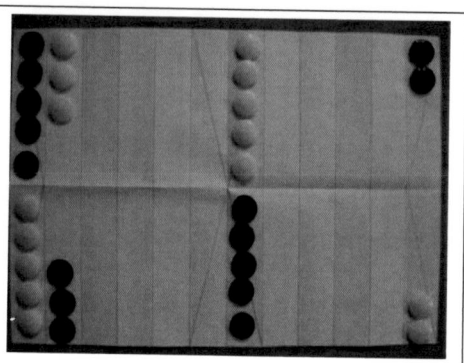

圖 3-2-6 南蕃東夷雙陸

製圖：張永慶

〔註56〕宋・洪遵，《譜雙》，卷5，頁42～43。
〔註57〕宋・洪遵，《譜雙》，卷5，〈常局格制〉，頁37～38。

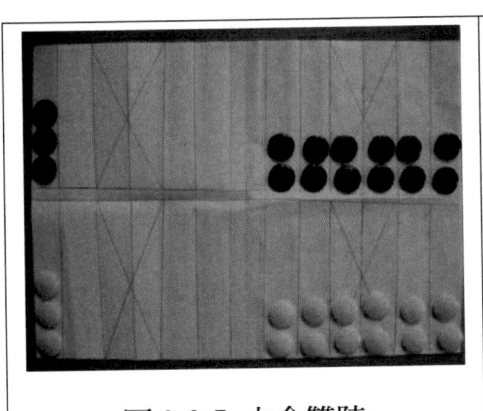

圖 3-2-7　大食雙陸

製圖：張永慶

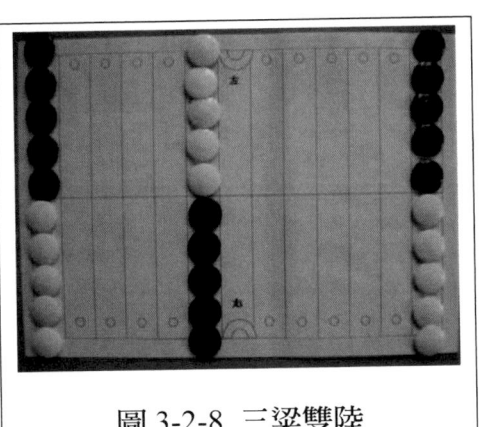

圖 3-2-8　三梁雙陸

製圖：張永慶

　　各類型雙陸之布陣，如上各圖。其布陣上或有不同，但均以十五棋左右對稱排列之。少則二子爲一梁，多則五子成一路。

（二）雙陸的博法

　　雙陸依形制不同，大致可區分爲北雙陸、番禺雙陸與南蕃雙陸三類。其中，北雙陸有平雙陸、三梁雙陸、七梁雙陸、打間雙陸、回回雙陸等類型。番禺雙陸則有囉嬴雙陸、下嚛雙陸、三堆雙陸、不打雙陸、佛雙陸等之分。南蕃雙陸則有四架八雙陸、南皮雙陸、大食雙陸和東夷雙陸等之別。各種雙陸博法，雖不盡相同，但實是大同而小異。

　　雙陸的博法，據《譜雙・常局格制》記載：

　　　用骰子二，各以其彩行。白馬自右歸左，黑馬自左歸右。或以二骰之數共行一馬，或行二馬，或移或疊。凡馬單立，則敵馬可擊。兩馬相比爲一梁，它馬既不得打，亦不得同途。凡遭打，必候其入局處空位，與彩相當使得下（謂如第二梁空今擲得二彩則下），所打者未下，則它馬不得行。至後六梁，謂之疊梁。凡疊梁已滿，如打得它馬，即併馬於近下五路。凡開後一梁爲敵人地若不獲它馬即盡移歸頭梁之內。每擲視其彩，拈出二馬。數有餘則取，不足則否。彩小不取，則併移歸下梁，常須，固兩馬不可移動，動則頭破。後六梁謂之末梁。馬先出盡爲勝，勝而他馬未歸梁，或歸梁而無一馬出局，則勝雙籌。凡賞罰之籌，唯所約，無有定數。〔註58〕

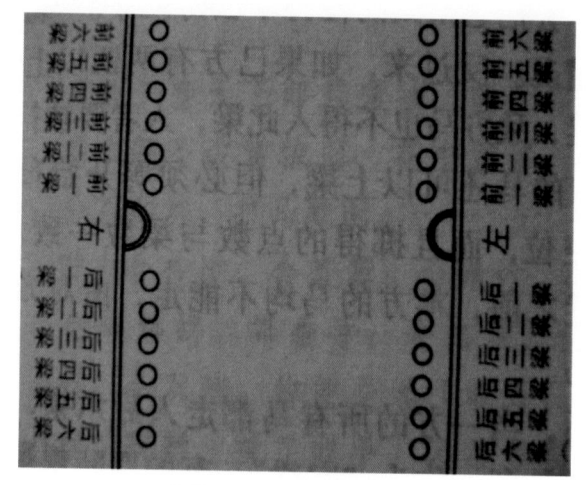

圖 3-2-9 雙陸棋局

資料來源：羅新本、許蓉生，《中國古代賭博
習俗》（西安：陝西人民出版社，
2002），頁 45。

雙陸之常局格制爲：雙方對局時，白馬從右歸向左，墨馬從左歸向右。先投擲二枚骰子，再據彩數行馬。可依二骰子之數共行一馬，或行二馬（即依一骰子之數行一馬，另一骰子之數行另一馬），馬可移動或疊馬。如果馬單立，則可能受到敵馬攻擊。兩馬相疊成爲一梁，成梁則敵馬不可打此梁之馬，亦不得進入此梁。如果遭受「打馬」，則必須等待後六個梁位有空位，而且擲出相對應之數才得以入馬。例如：第二梁有空位，擲出二才可以入馬。如果被打下之馬未入馬，則其他馬不可以行動。

己馬均回到後六梁，稱爲疊梁，則可依所擲之彩拈出己馬。擲出之彩有己馬則可拈出，彩數不足時則不得拈出，但可往下一梁移動。己方之馬先出盡，則獲勝。己方獲勝而敵方未歸梁，或雖歸梁但無一馬出局者，則己方獲雙籌。賞罰之數，可依雙方約定即可，並無定數。以上常制與現今流行之西洋骰子棋相同。

雙陸的博法，除了常局格制之外，依雙陸種類而略有不同。據《譜雙》記載分述如下：

北雙陸，分成平雙陸、三梁雙陸、七梁雙陸、打間雙陸、回回雙陸等類型，以下分述之。

1. 平雙陸

異於常局格制者，在於「擲出重色渾花者，賞擲一彩，又准彩，再賞一擲」。據《譜雙》記載：

> 凡馬盡過門後，方許對彩拈出。如白馬過門，擲六二即出左後一梁
> 左後五梁，馬遇它彩，然拈馬先盡，贏一籌；或拈盡而敵馬未拈，

贏雙籌。骰子今稱色數兒，擲出重色渾花者，俱呼爲准。謂如准么、

准六之類。〔註59〕

凡馬全部過門之後，才得以對彩拈出。如白馬均過門之後，擲出六二之彩，
則可將左後一梁與左後五梁之馬拈出。拈馬先盡者，贏一籌，如拈盡後，敵
馬未拈，贏雙籌。骰子又稱色數，當擲出重色渾花者，稱爲准。如准么（即
兩個一）、准六（即兩個六）等，賞擲一彩，又准彩，再賞一擲。

2. 三梁雙陸

異於常局格制者，在於「黑白各十五馬分成三路，擲以三枚骰子，對彩
行馬」。據《譜雙》記載：

一名漢家雙陸。馬分爲三，以三骰子對彩而進，行兩馬或三馬，併

行一馬亦可。局終拈出如常法。

又名漢家雙陸。二人對局，將黑白各十五馬分成三路，先擲以三枚骰子，對
彩行馬。依採可行兩馬或三馬，亦可共行一馬。拈馬如常法，其打馬、行馬、
出局與平雙陸相同。

3. 七梁雙陸

異於常局格制者，在於「黑白各十四子，據彩按點數行馬。馬不出局，
亦互不打馬。兩馬一梁，不得過多。以先成七梁爲勝」。據《譜雙》記載：

兩馬相比爲梁，十四馬行過一邊，就七路雙立，故曰七梁。凡成七

梁，贏一籌。再成又勝。它如平雙陸。凡移馬再成七梁相並則又勝，

後梁有空再移馬成七梁亦勝，如起馬先盡而敵馬未成七梁，則勝雙

籌。如未成七梁，馬未盡歸擲出大彩，但移動後一梁馬，謂之揭頭。

輸三籌不下。〔註60〕

七梁雙陸與其他雙陸方法有所不同，對局二人，黑白各十四子，據彩按點數
行馬。將原七梁馬行至另一側，黑馬自前六梁行至後六梁，白馬自後六梁行
至前六梁。兩馬一梁，不得過多。骰子兩彩可分用。如所擲彩數無空位，則
不得行進。馬不出局，亦互不打馬。以先成七梁爲勝，贏一籌，再成又勝。
如二次成七梁而敵馬未成七梁者，勝雙籌。如果尚未成七梁，且馬未盡歸而
擲出大彩，但移動後一梁馬，稱爲「揭頭」，雖輸三籌不下。

〔註59〕宋・洪遵，《譜雙》，卷2，頁18。
〔註60〕宋・洪遵，《譜雙》，卷2，頁20～22。

4. 打間雙陸

異於常局格制者，在於「兩馬一梁，兩兩相對。另三馬布另一邊，據采行馬，將前六梁馬行至後六梁，仍兩馬一梁。其餘三馬歸至前六梁上，中間隔五路無馬」。據《譜雙》記載：

> 下馬、行馬、出馬與平雙陸同。凡馬十有五，而十二馬歸至一邊，兩兩相比，間一路無馬，故謂之間。贏一籌，再成又勝無止法。或五路成雙，一路馬單即不得籌。〔註61〕

行馬與平雙陸同。黑白各十五馬，而十二馬歸至一邊，兩馬一梁，兩兩相對。另三馬布另一邊，骰子二枚，據采行馬，將前六梁馬行至後六梁，仍兩馬一梁。其餘三馬歸至前六梁上，中間隔五路無馬。先成者贏一籌，再成又勝無止法。如已有五路成雙，而一路單馬，則不得籌，子亦不出局。打間雙陸在北方流傳曾相當廣泛，唐五代時期，燕之茶肆多置雙陸局，博者出錢以就局。當時之富有人家必備雙陸盤馬。因事外出或遊玩時，會讓從者攜帶雙陸棋具，可見此棋之盛。

5. 回回雙陸

異於常局格制者，在於「出局時不問點色多少，任意出兩馬」。據《譜雙》記載：

> 布局、行馬大抵與平雙陸相類。但出局時不問點色多少，任意出兩馬。〔註62〕

佈局行馬與平雙陸相同。惟出局時不問點色多少，任意出兩馬。兩馬之數任意組合等於所擲點數即可。

番禺雙陸，分成囉贏雙陸、下嚌雙陸、三堆雙陸、不打雙陸、佛雙陸等，其中，囉贏雙陸最難；而下嚌、三堆雙陸亦難；佛雙陸則比較容易，兒童亦能為之。

1. 囉贏雙陸：

佈陣與平雙陸方向相反，在外六梁各置五子。據《譜雙》記載：

> 用骰子二，隨彩下馬，白馬自右歸左，黑馬自左歸右。番禺人多為之，南蕃亦能興。行路出局，如北地之平雙陸。〔註63〕

〔註61〕宋・洪遵，《譜雙》，卷2，頁20。
〔註62〕宋・洪遵，《譜雙》，卷2，頁20。
〔註63〕宋・洪遵，《譜雙》，卷3，頁24。

對局二人，佈陣與平雙陸方向相反。平雙陸於外六門各置二子，囉贏雙陸卻於外六梁各置五子。用骰子二枚，隨彩下馬，白馬自右歸左，黑馬自左歸右。行馬出局與平雙陸相同。番禺人和南番人都會下此棋。

2. 下嚵雙陸

異於常局格制者，在於「凡遇雙彩，則依彩並移四馬」。據《譜雙》記載：

> 下馬、出局與囉贏雙陸同。凡遇雙彩（雙么、雙二、雙三之類），併移四馬如彩數謂。如擲雙三，則四馬皆進三路，又賞一擲。番禺人多爲之。〔註64〕

下馬出局與囉贏雙陸同。凡遇雙彩，雙么、雙二、雙三之類，並移四馬如彩數。如擲雙三，則四馬皆進三路（此與現今西洋骰子棋相同），又賞一擲。番禺人多能下此棋。

3. 三堆雙陸

> 異於常局格制者，在於「置馬三處，形如三梁雙陸」。據《譜雙》記載：用二骰子，置馬爲三處，如北地之三梁雙陸。進馬、出局如常法，番禺人多能之。〔註65〕

二人雙局，黑白各十五子，用骰子二枚，置馬爲三處，形如北地之三梁雙陸。進馬出局如常法，番禺人多能下此棋。

4. 不打雙陸

異於常局格制者，在於「不用骰子，一人以七爲數於暗處喝彩。遇子不打，黑白子可以同梁」。據《譜雙》記載：

> 下馬、出局如常法，不用骰子。實一人於暗處喝彩，皆以七爲數，或二五、或么六、或四三，遇子不打故謂之不打雙陸。番禺人能之。
>
> 〔註66〕

下馬，出局如常法，佈陣與囉贏雙陸相同，惟獨不用骰子，而使一人以七爲數於暗處喝彩，或二五、或四三、或么六等。遇子不打，黑白子可以同梁。故謂之不打雙陸。番禺人能下此棋。

5. 佛雙陸

異於常局格制者，在於「黑白各十二馬，不事先佈陣，而以所擲點數置

〔註64〕宋·洪遵，《譜雙》，卷3，頁26。
〔註65〕宋·洪遵，《譜雙》，卷3，頁30。
〔註66〕宋·洪遵，《譜雙》，卷3，頁26。

馬」。據《譜雙》記載：

> 廣中兒輩爲之。各用十二馬，更不布局。遇彩旋下，每一路置二馬，
> 六路置馬十二。只在一門、二門、三門、四門、胲屋、六頭屋，不
> 過外六門，與敵馬相望。不復可打，或擲么五，則就一、五路下馬
> 謂，如二、四路各有雙馬，又擲二、四，則不下馬。得他彩方進。
> 十二馬入局，擲彩拈出。除以所擲彩數佈局外，其餘與北地平雙陸
> 同。

佛雙陸爲廣東、廣西一帶兒童常玩的遊戲方法。二人對局，黑白各用十二馬，
不事先佈陣，以所擲點數於每一路置一馬。六路置馬十二。只在一門、二門、
三門、四門、胲屋、六頭屋，不過外六門，與敵馬相望。佈局時，如擲么五，
則就一，五路下馬，如擲二四，則就二、四路下馬。如某一路已有雙馬，再
擲此數則不下馬。待十二馬入局完畢，開始擲彩行馬，對彩拈出。除了以所
擲彩數佈局外，其餘與北地平雙陸同。

南番雙陸，有四架八雙陸、南皮雙陸、大食雙陸和東夷雙陸等四種。

1. 四架八雙陸

異於常局格制者，在於「馬分四路，各有八馬歸至一邊」。據《譜雙》記
載：

> 三佛齊、闍婆、眞臘爲之，番禺人亦有能者。用二骰子，進馬、出
> 局如囉贏雙陸，惟馬子排置小異。局終三馬作一屋，成五屋者謂之
> 勻贏兩局。〔註67〕

對局二人，黑白各十五子，馬分四路，黑白相對，各有八馬歸至一邊。用二
枚骰子，擲采行馬，白馬自右歸左，黑馬自左歸右。進馬、出局如囉贏雙陸。
以三馬成一屋，先成五屋者稱爲「勻」，贏兩局。三佛齊、眞臘、闍婆多能此
棋。番禺人也有能者。

2. 南皮雙陸（南皮應作南毗，宋元時地名今印度半島最南端）

異於常局格制者，在於「骰子與眾不同，無么、無六」。據《譜雙》記載：

> 南皮占城能之。布局與四架八雙陸同。進馬、出局如常法。骰子以
> 木或角爲之而長，無么六。〔註68〕

佈局與四架八雙陸相同。進馬、出局如常法。惟骰子與眾不同，通常用木或

〔註67〕宋‧洪遵，《譜雙》，卷4，頁32。
〔註68〕宋‧洪遵，《譜雙》，卷4，頁32。

角做成，長方形，四面刻二、三、四、五，兩頭斷面呈方形，不刻點，故這種骰子無么、無六，長約二寸許。占城亦能此棋。

3. 大食雙陸

異於常局格制者，在於「使用三枚骰子，並且須擲得雙彩，馬方得過門」。據《譜雙》記載：

> 以毯爲局，織成青地白路，用三骰子，馬分爲七，白馬居右，黑馬居左。八門，遇雙彩方得過（八門毯之，四角有八門也）。十五馬至外六門未散贏一籌，雙彩賞一擲（雙么雙三之類）。渾花贏一籌，仍賞擲，又渾花亦然（渾花謂三么三二之類）。馬先出贏小籌，敵馬未出，己馬拈盡，贏大籌。如棋之籌局也。〔註69〕

以毯爲局，織成青地白路，使用三枚骰子，馬分爲七路，六路在一側，每路兩枚，黑白相對，共十二馬。另三馬同置一路，在另一端。盤中以白道隔開，白馬居右，黑馬居左。斜線兩端謂之門，黑白雙方盤上各有八門。凡馬過門，須擲得雙彩方得過。先將己馬行至後六梁，然後方許對彩拈出。十五馬盡至後六梁，如走出五路三馬，謂之子勻，贏兩籌。十五馬先至後六梁，但各梁子參差不齊，贏一籌。拈馬出局時如擲出雙彩（三骰子中有兩骰子點數相同，如雙一、雙二、雙三之類）賞一擲；又雙彩再賞一擲。渾花贏一籌（渾花謂三骰子同時擲出同樣的數，如三個一、三個二之類），賞一擲，又渾花亦然。馬先出贏小籌，馬先出盡贏小籌，如敵馬一子未出而己馬拈盡則贏大籌。

4. 東夷雙陸

異於常局格制者，在於「馬先歸一處者爲勝」。據《譜雙》記載：

> 白木爲盤，闊可尺許，長尺有五，厚三寸，刻其中爲路，置二骰子，於竹筒中撼而擲諸盤上。視其采以行馬。馬以青白二色琉璃爲之，如中國棋子狀。馬先歸一處者爲勝，倭人甚好之，兩人對局自朝至暮不已，旁觀者亦移日不去。〔註70〕

東夷雙陸即日本雙陸。行棋時先擲以二枚骰子，依彩行馬。以馬先歸位者爲勝。東夷雙陸之「馬」製作精美，形狀如中國棋子。二人對局進行雙陸時，

〔註69〕宋・洪遵，《譜雙》，卷4，頁34。
〔註70〕宋・洪遵，《譜雙》，卷4，頁36。另據增川宏一《賭博》中亦云：「雙六は二箇の賽を同時にふるので」（東京：法政大學出版局，1983），頁28〜29。

常不分晝夜，連圍觀者亦能整日觀看亦不捨離去，可見，日本人非常喜歡雙陸戲。

大抵而言，除了七槊雙陸、不打雙陸之外，均有打馬規定。當己方馬單立時，則易被敵馬打下。故而，行雙陸棋時應避免單馬。單馬被打落之機率如附錄三。

三、雙陸與握槊、長行之異同

在中國遊藝史上，握槊與雙陸是屬於同類博戲，為規則與玩法相近的兩種棋戲。關於握槊的起源，據《魏書》記載：

> 趙國李幼序、洛陽丘何奴並工握槊。此蓋胡戲，近入中國，云胡王
> 有弟一人遇罪，將殺之，弟從獄中為此戲以上之，意言孤則易死也。
> 世宗以後，大盛於時。〔註71〕

此種遊戲既是胡戲，當從域外傳來。或有一說，云此遊戲與來自於古印度之「婆羅塞戲」存在關係。據唐‧智周《涅槃經‧疏》中云：「波羅塞者，此翻象馬鬥，是西國象馬戲法。〔註72〕」另據北宋晏殊《類要》記載：

> 始自天竺，即《涅槃經》之波羅塞戲，三國魏黃初間流入中國。
> 〔註73〕

可知波羅塞戲是一種外來的博戲，三國時傳入中國。在此，晏殊認為握槊即波羅塞戲。但是，據唐初僧人法藏於《梵網經菩薩戒本疏》中則云：

> 雜戲：不得樗蒲。圍棋、波羅塞戲、彈棋、六博、拍鞠、擲石投壺……
> 樗蒲，今博錢也。圍棋，今十九路大棋也。波羅塞戲，上梵下華，
> 今象棋也。彈棋，漢宮人妝奩戲也。六博，魏陳思王，雙陸戲也。
> 〔註74〕

由唐初法藏的分類中我們可知，雜戲包括圍棋、波羅塞戲、彈棋、六博、拍鞠、擲石投壺等。於此，法藏亦認為雙陸乃於曹魏陳思王時所產生。此外，

〔註71〕北齊‧魏收傳，《魏書》，卷91，〈藝術‧蔣少游〉，頁1972。

〔註72〕劉松福，《象棋史話》（北京：人民體育出版社，1981年），轉引〈涅槃經‧智周疏〉，頁25。另據劉松福，《象棋史話》，轉引〈涅槃經‧梵網法藏疏〉云：「波羅戲是西域兵戲法，二人各執二十餘小子，乘象或馬，於局道爭得要路以為勝」，頁25。

〔註73〕北宋‧晏殊，《類要‧卷29‧雜博戲》，收入《四庫全書存目叢書‧子部‧類書類》（濟南：齊魯書社），頁子167～211。

〔註74〕法藏，《梵網經菩薩戒本疏‧隱卷第五》。

唐代時，雙陸與波羅塞戲以及與此有關的長行、握槊其實是存在差別的。在唐・李肇《國史補》卷下之記載中，亦可見其一二：

> 今之博戲，有長行最盛，……其法生於握槊，變于雙陸。〔註75〕

由此可知，雙陸與握槊、長行實際上是存在某些差異的。不然，握槊、長行、雙陸之名，不會同時出現於唐代。

再者，在張讀的《宣室志》中，有一則具體描寫長行的博法：

> 東都陶化里有空宅，……夜深敧枕，乃見道士與僧徒各十五人從堂中出，形容長短皆相似，排作六行，威儀容止，一一可敬。……良久，別有二物展轉於地，每一物各有二十一眼，內四眼剡剡如火色，相馳逐，而目光眩轉，舂□有聲。逡巡間，僧道三十人，或馳或走，或東或西，或南或北，道士一人獨立一處，則被一僧擊而去之。其二物周流於僧道之中，未嘗暫息。如此爭相擊搏，或分或聚。一人忽叫云：「卓絕矣。」言竟，僧道皆默然而息。乃見二物相謂曰：「向者群僧與道流妙法絕高，然皆賴我二物成其教行耳，不然，安得稱卓絕哉！」秀才乃知必妖怪也，因以枕而擲之。僧道三十人與二物一時驚走，曰：「不速去，吾輩且為措大所使也。」遂皆不見。明日搜尋之，於壁角中得一敗囊，中有長行子三十個並骰子一雙耳。〔註76〕

雖然此則充滿神秘色彩，但從中可窺見長行博法。從「道士與僧徒各十五人」，即是黑白棋子各十五枚；「別有二物展轉於地，每一物各有二十一眼，內四眼剡剡如火色」，即是指兩枚骰子上一到六個點數和，而且四點塗紅；「僧道三十人，或馳或走，或東或西，或南或北」，即棋子依采在局道上爭道；「道士一人獨立一處，則被一僧擊而去之」，乃單馬則易被打下；「二物周流於僧道之中」，乃對局雙方輪流擲骰。文末以「壁角中得一敗囊，中有長行子三十個並骰子一雙耳」，表明其所述乃為長行博戲。

〔註75〕唐・李肇，《唐國史補》，卷下，收入曹中孚校點，《唐五代筆記小說大觀》（上海：上海古籍出版社，2000），頁197～198。

〔註76〕唐・張讀，《宣室志・張秀才》，收入曹中孚校點，《唐五代筆記小說大觀》，頁1080～1081。

圖 3-2-10 唐‧周昉〈內人雙陸圖〉

現藏於美國佛利爾美術館

由此可見，長行的規則與雙陸基本相似，因此有長行「變於雙陸」的說法，後人亦常將長行與雙陸混爲一談。如唐‧李邵〈新添聲楊柳枝辭二首〉詩云：「曹植作長行局，即雙陸也。胡王作握槊，亦雙陸也。〔註77〕」此外，就棋子與骰子形狀判斷，晚唐畫家周昉所繪《內人雙陸圖》中的雙陸棋局，其實應爲長行。在唐代，常有分不清雙陸與握槊、長行之異同者；更遑論唐代以後，雙陸與握槊、長行之名更趨混爲一談，如宋‧洪遵《譜雙》記載：

以傳記考之，獲四名：曰握槊，曰長行，曰波羅塞戲，曰雙陸。蓋始於西竺，流於曹魏，盛於梁陳魏齊隋唐之間。〔註78〕

在此洪遵認爲握槊、長行、波羅塞戲與雙陸完全一樣，只是名稱相異罷了。這樣的說法，影響甚鉅，現代學者亦有受洪遵影響而持這樣看法者。〔註79〕另據明‧謝肇淛《五雜俎》云：「雙陸一名握槊，本胡戲也。〔註80〕」於此，謝肇淛的看法與洪遵相同，均認爲握槊、長行、波羅塞戲與雙陸完全一樣。而明‧方以智《通雅》中有云：「握槊、長行局、波羅塞、雙陸，要一類也。〔註81〕」方以智則將握槊、長行局、波羅塞、雙陸等歸爲一類。

〔註77〕唐‧溫庭筠、曾益等箋注，《溫飛卿詩集箋注》，卷9，〈集外詩‧新添聲楊柳枝辭二首〉，頁211。

〔註78〕洪遵撰，《譜雙》，頁1～3。

〔註79〕王昆吾認爲：「雙陸……又名握槊、長行、波羅塞戲」見王昆吾，《唐代酒令藝術》（東方出版中心，1995），頁15。王永平亦自認曾受洪遵影響，誤將雙陸與握槊、長行混爲一談。見王永平《唐代游藝‧雅戲——雙陸》（西安：西北大學出版社，1995），頁100～102。

〔註80〕唐‧李肇，《唐國史補》，卷下，曹中孚校點，《唐五代筆記小說大觀》，頁197～198。

〔註81〕明‧方以智，侯外廬主編，《方以智全書》（上海：上海古籍出版社，1988），第1冊，〈通雅35‧器用戲具〉，頁1082。

　　綜上所述，握槊在北朝流行一時，隋唐以後，從宮廷走向民間，風靡全國，而位居諸博戲之首。據李肇的《國史補》卷下記載：「今之博戲，有長行最盛，……其法生於握槊，變于雙陸。〔註82〕」可知長行、握槊和雙陸一脈相承，故而有邢寧〈握槊賦〉中云：「握槊，今人謂之長行。〔註83〕」之說法存在。由此可知，唐代時，握槊與長行應是同一種遊戲而互為別名。雖然握槊與雙陸規則與玩法相近，屬於同類博戲，常被當成同一種遊戲。但是，雙陸與握槊、長行還是存在不少區別。在清·孔繼涵於《長行經》中敘述道：

　　　二𮐓十二棋，有杯有局，是謂雙陸；二瓊三十棋，有枰有杯，是為

　　　長行。局有道，有二關，有塹，有坑。〔註84〕

孔繼涵經過詳細考證，認為雙陸與握槊、長行「大同而實異」，而雙陸與長行之間具體的區別則在所行之棋子數。長行二瓊三十棋，而雙陸二𮐓十二棋。另據《唐國史補》：「子有黃黑各十五，擲采之骰有二。」〔註85〕李肇亦說明長行有三十子，與孔繼涵考證同，故雙陸與長行的棋子數不同亦明矣。

　　此外，唐·邢寧〈握槊賦〉云：「物以羣分，故元黃而不雜……彼千變之奚準，任雙頭之所安，遂使象牙在手，駿骨登盤，為無竅之須鑿，故非龜而見鑽。〔註86〕」劉禹錫〈觀博〉一文中云：「客有以博戲自任者，速余觀焉。初主人執握槊之器，實於廡下曰：『主進者，要者約之。』既揖讓則次有博齒，齒異乎古之齒，其制用骨觚稜四均，鏤以朱墨，耦而合數，取應期月，視其轉止，依以爭道。〔註87〕」握槊所用骰子，文賦稱其為「雙頭」、「博齒」，共兩枚，為骨制，成觚稜形〔註88〕，則與現今骰子相異。

　　綜上所知，在中國遊藝史上，三國時期稱此類棋戲為雙陸，北魏稱之為

〔註82〕唐·李肇，《唐國史補》，卷下，收入曹中孚校點，《唐五代筆記小說大觀》，頁197～198。

〔註83〕清·董誥等奉勒編、清·陸心源補輯拾遺，《全唐文及拾遺》，卷436，〈邢寧·握槊賦〉，頁4443～4444。

〔註84〕清·孔繼涵，《微波榭叢書·長行經》，第5函第22冊。

〔註85〕唐·李肇，《唐國史補》，卷下，收入曹中孚校點，《唐五代筆記小說大觀》，頁197～198。

〔註86〕清·董誥等奉勒編、清·陸心源補輯拾遺，《全唐文及拾遺》，卷436，〈邢寧·握槊賦〉，頁4443～4444。

〔註87〕清·董誥等奉勒編、清·陸心源補輯拾遺，《全唐文及拾遺》，卷608，〈劉禹錫·觀博〉，頁6143。

〔註88〕所謂「觚稜形」，乃指宮闕上屋角瓦背成方角稜瓣的形狀，此用以表骰子有稜角。

握槊，隋唐之時稱爲長行，宋代以後則又稱之爲雙陸。因「雙陸」之名在中國沿用時間較久，故本論文稱此類博戲爲雙陸。

四、雙陸東傳

唐代承繼隋代統一天下，爲中國歷史上文物極盛的時代，各國相繼派遣使節朝貢。雙陸亦在唐代傳入時值奈良時代的日本。據日本《三省堂・大辞林》記載：

> エジプトまたはインドに起こり、中国から奈良時代（……古代国家の最盛期にあたり、唐文化の移入によって諸文化が繁栄した。文化史上では、天平時代ともいう。奈良朝。）以前に伝わった室内遊戯。盤上に白黒一五個ずつの駒（こま）を置き、筒から振り出した二つの采（さい）の目の数によって駒を進め、早く敵陣にはいった方を勝ちとする。中古以来、賭博（とばく）として行われることが多かった。江戸末期には衰退。〔註89〕

由此可知，此戲在唐代傳入日本，且名之爲「日本雙陸」，但根據其黑白各十五枚棋子之形制，則應相對爲唐代的「長行」較爲恰當。「日本雙陸」不論是形制或博法均與唐代「長行」完全相同。在奈良時代傳入日本之後，即被用於賭博，直到江戶末期才逐漸衰退。日本《雙陸錦囊鈔》〔註90〕一書，即簡述「雙陸」（唐代之長行）的博法。這種遊戲進退幅度頗大，導致勝負之間可能瞬間轉換，因而帶有強烈的偶然性和趣味性。

五、小　結

各種遊藝均非一時一人所能獨創，而各類遊藝經長時間的演變，玩法漸趨多樣，而且形制更臻於完善，雙陸發展亦如是。雙陸與長行大約同時出現於魏晉南北朝，雙陸相傳爲曹魏陳思王所創，流行於南朝；長行（又稱握槊）則與印度傳來的波羅塞戲有關，盛行於北朝。從三國曹魏，歷經南北朝，到了唐代與宋代雙陸與長行經過長期的發展，產生多種形制。大致而言，雙方對局時，白馬從右歸向左，墨馬從左歸向右。先投擲二枚骰子，再據彩數行

〔註89〕三省堂・大辞林 http://www.weblio.jp/content/%E5%8F%8C%E5%85%AD 2010.12.22
〔註90〕日本・大原芳藏菊雄，《日用百科全書・圍棋與將棋・雙陸錦囊》。

馬。如果馬單立，則可能受到敵馬攻擊。兩馬相疊成爲一梁，成梁則敵馬不可打此梁之馬，亦不得進入此梁。

雖然，雙陸與長行存在一定程度上的差別，但是，在唐代各有許多愛好者，而且均相當盛行。加上，雙陸與長行的玩法有相當的類似性，屬於同類博戲，故而本研究論文將雙陸與長行（握槊）一同列入雙陸博戲的範疇。

再者，從考古出土之唐代雙陸實物中發現，博具製作精美，且文獻關於雙陸的記載之豐富，我們不難發現，雙陸在唐代確實風行。進行雙陸與長行的流行狀況有助於讓我們了解唐代休閒娛樂生活的內容，並且對於中外文化交流與發展亦產生很大助益。

雙陸其經過長時間的發展與演進，到了宋代，雙陸與長行更爲流行而普及。因此，不論在酒樓或茶館中，常設有雙陸棋局，供人邊飲茶邊下棋。到了元朝，雙陸與長行成了文人雅士所喜愛的才子智人戲。到了明清時期，雙陸與長行於上層社會中仍流行，只是一般社會上漸趨不流行，雙陸與長行博戲，最終失傳。

第三節 多姿多采的博戲

唐朝國勢鼎盛，民生富足，社會經濟文化的發展水準較高，知識分子的社會地位亦較魏晉南北朝時期大爲提高。因此，宴遊、賭博等成爲一時風尚。除了樗蒲與雙陸（長行、握槊）之外，彩選、葉戲等亦方興未艾。而博戲中的主要博具——骰子，亦在唐代形成。因此，唐代博戲可謂多采多姿。

因爲唐代博戲種類繁多，限於能力與篇幅所及，僅提及骰子戲、彩選、葉子戲、龜背戲與宮棋、錢戲與簸融進行探究。

一、骰子戲

博戲的主要特徵爲，先擲以骰子，再依骰子數值行棋的遊戲，亦即以擲骰子作爲遊戲的主要手段。中國古代除了六博、樗蒲、雙陸與握槊等以骰子爲輔助用具的博戲之外，到了唐代還產生了單獨以擲骰子爲主的骰子戲。

骰子戲，又名「彩戲」、「投盤」或「投瓊」，是依擲骰子所得之采定勝負的博戲。這種博戲沒有複雜的行棋過程，玩法簡單，因此在社會上快速流行起來。

　　唐玄宗與楊貴妃玩骰子戲，有一次，玄宗在只有擲出重四的情況之下，才有反敗為勝的機會。玄宗手執骰子，連聲呼四，骰子於盤中旋轉不已，最終果然成重四。玄宗因而大喜，特命高力士將骰子的四點塗紅。〔註91〕由此可知，玄宗所玩之彩戲，是從雙陸投擲雙骰中發展而來的一種骰子博戲。

　　另外，所謂「賜緋」，亦即依五品官賜緋袍之制。此彩在骰子戲中為最貴之采，據《劉賓客嘉話錄》記載：

> 又因與堂弟居守相石投盤飲酒，居守誤收骰子，糾者罰之。丞相曰：「何罰之有？」司徒曰「汝向忙鬧時把他堂印將去，又何辭焉？」飲酒家謂重四為堂印，蓋識居守太和九年冬，朝廷有事之際而登庸也。〔註92〕

所謂「重四」又名「堂印」、「渾四」。以「堂印」稱「重四」乃喻其采之尊也。

　　除了統治者之外，當時有很多精於玩骰子戲者，據段成式《酉陽雜俎》記載：「宋居士說，擲骰子咒云「伊諦彌諦彌揭羅諦」，念滿萬遍，采隨呼而成。」〔註93〕另據元稹〈答姨兄胡靈之見寄五十韻〉詩云：

> 環坐唯便草，投盤暫廢觥。春郊才爛熳，夕鼓已砰轟。荏苒移灰管，喧闐倦塞兵。槽漿聞漸足，書劍訝無成。抵璧慚虛棄，彈珠覺用輕。遂籠雲際鶴，來狎穀中鶯。學問攻方苦，篇章興太清。囊疏螢易透，錐鈍股多坑。〔註94〕

詩中所描寫的即是宴集時以「投盤」為戲的景象，將宴飲、戲與賭緊密地連結在一起。晚唐韓偓在〈手簡十一帖〉詩云：

> 前者三賢采戲，共輸弟羅吾弟主辦。偓偶先擲五隻，深覺歸然。幸有輸右省長行三懼輒欲助成一味。適舍人傳語來使，今謹送上。所以在前狀中不言，今特修此。伏惟照察。謹狀。念六日偓狀，乏楮甚，小簡甚欲拜侍，且是怕惱亂。此會不知何時，定為之。〔註95〕

可見韓偓也好彩戲。另據《太平廣記》記載：

〔註91〕宋・樂史，丁如明輯校，《楊太眞外傳・卷下》（上海：古籍出版社，1985）記載：「上與妃采戲，將北，唯重四轉敗為勝。連叱之，骰子宛轉而成重四，遂命高力士賜緋，風俗因而不易。」

〔註92〕唐・韋絢錄，《劉賓客嘉話錄》（北京：中華書局，1985），頁14。

〔註93〕段成式，《酉陽雜俎》，卷5，〈怪術〉，頁37。

〔註94〕中華書局校訂，《全唐詩》（北京：中華書局，1996），卷406，頁4523。

〔註95〕清・董誥等奉勅編、清・陸心源補輯拾遺，《全唐文及拾遺》，卷829，〈韓偓・手簡十一帖〉，頁2826。

呂用之、張守一、諸葛殷等，皆言能役鬼神，變化黃金……遂相與
登延和閣，命酒肴，極歡而罷。後於道院庭中，刻木為鶴，大如小
駒，鞍轡中設機捩，人或逼之，奮然飛動。駢嘗羽服跨之，仰視空
闊，有飄然之思矣。〔註96〕

呂用之、張守一、諸葛殷等人，都說自己能夠召神喚鬼，變出黃金，唐末淮
南節度使高駢深信不疑，當即都委任以官職。相互攙扶著登上了「延和閣」，
命人擺上酒肴，酒足飯飽方肯罷休。接著，又在道院庭中用木頭刻起仙鶴來，
如同小馬一樣大小，鞍墊下和轡繩上安好機關，他們逼近閣台，奮臂飛動。
高駢嘗試著穿上仙衣跨了上去，仰望天空，有飄然欲仙、心曠神怡之感。

　　到了晚唐，這種遊戲在少年兒童中流行起來。據《南部新書》記載：

駙馬韋保衡之為相，以厚承恩澤，大張權勢。及敗，長安市兒忽競
彩戲，謂之「打圍」。不旬餘，韋禍及。〔註97〕

此段文字將小兒采戲附會到權勢人物政治生命的興衰與榮辱之上，某一程度
上反映出采戲在當時社會上相當流行。

　　骰子戲流行的盛況，亦反映在竟有以擲骰子來決斷政務的情形。據《新
唐書》記載：

有五千餘姓當族，昌曰：「能孝於我，貸而死。」皆曰：「諾。」昌
厚養之，號「感恩都」，刻其臂為誓，親族至號泣相別者。凡民訟，
不視獄，但與擲博齒，不勝者死。用人亦取勝者。〔註98〕

唐末之時，董昌官封義勝軍節度使、同平章事，但其用法嚴峻，愚昧迷信，
不知如何處理政務。當百姓於官府爭訟時，董昌既不聽取雙方證據，亦不調
查研究，卻讓爭訟當事人以擲骰子方式決定。勝者贏得官司，不勝者即處以
極刑。非但如此，董昌用人任官，亦以擲骰決定，如此作法讓人啼笑皆非，
荒唐至極。

　　更有甚者，竟有以擲骰子以獲得愛情者。據《太平廣記》記載：

飲將酣，蘭翹命骰子，謂二女曰：「今夕佳賓相會，須有匹偶，請擲

〔註96〕宋‧李昉，《太平廣記》（北京：中華書局，1961），卷 290〈妖佞三‧諸葛
　　　　殷〉，頁 2309。
〔註97〕宋‧王讜撰，周勛初校證，《唐語林》（北京：中華書局，1985），卷 7，〈補
　　　　遺〉，頁 206。
〔註98〕北宋‧歐陽修、宋祁等，《新唐書》，卷 225 下，〈逆臣‧董昌傳〉，頁 6467。

骰子，遇采強者，得荐枕席。」乃遍擲，云容采胜。〔註99〕

故事中，敘述一名逃犯與三個女鬼之間的愛情故事，其中一名女鬼即是因擲骰子而獲得愛情。

到了五代十國時期，骰子戲盛行依舊。其中，後梁太祖朱溫即是投瓊博戲的愛好者。據《資治通鑑》記載：

> 帝復與宗戚飲博於宮中，酒酣，朱全昱忽以投瓊擊盆中迸散，睨帝
> 曰：「朱三，汝本碭山一民也，從黃巢為盜，天子用汝為四鎮節度使，
> 富貴極矣，奈何一旦滅唐家三百年社稷，自稱帝王！行當族滅，奚
> 以博為！」帝不懌而罷。〔註100〕

後梁太祖又與同宗親屬在宮中宴飲戲博，酒喝得正暢快，朱全昱忽然用骰子向盆中擊去而迸碎四散，斜視著太祖說：「朱三，你本來是碭山的一介平民，跟隨黃巢做強盜，天子用你任四鎮節度使，富貴極了，為什麼突然滅了唐朝三百年的國家，自稱帝王，將要全族被殺，還玩了什麼博戲！」太祖不高興而散場。朱溫與宗室親戚於宮庭內宴飲博戲，朱溫之兄朱全昱酒酣之際甚至「忽以投瓊擊盆中迸散」。另據《舊五代史》引注曰：

> 五代史闕文：莊宗嘗因博戲，覩骰子采有暗相輪者，心悅之，乃自
> 置暗箭格，凡博戲并認采之在下者。及同光末，鄴都兵亂，從謙以
> 兵犯興教門，莊宗禦之，中流矢而崩。識者以為暗箭之應。〔註101〕

後唐莊宗不僅喜歡骰子博戲，甚至曾對骰子戲的玩法進行改良。傳統的骰子戲是依骰子「上」方的彩數，而莊宗所制定者乃依據骰子「下」方的彩數，如此一來，增添了不少骰子戲的趣味。

當然，擲骰子除了可用以賭博之外，更可用於特殊情況與場合，以證明自己的清白。據《新五代史》記載：

> 溫雖姦詐多疑，而善用將吏。江西劉信圍虔州，久不克，使人說譚
> 全播出降，遣使報溫，溫怒曰：「信以十倍之眾，攻一城不下，而反
> 用說客降之，何以威敵國？」答其使者而遣之，曰：「吾以答信也。」
> 因命濟師，遂破全播。人有誣信逗留陰縱全播，言信將反者，信聞
> 之，因自獻捷至金陵見溫，溫與信博，信斂骰子屬聲祝曰：「劉信欲

〔註99〕宋・李昉，《太平廣記》，卷69，〈女仙張云容〉，頁429。
〔註100〕宋・司馬光，《資治通鑑》，卷266，〈後梁紀〉，頁6。
〔註101〕宋・薛居正，《舊五代史》，卷34，〈唐書・莊宗紀〉，頁478～479。

背吳，願爲惡彩，苟無二心，當成渾花。」溫遽止之，一擲，六子
皆赤，溫慚，自以巵酒飲信，然終疑之。及唐師伐王衍，溫急召信
至廣陵，以爲左統軍，託以內備，遂奪其地。〔註102〕

劉信在與權臣徐溫擲骰子戲時，爲表明自己的忠誠，並未有謀反之意，而「厲
聲祝曰：『劉信欲背吳，願爲惡彩，苟無二心，當成渾花。』」所謂「渾花」，
即所擲出之骰子全爲同一采。由此可見，劉信之擲骰子之技藝非常高超。

二、彩　選

　　中國古代，除了六博、樗蒲、握槊等以骰子作爲輔助用具的博戲之外，
唐代時更產生了單獨以骰子爲主的骰子戲──采選。

　　采選，又名「骰子選格」，後世又有「升官圖」之稱，是依擲骰子所得之
采，卜算官運之博戲，深受士大夫歡迎。據高承《事物紀原》記載：

> 彩選序曰：唐之衰，任官失序，而廉恥路斷，李賀州部讖之，恥當
> 時職任用投子之數，均班爵賞，謂之彩選。言其無實，惟彩勝而已。
> 本朝劉蒙叟、陳堯佐，雖各有損益，而大抵取法。及趙明遠削唐雜
> 任之門，盡以今制專以進士爲目，時慶歷中也。元豐末，官制行，
> 朱昌國又以寄祿新格爲名。〔註103〕

唐朝賀州刺史李部認爲，當時任命官員的程序相當混亂，故而採用擲骰的遊
戲方法，以諷刺官場與朝政，故而創造「采選」。另據房千里《骰子選格》記
載：

> 開成三年春，予自海上北徙，舟行次洞庭之陽，有風甚急，係船野
> 浦下三日。遇二三子號進士者，以六骰雙雙爲戲，更投局上，以數
> 多少爲進身職官之差數，豐貴而約賤。卒局，座客有爲尉掾而止者，
> 有貴爲相臣將臣者，有連得美名而後不振者，有始甚微而升於上位
> 者。大凡得失，酷似前所謂不係賢不肖，但卜其偶不偶耳。達人以
> 生死爲勞息，萬物爲一馬。果如是，吾今之貴者，安知其不果賤哉！
> 彼眞爲貴者，乃數年之榮耳。吾今貴者，亦數刻之樂耳。雖久促稍
> 異，其歸於偶也同。列禦寇徐穆天子夢遊事，近者沈拾遺述枕中事，
> 彼皆異類微物，且猶竊爵位以加人，或一瞬爲數十歲。吾果斯人也。

〔註102〕宋・歐陽修，《新五代史》，卷61，〈吳世家・徐溫傳〉，頁761。
〔註103〕高承，《事物紀原》（台北：臺灣商務印書館，1971），卷9，頁349。

又安知數刻之樂，果不及數年之榮耶。因條所置進身職官遷黜之目，
為骰子選格序。〔註104〕

大抵而言，采選大約始於唐文宗時期（828～840），至唐懿宗（860）開始流
行。據《骰子選格》記載，將所擲骰子之點數、彩名，與一定之官職等級相
互對應，最低者為縣尉，最高者為將相大臣。亦即在一正方形盤面上，將唐
朝68個官職依品級排列，中間所排列者為最高級之官職，官職卑微者則在外
圍。不僅可以賭勝贏錢，又可因而過一回官癮。

其戲法為，輪流以六枚骰子雙雙擲采於盤上，再依采數與棋盤上之官職
相對應前進或後退，以先到最高位者為優勝，用之以卜算官運前程，類似後
來的「升官圖」。據《玉泉子》描述：

夏侯相孜與王生同在場屋。王生有時價，孜且不侔矣。嘗落第，偕
遊於京西，鳳翔連帥館之。一日，從事有宴召焉。酒酣，從事以骰
子祝曰：「二秀才若俱得登第，當擲堂印。」王生自負才雅，如有德
色，怒曰：「吾誠淺薄，與夏侯孜同年乎？」不悅而去。孜及第，累
官至宰相，王竟無所聞。孜在蒲津，王生之子不知其故，偶獲孜與
父平昔所嘗往來筆札累十幅，皆孜手迹也。欣然挈之以謁孜。孜既
見，問其所欲，一以依之。即召諸從事以話其事。〔註105〕

夏侯孜與王生一同在科舉中落第，而在鳳翔做了幕僚。幕府從事宴請時曾舉
骰子祝禱「二秀才若俱得登第，當擲堂印。」但因王生看不起夏侯孜，拂袖
而去。最終，夏侯孜進士及第，累官至宰相，而王生則沒沒無聞以終。另據
《唐語林》記載：

彩大者，將秉大柄。〔註106〕

咸通末年，淮南節度使李蔚與從事盧澄酒宴時，相約以擲彩賭貴兆。結果盧
澄得十一點，眾皆驚訝；李蔚得一堂印，盧澄不服而去。最終，盧澄入朝為
官，李蔚則入朝為宰相。此與「樗蒲有神〔註107〕」有異曲同工之妙。另據《北

〔註104〕清·董誥等奉敕編、清·陸心源補輯拾遺，《全唐文及拾遺》，卷760，〈房千
　　　　里·骰子選格〉，頁7901。
〔註105〕唐·闕名，《玉泉子》（上海：古籍出版社，1988），頁6。
〔註106〕宋·王讜撰，周勛初校證，《唐語林》，卷7，頁204。
〔註107〕清·陳夢雷編，蔣廷錫校訂，《古今圖書集成·博物彙編·藝術典》，卷807，
　　　　〈博戲部〉記載：後燕慕容寶與韓黃、李根於宴會樗蒲時云：世云樗蒲有神，
　　　　豈虛也哉！若富貴可期，恆得三盧。

夢瑣言》記載：

> 唐王中令鐸，重德名家，位望崇顯，率由文雅，然非定亂之才。鎮
> 渚宮爲都統，以御黃巢。寇兵漸近。先是，赴鎮以姬妾自隨，其内
> 未行，本以妒忌，忽報夫人離京在道，中令謂從事曰：「黃巢漸以南
> 來，夫人又自北至。旦夕情味，何以安處？」幕僚戲曰：「不如降黃
> 巢。」公亦大笑之。洎荊州失守，復把潼關。黃巢差人傳語云：「令
> 公儒生，非是我敵。請自退避，無辱鋒刃。」於是棄關，隨僖皇播
> 遷於蜀。再授都統，收復京都，大勳不成，竟罹非命。時議曰：「黃
> 巢過江，高太尉不能拒捍，豈王中令儒懦所能應變乎？」落都統後
> 有詩，其要云：「敕詔已聞來闕下，檄書猶未遍軍前。」亦志在其中
> 也。〔註108〕

唐末之時，當黃巢攻入長安，僖宗逃亡漢中之際，禁軍都頭王建卻經常於僧
院擲骰子。有一次，王建所擲出的六枚骰子，竟依序從一至六重疊在一起，
全場驚豔不已，因爲這顯示著王建的前程非比尋常。後來，王建果眞稱霸四
川，建立前蜀政權。

升官圖爲封建科舉制度下的產物，讓欲爲官者體驗升官與降職的歡喜與
恐懼，不啻反映著科舉制度摧殘人性的一面。到了宋朝以後，此遊戲發展成
各種「升官圖」〔註109〕、「百官鐸」、「選仙圖」、「攬勝圖」等遊戲。

三、葉子戲

現今遊戲中，有「國粹」之稱的麻將，其起源要追溯到一千多年前唐代
的葉子戲。

葉子戲爲中國古代博戲中爲較晚興起的遊戲，最初流行於宮廷內，之後
流傳於民間。經過長久的演變，發展成爲紙牌。故而，葉子戲不僅被認爲是
中國最古老的紙牌遊戲，亦被視爲現今麻將的肇始。

關於葉子戲的起源有不同的說法，據宋・王辟之《澠水燕談錄》引《雜
錄》云：

〔註108〕宋・孫光憲，《北夢瑣言》（北京：中華書局，1985），卷3，〈王中令鐸拒黃
　　　　巢〉，頁15。引注：黃巢起廣州，自號義軍百萬都統，上表先陳犯闕之意，
　　　　其詞云：「儻便歸降，必有升獎。」朝廷恥笑。
〔註109〕此即是一種在繪有百官進退的圖上，先以骰子擲采，再依采之大小進選官職
　　　　的遊戲。

唐太宗間〔註110〕，一行世數禪師制葉子格進之，「葉子」言二十世
李也。當時士大夫宴即皆爲之。……其法：用圖骰子六隻，犀牛師
子十事，自盆帖而下，分十五門。門各有說，凡名彩二百二十七，
逸彩二百四十七，總四百七十四彩，餘家有其格，而世無能爲者。
〔註111〕

此說以僧一行和尚以「葉子」二字，象徵唐代李氏傳二十世。另據清‧褚人
獲《堅瓠集》云：

葉子不知所起，其式必需官樣。我蘇桃花塢太倉衛前昆山司馬橋，
爲牌藪，以夾青純綿紙者爲上。按文獻通考，有葉子格戲。晁氏雲，
不著撰人。世傳葉子，晚唐時婦人也，撰此戲。李節之藝林累百雲，
唐太宗問一行世數。一行制葉子格以進，葉子言二十世李也，其式
亦不傳。〔註112〕

佛教密宗之祖僧一行，乃唐代天文家（俗名張遂，西元 673～727 年），以官
職名目編制了一套「彩選」紙牌，進獻宮中，俗稱葉子戲、鬥葉子或葉子格。
其中，葉子即紙片。僧一行制作葉子戲，藉以預示唐朝李世天下傳二十世也。
此說法具有濃厚神秘色彩，當爲後人穿鑿附會所致。儘管如此，葉子戲應當
於開元年間即已出現，並且頗受到文人士大夫們的喜愛，並成爲一種宴集時
的遊戲。

　　第二種關於葉子戲的起源認爲，葉子戲乃由文宗時的賀州刺史李郃與妓
女葉茂蓮所共同創制，故而取「李」與「葉」而命名爲葉子。據《咸定錄》
記載：

唐李郃爲賀州刺史，與妓人葉茂蓮江行。因撰《骰子選》，謂之葉子。
咸通以來，天下尚之，殊不知應本朝年祚。正体書葉字，廿世木子，
自武德至天祐，恰二十世。〔註113〕

此種說法，乃爲比較流行的說法。

　　另一種關於葉子戲的起源則認爲，葉子戲與骰子格有關。據歐陽修《歸

〔註110〕僧一行乃盛唐時人，故太宗當爲玄宗之誤。
〔註111〕宋‧王辟之，《澠水燕談錄》（北京：中華書局1997），卷9，引《雜錄》，頁
　　　　110。
〔註112〕清‧褚人獲，《堅瓠集》（北京愛如生數字化技術研究中心，據清康熙刻本），
　　　　卷1，〈葉子〉。
〔註113〕宋‧李昉，《太平廣記》，卷136，引《感定錄‧李郃》，頁978。

田錄》記載：

> 葉子格者，自唐中世以後有之。說者云，因人有姓葉號葉子青者撰
> 此格，因以爲名。此說非也。唐人藏書，皆作卷軸，其後有葉子，
> 其制似今策子。凡文字有備檢用者，卷軸難數卷舒，故以葉子寫之，
> 如吳彩鸞《唐韻》、李□《彩選》之類是也。骰子格，本備檢用，故
> 亦以葉子寫之，因以爲名爾。唐世士人宴聚，盛行葉子格，五代、
> 國初猶然，後漸廢不傳。今其格世或有之，而無人知者，惟昔楊大
> 年好之。仲待制，（簡）大年門下客也，故亦能之。大年又取葉子彩
> 名紅鶴、□鶴者，別演爲鶴格。鄭宣徽、（戩）章郇公（得象）皆大
> 年門下客也，故皆能之。餘少時亦有此二格，後失其本，今絕無知
> 者。〔註114〕

歐陽修認爲，初始時，葉子乃爲計算骰子格輸贏的工具，然後葉子再逐漸脫
離骰子格而發展成獨立之紙牌遊戲。據李洞集〈贈龍州李郎中〉詩云：

> 紅蠟香煙撲畫楹，梅花落盡庾樓清。光輝圓魄街山冷，彩鏤方牙著
> 腕輕。寶帖牽來獅子鎮，金盆引出鳳凰傾。徵黃喜兆莊周夢，六赤
> 重新擲印成。〔註115〕

從「六赤」中可知，此時的葉子戲須輔以六枚骰子，此玩法與骰子格相同。
葉子上繪有寶帖、牽來、獅子、金盆、鳳凰等圖案，最終以是否佔據最高位
置來決定勝負「徵黃喜兆莊周夢，六赤重新擲印成。」正好可說明，最初的
葉子戲與「骰子采選」有關。另外，尚有葉子戲從雙陸發展而來的說法。據
高承《事物紀原》記載：「續事始曰：陳思王曹子建制雙陸，置投子二。唐末
有葉子戲，不知誰遂加至六。」〔註116〕再據清・褚人獲《堅瓠集》云：

> 不知何時。改用宋江等名。潘之恒葉子譜雲。葉子始於昆山。用水
> 滸傳中人名。爲角觝戲耳。黎遂球運掌經雲。署之以宋江之徒者。
> 必英勇忠義。而後可勝。而又非徒念書者所能知。故署之以不知書
> 之人。其法分立四門。自相統轄。由空驢至九爲錢。累錢爲百。累
> 百爲萬。累萬爲十萬。以致千萬。萬勝千。千勝百。百勝錢。錢數

〔註114〕宋・歐陽修，《歸田錄》（北京：中華書局，1997），卷2，頁31。
〔註115〕明・楊慎，《升庵詩話》。注云：先夢六赤，後因打葉子，因以詩上。六赤者，
　　　　古之瓊畟，今之骰子也。葉子，如今之紙牌酒令。鄭氏書目有南唐李後主妃
　　　　周氏編《金葉子格》，此戲今少傳。
〔註116〕高承，《事物紀原》（台北：臺灣商務印書館，1971），卷9，頁348。

賤九而貴空。殊顛倒有味。戲百出而不窮。用數多而尚變。別史贊曰。履共成。無忘其空。空以基之。成以息之。葉子之所由作也。〔註117〕

事實上，古代書籍原本都是捲軸式，到了隋唐之時，才有折葉式書籍的出現。而最初的紙牌乃是以一張張單紙片製作而成，故而人們稱紙牌遊戲為「葉子戲」。葉子戲最初在宮廷內流行，後來流傳到民間。

　　唐朝時期的葉子戲，是一種高雅的活動，受到皇帝與文人墨客的喜愛。據唐‧蘇鶚《杜陽雜編》云：

韋氏諸家，好為葉子戲，夜則公主以紅琉璃盤盛夜光珠，令僧祁捧立堂中，而光明如畫焉。〔註118〕

唐懿宗之女同昌公主下嫁韋保衡，為了玩葉子戲，竟讓人手持紅琉璃盤，盛以珍貴的夜明珠來照明，以便能夠通宵達旦地進行葉子戲。這也一定程度地反映出葉子戲是相當吸引人的，以至於這些王公貴冑可以鬥葉子至夜以繼日。

　　五代十國時，葉子戲更加盛行，南唐後主李煜和妃子冉氏均喜好鬥葉子。冉氏還自編了一套金格王子葉子格，並撰寫了《擊蒙小葉子格》、《偏金葉子格》兩本鬥葉子專著，讓葉子戲更加完善和有趣。

　　到了宋代，相傳太祖趙匡胤與宮女鬥葉子，以消長夜，所以，葉子戲又有「宵夜圖」和「趙氏格」之名。儘管葉子戲受到官僚、士大夫們的喜愛，但其具體玩法今已不可考。葉子戲再經水滸葉子馬掉牌兩個變種，至清代演變成現在流行的麻將牌。

四、龜背戲與宮棋

　　除了雙陸、圍棋與彈棋之外，唐代尚流行兩種棋戲，即龜背戲與宮棋。

（一）龜背戲

　　龜背戲是一種流行於唐代統治階級中的遊戲，據唐‧柳宗元〈龜背戲〉詩：

長安新技出宮掖，喧喧初遍王侯宅。玉盤滴瀝黃金錢，皎如文龜麗秋天。八方定位開神卦，六甲離離齊上下。投變轉動玄機卑，星流霞破相參差。四分五裂勢未已，出無入有誰能知。乍驚散漫無處所，

〔註117〕清‧諸人獲，《堅瓠集》，卷1，〈葉子〉。
〔註118〕唐‧蘇鶚，《杜陽雜編》（北京：中華書局，1985），卷下，頁27。

須臾羅列已如故。徒言萬事有盈虛，終朝一擲知勝負。修門象棋不

復貴，魏宮妝奩世所棄。豈如瑞質耀奇文，願持千歲壽吾君。廟堂

巾笥非余慕，錢刀兒女徒紛紛。〔註119〕

從此詩中可知，龜背戲是一種出於宮內的新棋類遊戲，因其「狀如龜背」而
得名，並且在唐代統治階級間迅速流行。一時之間，導致彈棋、象棋等當時
原本熱門的遊戲都頓時相形失色。但從「修門象棋不復貴，魏宮妝奩世所棄」
可知，此戲因受時尚風氣所影響，漸漸不受重視，說明唐代人心求新奇之流
變。〔註120〕據明・蔣之翹註解〈龜背詩〉云：

按龜背戲，其制不可詳。觀詩意，乃亦博棋之類稱。狀如龜背，因

以爲名云。

玉質棋局，狀如龜背。棋子六枚，以黃金錢幣代替。行棋方式爲：布棋子於棋
盤上，投骰子以決定行棋步數，是一種類似彈棋的棋戲。據〈彈棋經序〉云：

自後漢沖質已後，此藝中絕，至獻帝建安中，曹公執政，禁闈幽

密，至於博弈之具，皆不得妄置宮中，宮人因以金釵玉梳，戲於

妝奩之上，即取類於彈棋也。及魏文帝受禪，宮人所爲，更習彈

棋焉。〔註121〕

因曹操禁止宮中玩彈棋，宮人以金釵、玉梳等物，於妝奩上相互彈射，進行
彈棋。因此，龜背戲是唐朝宮廷內，以彈棋爲基礎而創新的一種棋戲，玩法
與彈棋相類似。但是，因爲可能涉及占卜或賭博，使得龜背戲逐漸不受重視。

（二）宮　棋

宮棋是中國古老的棋戲，因流行於宮廷而得名。據麻國鈞先生考證，宮
棋在唐代時已經定型〔註122〕。

1. 宮棋的形制

（1）宮棋棋子

宮棋沒有屬於本身專用的棋子，古代進行宮棋之戲，通常借用圍棋棋子。
分爲黑、白二色，各180枚。

〔註119〕中華書局校訂，《全唐詩》，卷353，頁3956。

〔註120〕陳正平，《唐代游藝詩歌研究》，頁258。

〔註121〕北宋・李昉，《太平御覽》（台北：台灣商務印書館，1967），卷755，（引晉
徐廣・彈棋經自序），頁3349。南朝宋劉義慶《世說新語・巧藝》：「彈棋始
自魏宮內用妝奩戲。」後因以魏宮妝奩爲彈棋之典。

〔註122〕麻國鈞，《中華傳統遊戲大全》（北京：農村讀物出版社，1990），頁128。

（2）宮棋棋盤

宮棋沒有屬於本身的棋盤，古代進行宮棋之戲，通常借用圍棋棋盤。因圍棋棋盤較大，所以費時較多。今日大多以縱橫十路之方形棋盤爲之。

2. 宮棋的博法

宮棋是一種只布棋子、不走子的棋戲。據清‧翟灝《通俗篇》記載：

> 今人先以棋子黑白雜布局中，各認一色爲標，左右巡拾，拾竟，以所得多寡定勝負。有挨三、頂四、擦七、駝八等罰例，謂之逼棋，蓋即此也。〔註123〕

據翟灝《通俗篇》中所記載，將宮棋之博法依布子、有效棋形、吃子與判定勝負論述。

（1）布子

「先以棋子黑白雜布局中」，亦即對博雙方將黑白棋子輪流散佈於棋盤之上，可布子於空棋位處，直到棋子不滿棋盤爲止。

（2）有效棋形

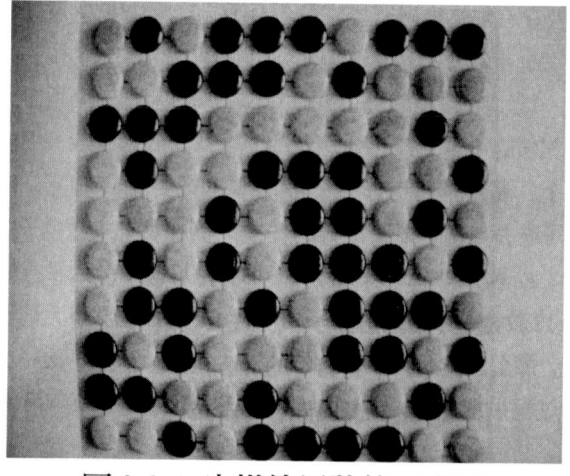

圖 3-3-1 宮棋終局狀態示意圖

資料來源：周偉中，《棋類遊戲 100 種》（北京：人民體育出版社，2009），頁83。

「有挨三、頂四、擦七、駝八等罰例」，亦即有效形其之規則。挨三，即三子相連；頂四，即四子相連；擦七，即七子相連；駝八，即八子相連等情形。上述棋數，縱向、橫向或斜向相連均爲有效之棋形。

（3）吃子

布子結束，則開始吃子。所謂「各認一色爲標，左右巡拾」，亦即兩人各執一色，依規則各自拾取己方棋子。宮棋規則有：免吃、挨三、頂四、擦七、駝八。另外尚有吃子次序

〔註123〕清‧翟灝，《通俗篇》（北京愛如生數字化技術研究中心，據清乾隆十六年翟氏無不宜齋刻本），卷31，〈宮棋〉。

之規定。茲將吃子規則分述如下：

免吃：位於有效棋形內之棋子，一律免吃。因而造成實際吃子的數量少於規定之可吃子數。

挨三：每一個挨三，可吃去任意一端一枚相鄰的對方棋子。若兩端之對方棋子均位於有效棋形內，則吃不到棋子。

頂四：每一個頂四，可吃去兩端相鄰的對方二枚棋子。若兩端之對方棋子均位於有效棋形內，則吃不到棋子。但是，若頂四發生在棋盤邊緣，則只可吃去另一端的對方棋子。

擦七：每一個擦七，可吃去與此擦七平行的任意一側相鄰的七枚對方棋子。

駝八：每一個駝八，可吃去與此駝八平行的兩側相鄰的十二枚對方棋子。但是，若駝八發生在棋盤邊緣，則只可吃去一側相鄰的對方棋子。

吃子順序：為了讓吃子過程井然有序，雙方應先檢查並拾取駝八可吃的棋子，然後再依擦七、頂四、挨三的順序進行。

（4）判定勝負

「拾竟，以所得多寡定勝負」，亦即吃子過程結束之後，清點雙方所吃之棋子數，以所得多寡定勝負。若雙方吃子數相當，則可依雙方博戲前之商定，判後手一方獲勝。

3. 宮棋之名人紀事

在王建〈夜看美人宮棋〉一詩中，即對宮棋之布局與博法描述道：「宮棋布局不依經，黑白分明子數停。巡拾玉沙天漢曉，猶殘織女兩三星。」〔註124〕另據張籍〈美人宮棋〉詩云：

> 紅燭臺前出翠娥，海沙鋪局巧相和。趁行移手巡收盡，數數看誰得
>
> 最多。〔註125〕

說明宮棋依規則取棋之後，清點雙方所吃棋子判定勝負。而白居易〈代書詩一百韻寄微之〉一詩中亦云：

> 度日曾無悶，通宵靡不為。雙聲聯律句，八面對宮棋。往往遊三省，
>
> 騰騰出九逵。寒銷直城路，春到曲江池。樹暖枝條弱，山晴彩翠奇。
>
> 峰攢石綠點，柳宛麴塵絲。岸草煙鋪地，園花雪壓枝。早光紅照耀，

〔註124〕中華書局校訂，《全唐詩》，卷301，頁3427。
〔註125〕中華書局校訂，《全唐詩》，卷386，頁4350。

新溜碧逶迤。幄幕侵堤布，盤筵占地施。征伶皆絕藝，選伎悉名姬。

粉黛凝春態，金鈿耀水嬉。風流誇墮髻，時世鬥啼眉。〔註126〕

宮棋以圍棋棋局與棋子行之，並無專用棋具。其玩法為，將黑白棋子散佈於棋盤之上，兩人各執一色，依規則各自拾取己方棋子，最終以所得多寡定勝負。

龜背戲與宮棋是兩種玩法簡單而有趣的遊戲，流傳於宮廷、貴族之家，受到宮廷、嬪妃以及宮女們的喜愛。

五、錢　戲

錢戲，又稱「攤戲」、「意錢」。據《資暇集》云：

錢戲，有每以四文為一列者，即史傳所云意錢也，俗謂之攤錢，亦曰攤鋪其錢。不使疊映欺惑也。〔註127〕

其玩法為擲銅錢於地，依其正反面之排列組合，以決定勝負，是一種賭博遊戲。據《後漢書》記載：

少為貴戚，逸遊自恣。性嗜酒，能挽滿、彈棋、格五、六博、蹴鞠、意錢之戲，又好臂鷹走狗，騁馬鬥雞。〔註128〕

梁統玄孫梁冀少年時即縱情逸樂與飲酒，而且，頗能行挽滿、彈棊、格五、六博、蹴鞠、意錢等博戲，鬥雞、走馬亦相當擅長。由此則記載可知，錢戲最晚在從漢朝即已流行。

由於意錢是一種極為簡單而易行的遊戲，所以在社會各階層中迅速流傳，甚至成為婦女與兒童經常進行的賭博遊戲。《史系》中即敘述道：「河北無極酒家婦四子終日飽食，日日意錢。」〔註129〕杜甫客居夔州時，寫了不少記錄四川奉節地區的山川和風土人情的詩章，其中〈夔州歌十絕句之四〉中云：

蜀麻吳鹽自古通，萬斛之舟行若風。長年三老長歌里，白晝攤錢高

〔註126〕中華書局校訂，《全唐詩》，卷436，頁4824。

〔註127〕李匡乂，《資暇集（及其它二種）》（北京：中華書局，1985），卷中，〈錢戲〉，頁16。

〔註128〕南朝宋・范曄、唐・李賢注，《後漢書》（台北：鼎文書局，1991），卷34，〈梁冀傳〉，頁1178。

注引何承天《纂文》：詭億，一曰射意，一曰射數，皆攤錢也。

〔註129〕北宋・李昉，《太平御覽》，卷414，〈人事部・孝下〉，頁1911。

浪中。〔註130〕

滿載蜀中貨物的商船航行在長江上，賈人和船工們有的引吭高歌，有的行攤錢作樂，忘險爭利，以致對於身處長江的驚濤害浪，視若無睹。可見夔州風俗惡薄，杜甫藉昭君、屈原爲夔州人解嘲。另據張仲素〈春遊曲三首〉詩云：

> 騁望登香閣，爭高下砌台。林間踏青去，席上意錢來。〔註131〕

即便是興致高昂地戶外踏青，也不忘在席間以意錢作爲消遣活動，亦見張仲景喜愛意錢至迷。皮日休〈鹿門隱書六十篇并序〉中亦云：「意錢格籌，皆有道也。」〔註132〕顯然，皮日修亦對意錢有所接觸與領悟。到了五代時期，錢戲仍有許多愛好者。據《舊五代史》記載：

> 劉崇，太原人，漢高祖之從弟也。少無賴，好陸博意錢之戲。〔註133〕

北漢的建立者劉崇即是意錢的愛好者之一。可見意錢不分貴賤、男女或地域，均存在許多愛好者。

六、蹙　融

塞戲，在漢代稱爲「格五」，至唐代改稱「蹙融」、「蹙戎」，是一種與六博相近的棋類遊戲。據宋・張表臣《珊瑚鉤詩話》記載：

> 奕棋取一道，人行五子，謂之蹙融。融者，戎也。生于黃帝蹙鞠，戎旅之間爲戲耳。庾元規曰：蹙戎者，今之蹙融是也。漢謂之「格五」。取五子相格之意以名之耳。〔註134〕

蹙融始於黃帝時的蹙鞠之戲，盛行於軍旅之中。其法乃對博雙方，在棋局上各行五子以爭勝。此外，據唐・段成式《酉陽雜俎》記載：

> 小戲中于奕局一枰，各布五子角遲速，名「蹙融」。予因讀《座右方》謂之「蹙戎」。〔註135〕

從上文字記載中可知，蹙融乃對博雙方各布五子，於棋局上爭道，又有「蹙戎」之稱。另據《資暇集》云：

〔註130〕唐・杜甫，清・仇兆鰲注，《杜詩詳註》（台北：文史哲出版社，19766），卷15，頁7744～775。

〔註131〕中華書局校訂，《全唐詩》，卷26，頁371。

〔註132〕中華書局校訂，《全唐詩》，卷798，頁8365。

〔註133〕北宋・薛居正，《舊五代史》，卷135，〈劉崇傳〉，頁1810。

〔註134〕宋・張表臣，〈珊瑚鉤詩話〉，卷2，收錄在清・何文煥輯，《歷代詩話》（北京：中華書局，1980），頁461。

〔註135〕唐・段成式，〈酉陽雜俎〉，續集卷4，〈貶誤〉，頁131。

> 今有奕局取一道，人行五棊，謂之蹙融。融宜作戎。此戲生於黃帝
> 蹙鞠，意在軍戎也，殊非圓融之義。庾元規著《座右方》所言蹙戎
> 者，今之蹙融也，學者固已知之。〔註136〕

這種塞戲的出現，使棋戲逐漸由擲彩行棋轉為不擲彩，在弈棋發展史上具有
一定的意義。

蹙融的愛好者，不乏其人。據《漢書・吾丘壽王傳》記載：

> 吾丘壽王字子贛，趙人也。年少，以善格五召待詔。〔註137〕

吾丘壽王因擅長格五而召為「棋待詔」，陪皇帝和后妃們玩格五。唐初，顏師
古為《漢書》注，依據的大約是相同的書籍。從注文看，格五棋類的精要之
處是行棋相塞，使對方格不得行，所以稱作格五，也稱為蹙戎。亦即塞戲到
了唐宋時期，又有「蹙融」之稱。據宋・王讜《唐語林》記載：

> 今有奕局，共取一道，人行五棋，謂之「蹙融」。「融」宜作「戎」，
> 此戲生於黃帝蹙鞠，意在軍戎也，殊非「圓融」之義。庾元規著《座
> 右方》，所言「蹙戎」，是也。〔註138〕

從中我們可知，蹙融乃是啟發自蹴鞠而發展出來的棋類遊戲。唐代時的統治
階級中，對於蹙融頗有愛好者。據《因話錄》云：

> 李司徒汧公鎮宣武，戎事之隙，以琴書為娛。自造琴，聚新舊桐材，
> 扣之合律者，則裁而膠綴；不中者，棄之，故所蓄二琴，殊絕，所
> 謂「響泉」、「韻磬」者也。性不喜琴兼箏聲，惟二寵妓曰秀奴、七
> 七，皆聰慧善琴，兼箏與歌，時令奏之。自撰琴譜。兵部員外郎約，
> 汧公之子也。以近屬宰相子，而雅度玄機，蕭蕭衝遠，德行既優，
> 又有山林之致。琴道、酒德、詩調皆高絕，一生不近粉黛，性喜接
> 引人物，不好俗談。晨起草裹頭，對客蹙融，便過一日。〔註139〕

宣武節度使李汧之子兵部員外郎李約每日以蹙融為樂，可見其沉溺蹙融之

〔註136〕李匡乂，《資暇集（及其它二種）》（北京：中華書局，1985），卷中，〈蹙融〉，
　　　　頁16。

〔註137〕東漢・班固，《漢書》，卷64，〈吾丘壽王傳〉，頁2794。劉德註：「格五，棋
　　　　行，《簺法》曰簺白乘五，至五格不得行，故云格五。」師古註：「即今戲之
　　　　簺也。」孟康註：「行伍相各，故言各。」蘇林曰：「博之類，不用箭，但行
　　　　梟散。」

〔註138〕宋・王讜，周勛初校證，《唐語林》，卷8，頁219～220。

〔註139〕唐・趙璘，《因話錄》（北京：中華書局，1985），卷2，，頁10～11。

深，而且，當時公子、王孫中，愛好其戲者大有人在。可惜的是，蹙融棋戲之規制與玩法早已失傳，如今已不可考。

第四節　小　結

唐代社會風氣極為開放，自由而浪漫的風氣造就人們不受拘束的心性，對於快樂與放縱的追求，導致博戲成為社會上不可或缺的娛樂方式。唐代的博戲種類不勝枚舉，雅俗兼備。

博戲，在唐朝建立的過程中，扮演極為重要的角色。而且，幾乎所有的皇帝都喜歡博戲，其中以武則天和唐玄宗最為熱衷。博戲的主要特徵為，先擲以骰子，再依骰子數值行棋的遊戲，亦即以擲骰子作為遊戲的主要手段。唐代博戲種類繁多，其中以樗蒲與雙陸最具代表性。

樗蒲在唐代十分盛行，只是樗蒲逐漸發展成只以單純憑藉運氣的「骰戲」，失去棋戲風貌。當骰子逐漸取代五木之後，樗蒲反而變成骰戲的別稱。原本之樗蒲棋戲，反被稱為「古樗蒲」。

雙陸與長行大約同時出現於魏晉南北朝，雙陸相傳為曹魏陳思王所創，流行於南朝；長行（又稱握槊）則與印度傳來的波羅塞戲有關，盛行於北朝。從三國曹魏，歷經南北朝，到了唐代與宋代雙陸與長行經過長期的發展，產生多種形制。雖然，雙陸與長行存在一定程度上的差別，但是，在唐代各有許多愛好者，而且均相當盛行。加上，雙陸與長行的玩法有相當的類似性，屬於同類博戲，故而本研究論文將雙陸與長行（握槊）一同列入雙陸博戲的範疇。雙陸其經過長時間的發展與演進，到了宋代，雙陸與長行更為流行而普及。因此，不論在酒樓或茶館中，常設有雙陸棋局，供人邊飲茶邊下棋。到了元朝，雙陸與長行成了文人雅士所喜愛的才子智人戲。到了明清時期，雙陸與長行於上層社會中仍流行，只是一般社會上漸趨不流行，雙陸與長行博戲，最終失傳。

除了樗蒲與雙陸（長行、握槊）之外，彩選、葉戲等亦方興未艾。而博戲中的主要博具——骰子，亦在唐代形成。因此，唐代博戲可謂多采多姿。

總之，隋唐五代是中國古代遊藝發展的關鍵時期，遊藝的多樣化、定型化與普遍化均獲得空前的發展，並為後代遊藝的發展奠定堅實基礎。

第四章　唐代的博戲與社會

　　由於國家統一，經濟繁榮，文化發達，使得中國古代遊藝的發展，至隋唐時期達到鼎盛。值得一提的是，中國博弈史上，隋唐亦是重要轉折點。此時博戲進一步大眾化，成為一種專門謀取財物的手段；弈棋則成為與琴、棋、書、畫並稱的雅戲。因此，隋唐時期可說是中國遊藝發展史上至關重要的時期。游藝活動豐富多采，規模廣大，舉凡益智遊藝、宴飲遊藝、節日遊藝、博戲、棋戲等，均獲得充分的發展。此外，各種博戲盛行，遊藝活動進一步深入社會各階層，成為社會文化活動中的重要組成部分。隨著婦女地位的提升，婦女遊戲活動也相較魏晉南北朝時期有更顯著的發展。許多遊藝活動於此時期初步定型，並產出精通特定遊藝活動的高手。

　　另一方面，隋唐時代是中國傳統文化發生大改變的時代，漢代經學、魏晉玄學至此接近尾聲，轉而以儒、釋、道為主的文化興起於唐，流行於宋。博戲作為傳統文化的一部份，於此同時也產生了重大的變化。雖然博戲中的六博棋、樗蒲衰退，但是握槊、長行、彩選、葉子戲、雙陸等博戲代之興盛。另外，唐代還有其他諸如藏鈎、龜背戲、宮棋、蹙戎等博戲，甚至連鬥雞、鬥蟲、鬥鵝、鬥茶、鬥草、投壺等娛樂活動，也被博戲風氣所浸蝕，可謂五花八門、形式多樣。

　　另外，隋唐時期不論是國內各民族間，或是與鄰近各國之間的文化交流，亦空前發展。樗蒲、雙陸、圍棋、投壺、蹴鞠、馬球等活動，傳至日本、朝鮮、越南等國，豐富東亞，甚至是世界的遊藝活動。

　　唐代博戲文化多姿而多彩，茲分別就政治手段的博戲文化、社交活動的博戲文化、時代風尚的博戲文化探究之。

第一節　政治手段的博戲文化

　　中國古代社會各階層中，統治階級們絕大部分擁有雄厚財力，錦衣玉食、養尊處優，爲博戲創造絕佳環境，故而統治階級的博戲風氣最盛。而隋代統治階級間的博戲風氣，甚至與唐代之創建產生密切的關係。據《舊唐書》記載：

> 高祖留守太原，與寂有舊，時加親禮，每延之宴語，間以博奕，至於通宵連日，情忘厭倦。時太宗將舉義師而不敢發言，見寂爲高祖所厚，乃出私錢數百萬，陰結龍山令高斌廉與寂博戲，漸以輸之。寂得錢既多，大喜，每日從太宗遊。見其歡甚，遂以情告之，寂即許諾。〔註1〕

以博戲來攏絡人心，甚至進行重大政治行動者，在古代中國並不少見。唐代的建立，即與博戲產生直接的關係。李世民想起兵反隋，又擔心父親李淵反對。於是李世民出資數百萬錢給龍山縣令高斌廉，使其與晉陽宮副監裴寂飲酒博戲而故意不勝，藉此讓李世民拉攏李淵的棋友裴寂，並讓裴寂做說客，最終說動李淵抗隋決心。李淵起兵時，裴寂將其所管轄之米、布、鎧甲等，做爲李淵軍需之用，最終李淵取代隋朝。論功行賞，以裴寂爲首，因而官封尚書右僕射。

　　「水能載舟，亦能覆舟」，博戲，成就唐代革命；但是，博戲、宴樂卻是隋代覆亡的原因之一。唐代因博戲而取得革命成功，顯然，唐代開國者中應有爲數不少對博戲有所鑽研者。因爲博戲對於國家政治、社會有著一體兩面的影響，因此，初唐時期，有志之士即認爲博戲、靡靡之音、聲色等應加以禁止，不可縱容。據《舊唐書》記載：

> 大業末，自大理寺史累補萬年縣法曹。武德元年，初以三事上諫。其一曰：臣聞天子有諍臣，雖無道不失其天下……陛下勿以唐得天下之易，不知隋失之不難也。……其二曰：百戲散樂，本非正聲，有隋之末，大見崇用，此謂淫風，不可不改。近者，太常官司於人間借婦女裙襦五百餘具，以充散妓之服，云擬五月五日於玄武門遊戲。……如臣愚見，請並廢之，則天下不勝幸甚。其三曰：臣聞性相近而習相遠，以其所好相染也。……願陛下妙選賢才，以爲皇太

〔註1〕後晉・劉昫等，《舊唐書》，卷57，〈裴寂傳〉，頁2285～2286。

子僚友，如此即克隆盤石，永固維城矣。高祖覽之大悅，……兼賜
帛三百匹。時軍國多事，賦斂繁重，伏伽屢奏請改革，高祖並納焉。
〔註2〕

萬年縣法曹武城人孫伏伽於高祖時曾以隋朝因不願聽到批評而喪失天下，且
樂舞雜技等皆是亡國淫聲，而非皇帝與子孫後代可以沉迷其中者，因此應當
全部廢止。尤其專好奢侈靡爛、酷嗜樂舞遊獵的人，均不能使其接近皇太子
與諸王，以免紊亂朝政等奏表上呈。唐高祖看了表章非常高興，下詔獎勵，
並提升孫伏伽為治書侍御史，賜帛三百匹，並將獎勵的決定公佈到各處，此
舉奠定唐代興盛之基礎。

初唐時雖明令禁止嬉荒、博戲滋生，但為提高官宦顯貴子弟及宮人素質，
卻也需藉助弈棋之教。據《新唐書》記載：

內文學館隸中書省，以儒學者一人為學士，掌教宮人。武后如意元
年，改曰習藝館，又改曰萬林內教坊，尋復舊。……律令、吟詠、
飛白書、筭、碁各一人。開元末，館廢，以內教博士以下隸內侍省，
中官為之。〔註3〕

內文學館（或稱習藝館，或稱萬林內教坊）中的學士，與翰林院同隸屬中書
省。即宮中「教習」，乃欲藉以提高官宦、顯貴子弟及宮人素質的需要而設立。
玄宗時雖廢習藝館，但將內教博士改隸內侍省。內教博士十八人中，一人專
職教宮人「碁」，內容即包含博弈等各種棋類。據《太平廣記》記載：「易一
著碁子，亦未足介意，但心跡可畏。〔註4〕」弈棋之德乃為人之品，不可不慎。
故博弈時於棋枰上應公平競爭，但有時為考量現實，或因而曲意迎合對手，
乃為人臣的一大課題。據《新唐書》記載：

帝喜服餌，道古欲自媚，而所善柳泌自謂能化金為不死藥，乃因宰
相皇甫鎛以聞，俄會帝崩。穆宗為太子，惡之，既立，誅泌，貶鎛，
斥道古為循州司馬。終以服丹歐血死。長慶初，詔還其官。道古巧
于宦，便佞傾下，游公卿間，常與弈博，偽不勝，厚進所償，嗜利
者多得其懽心，故少盜美名。〔註5〕

〔註2〕後晉‧劉昫，《舊唐書》，卷75，〈孫伏迦〉，頁2634～2636。

〔註3〕北宋‧歐陽修、宋祁等，《新唐書》，卷46，〈百官志〉，頁1223。

〔註4〕李昉，《太平廣記》（北京：中華書局，1961），卷497，〈呂元膺〉，頁4075～
4076。

〔註5〕北宋‧歐陽修、宋祁等，《新唐書》，卷80，〈皐子道古傳〉，頁3584。

皋子道古博弈時佯裝不勝，因此被稱爲「便佞傾下」，產生這樣認知不同，究其主因乃儒家之風與弈棋爭勝負之道有所衝突所導致。但班固於〈弈旨〉解決儒家與弈棋之矛盾後，仍有許多人擔心弈棋會導致玩物喪志。因此，當滑能爲討僖宗歡欣，巧妙地讓其贏棋，卻仍招致諂媚之批評。

另據《唐會要》中記載道：

> （貞元）二十一年正月，罷翰林陰陽、星卜、醫、相、覆、碁諸待
> 詔人。初，王叔文以碁待詔。既用事，惡其與己儕類相亂，罷之。
> 〔註6〕

王叔文不但善於弈棋，又頗知讀書之方，德宗讓其陪太子李誦（順宗）讀書。順宗即位之後，即提拔王叔文爲起居舍人、翰林學士。待詔官品雖然低微，但因與帝王接觸機會較多，因而獲得掌握實權的機會亦不小。王叔文掌握實權之後，或因己身低賤，或憚皇帝耽於娛樂，因此將翰林棋待詔一律罷免。儘管如此，爲滿足最高統治者生活上的空虛，敬宗、宣宗、懿宗、僖宗等朝仍均設有棋待詔，繼續供奉一批對文娛活動有專門技能的隊伍，使得百戲、博戲在唐代得以持續發展。

除此之外，唐代政治清明，國泰民安，爲博戲發展提供了一個較好的社會環境。並且，在政治手段的博戲文化方面，表現出多種的樣貌。

一、以博戲爲喻，期盼大臣能如博戲時的率性輔政

唐太宗以察納雅言著稱，當政時即以博戲爲例，期盼故舊大臣能據實告知政教與百姓感受。據《舊唐書》記載：

> 上於武成殿賜宴，因從容謂侍臣曰：「朕少在太原，喜群聚博戲，暑
> 往寒逝，將三十年矣。」時會中有舊識上者，相與道舊以爲笑樂。
> 因謂之曰：「他人之言，或有面諛。公等朕之故人，實以告朕，即日
> 政教，於百姓何如？人間得無疾苦耶？」〔註7〕

唐太宗在武成殿上賜宴百官，一時興起，提到當年在太原時喜歡群聚博戲，轉眼間已過三十年。在宴會中與太宗舊識的大臣，回憶當年情景亦相視而笑。太宗此舉主要目的在於拉近君臣距離，以期大臣均能「實以告」，以利政教。

〔註6〕北宋・王溥，《唐會要》（日本京都：中文出版社，1978），卷82，〈醫術〉，頁1525～1526。

〔註7〕後晉・劉昫等，《舊唐書》，卷3，〈太宗紀〉，頁52。

可見，太宗深知博戲時無分君臣，倘若能以博戲至誠與率性輔政，則國家大治，百姓安居。難怪唐太宗能成就唐代第一個盛世「貞觀之治」。

　　唐太宗作為一代雄主，對博戲的參與、吟詠、提倡，客觀上為初唐博戲的發展奠定了一個良好的基礎。在其〈五言詠棋〉詩其一云：

　　　　手談標昔美，坐隱逸前良。參差分兩勢，玄素引雙行。捨生非假命，
　　　　帶死不關傷。方知仙嶺側，爛斧幾寒芳。〔註8〕

唐太宗具體描繪棋局，勢在棋局中既指廣義的形勢，亦指具體的定式、戰術，以兵家觀點言圍棋治兵之理。棋盤上爭鬥雖然激烈，又有別於現實生活中的爭戰，需以捨生用付出生命的代價，棋盤中赴死也不會因此而遭受傷害。領悟這其中的樂趣，便可體會當年王質觀棋爛柯之情。此外，在〈五言詠棋〉詩其二云：

　　　　治兵期制勝，裂地不要勛。半死圍中斷，全生節外分。雁行非假翼，
　　　　陳氣本無雲。翫此孫吳意，怡神靜俗氛。〔註9〕

太宗登基之後，不必再親自征戰，局盤即成另一戰場，故而在其詠棋詩中亦煙硝味十足。此首詩可說是以兵法言棋，圍棋如同用兵，目的當然在於謀取勝利。但攻城掠地，割據稱雄，卻並不需要功勳。以三尺之局為戰場，棋在包圍中被斷開，情勢緊急，卻又忽然柳暗花明，得以全身而退。而棋勢的伸展，如無須憑藉翅膀的雁陣；列陣作戰，雖氣氛緊張，但並無雲般聚集的殺氣。枰上談兵，既關謀略，從中能體會孫子、吳起的兵家之意，又別有意趣。「怡神靜俗氛」，既可以令人精神愉快，驅散世俗之氣。

　　唐太宗對弈棋的熱衷與研究之深，自然影響到社會各階層，特別是文士對博弈的態度。諸如弘文館學士許敬宗、劉子翼等人亦以棋詩來唱和，對博戲之推展開了一扇窗。

二、輔國賢臣藉博為喻，解決重大政治危機

　　武則天當政時非常喜歡雙陸，據《唐國史補》記載：

　　　　天后夢雙陸而不勝，召狄梁公說之。梁公對曰：宮中無子之像是也。
　　　　後人新意，長行出焉。〔註10〕

〔註8〕不著輯人，《翰林學士集》，《叢書集成續編》（台北：新文豐出版社，1989），
　　　　第113冊，頁423。
〔註9〕不著輯人，《翰林學士集》，《叢書集成續編》，第113冊，頁423。
〔註10〕唐・李肇，《唐國史補》，卷下，收入曹中孚校點，《唐五代筆記小說大觀》，

從日有所思，夜有所夢觀之，入夢者常為日常生活事物在腦海中所呈現與反映，武則天愛好玩雙陸，以至於連作夢都夢到雙陸，可見其愛雙陸之深。更甚者，還請教狄仁傑關於雙陸不勝的原因。狄仁傑巧妙地利用雙陸行制與博法，以「雙陸不勝，宮中無子之像」說之，最終，成功勸說武則天迎盧陵王回長安，解決重大的政治問題，因而傳為佳話。

此外，武則天不僅自己玩雙陸，而且也喜歡看朝臣和內寵們進行雙陸之戲。據唐・薛用弱《集異記》記載：

> 則天時，南海郡獻集翠裘，珍麗異常，張昌宗侍側，則天因以賜之，遂命披裘，供奉雙陸。宰相狄仁傑，時入奏事，則天令昇坐，因命仁傑與昌宗雙陸，狄拜恩就局。則天曰：「卿二人賭何物？」狄對曰：「爭三籌，賭昌宗所衣毛裘。」則天謂曰：「卿以何物為對？」狄因指所衣紫絁袍曰：「臣以此敵。」則天笑曰：「卿未知，此裘價逾千金，卿之所指為不等矣。」狄起曰：「臣此袍，乃大臣朝見奏對之衣，昌宗所衣乃嬖倖寵遇之服，對臣此袍，臣猶怏怏。」則天業已處分，遂依其說。而昌宗心赧神沮，氣勢索寞，累局連北，狄對御，就脫其裘，拜恩而出。至光範門，遂付家奴衣之，促馬而去。
> [註11]

武則天時，南海郡獻來一件集翠裘，此裘非常珍貴富麗。張昌宗侍奉在左右，武則天就把這件集翠裘賜給了他。武則天在狄仁傑前來奏事時，命張昌宗以集翠裘與狄仁傑身上紫色臣袍為賭，進行雙陸。聽聞狄仁傑辭嚴義正之後，張昌宗感到羞赧沮喪，氣勢不振，連連敗北。最終脫下集翠裘交給狄仁傑，狄仁傑拜謝武則天離去。走到光范門，狄仁傑即把集翠裘送給一個家奴穿上，策馬而去。由此可知，狄仁傑為官廉政，不貪物欲，更善於利用雙陸因時制宜，一方面給與武則天政治上的勸諫，另一方面給予佞臣一番教訓。

由上二則記載可知，武則天統治時期曾於宮廷內專門設有供奉雙陸者，雙陸玩家通常需以錢或財物作為賭注，故而帶有賭博性質。在武則天的帶頭之下，朝野上下以打雙陸為尚，因而有「博戲之中，長行（雙陸）最盛」之說。另據《記纂淵海》記載：

頁 197～198。另據《新唐書》，卷 115，〈狄仁傑傳〉亦有相關記載。

〔註11〕 唐・薛用弱，《集異記》（浙江：古籍出版社，1984），卷 2，頁 107。

> 武后自置九勝局，形如雙陸，其頭加千萬二彩，其子三十，令文武
>
> 官分朋爲此戲。〔註12〕

武則天曾仿雙陸而創制「九勝局」，比雙陸多出「千」、「萬」二彩，使用三十枚棋子，並且明令朝野臣民習玩。由此可知，武則天不僅熱愛博戲，更對博戲的推廣居功厥偉。

「上有所好，下必甚焉」，皇帝喜行雙陸之戲，則宮人與統治階級亦如是。武則天喜愛長行，影響所及朝中宰相王及善、豆盧欽望亦善於長行。據《太平廣記》記載：

> 唐狄仁傑倜儻不羈，……時王及善、豆盧欽望，拜左右相。仁傑以
>
> 才望時議歸之，頗冀此命。每戲王豆盧，略無屈色。王豆盧俱善長
>
> 行，既拜，謂時宰曰：「某無材行，濫有此授。」狄謂曰：「公二人
>
> 並能長行，何謂無材行。」……二公強笑，意亦悒悒。〔註13〕

狄仁傑性格倜儻而不受拘束，當時王及善、豆盧欽望頗得欽望，拜爲左右相。拜官之日，二人曾假意謙虛說：「某無材行，濫有此授。」狄仁傑聽聞後，以「公二人並能長行，何謂無材行。」嘲諷一番。可見，狄仁傑雖善於雙陸，但並不贊成沉迷於雙陸，更不恥因雙陸而拜官者。

三、「買鬼之戲」，宮中博戲之盛

一般外界認爲，諫議大夫應是公正而嚴謹，應與骰子等投機取巧或是迷信鬼神之事不發生關聯。然而，在唐代，除了一般統治階級之外，諫議大夫亦參與博戲行列之中。高承於《事物紀原》中記載道：

> 世傳唐武后初，諫議大夫明崇儼能役鬼物，其微時人嘗與博。凡擲
>
> 投子，必使鬼物持其采，應呼而成，隨其所欲也。後人因此爲買鬼
>
> 之戲就中彩名其通天火通之類云，亦當時所役之物名也。〔註14〕

武則天之諫議大夫明崇儼未作官時，曾與人博戲，當明崇儼擲骰之時，鬼即暗中幫助他。明崇儼呼何彩名，鬼即讓其擲出的骰子成什麼彩。後人將此種以鬼助賭的行爲稱爲「買鬼之戲」。諫議大夫博戲如此，宮中博戲之風可想而知。

〔註12〕宋・潘自牧，《記纂淵海》，卷88，〈博奕部・雙陸〉（台北：正光書局，1976），頁5700。

〔註13〕宋・李昉，《太平廣記》），卷254，〈嘲誚二・狄仁傑引・御史台記〉，頁1976。

〔註14〕高承，《事物紀原》（台北：臺灣商務印書館，1971），卷9，〈買鬼〉，頁349。

四、皇帝在旁點籌，宮闈穢亂

一國之尊之皇帝，允許皇后與大臣於御床中玩雙陸，這在中國歷史上是絕無僅有的。據《舊唐書》記載：

> 帝在房州時，常謂后曰：「一朝見天日，誓不相禁忌。」及得志，受
> 上官昭容邪說，引武三思入宮中，升御牀，與后雙陸，帝爲點籌，
> 以爲歡笑，醜聲日聞于外。〔註15〕

上官婉兒與武三思私通，所以偏袒武氏，她又向韋后推薦武三思，將武三思領進宮中，唐中宗於是開始與武三思商議政事，張柬之等人從此都受到了武三思的遏制。更有甚者，唐中宗讓韋后與武三思一起玩雙陸，自己卻坐在一旁爲他們點籌計算輸贏。受此事影響，武三思開始與韋后私通，武氏的勢力因此又強大起來。宮闈穢亂之情，可見一斑。武三思荒唐博戲不止這一椿，另據《資治通鑑》記載：

> 時武三思、張易之兄弟用事，安石數面折之。嘗侍宴禁中，易之引
> 蜀商宋霸子等數人在座同博。安石跪奏曰：「商賈賤類，不應得預此
> 會。」顧左右逐出之，座中皆失色；太后以其言直，勞勉之，同列
> 皆歎服。〔註16〕

當武三思和張易之兄弟執掌朝政時，韋安石屢次當面駁斥他們。有一次韋安石在宮中陪武則天用膳，見張易之帶蜀地富商宋霸子等幾個人一起博戲，便向武則天跪拜奏道：「商賈賤類，不應得預此會。」於是韋安石將這幾個人趕出去，在座的臣僚們都嚇得變了臉色。由於韋安石敢於直言規諫，武則天特意對他表示慰勞與嘉勉，韋安石的同僚也因此對他十分欽佩。

五、博戲中，顯現唐代君臣間的分際與帝王政權的控制能力

博戲勝負乃平常事，但是對於國君則「茲事體大」，因此，帝王之愛妻、寵臣們對於博戲過程中的臨機反應，常適時發揮功效。據《開元天寶遺事》記載：

> 一日，明皇與親王棋，令賀懷智獨奏琵琶，妃子立於局前觀之。上欲
> 輸次，妃子將康國猧子放之，令於局上亂其輸贏。上甚悅焉。〔註17〕

〔註15〕後晉・劉昫，《舊唐書》，卷51，〈后妃上・中宗韋庶人〉，頁2172。
〔註16〕宋・司馬光，《資治通鑑》，卷207，〈唐紀23〉，頁4〜5。
〔註17〕五代・王仁裕，《開元天寶遺事》，卷下，〈猧子亂局〉，頁26。亦見於段成式，

玄宗與親王博棋欲輸局時，妃子故意將康國猧子放下，讓牠在棋局上四處撒野，將輸贏打亂，使棋局不得不終止，玄宗看此情形甚是高興。除了康國猧子解除玄宗輸局困境之外，白鸚鵡在玄宗賭局中也佔一重要地位。據《明皇雜錄》記載：

> 上每與貴妃及諸王博戲，上稍不勝，左右呼雪衣娘，必飛入局中鼓舞，上六字《六帖》作「即飛至將翼。」以亂其行列，或啄嬪御及諸王手，使不能爭道。〔註18〕

玄宗、楊貴妃與諸王進行博戲，每當玄宗快要輸局時，左右即會呼喚雪衣娘，而雪衣娘必定會飛入棋局中鼓舞，或將棋局打亂，或啄嬪御及諸王的手，讓他們無法再進行棋局。因此，棋局不得不就此結束，玄宗亦無輸局之窘。

　　博戲過程因爭道或言語交鋒，在歷史上均曾發生過因而喪失自身性命，甚至抄家滅族者。但玄宗在棋局將輸之際，或以猧子亂局，或因白鸚鵡局中亂其行列，非但無因此喪失性命或引起內亂，而且卻成為歷史上的記趣一樁，顯示出唐代君臣間的分際與帝王政權的控制能力。

　　唐玄宗不僅喜歡樗蒲，更酷愛鬥雞。據李白《送竇司馬貶宜春》詩云：「天馬白銀鞍，親承明主歡。鬥雞金宮裡，射雁碧雲端。〔註19〕」玄宗專門設立一處「雞坊」，裏面有各地挑選出來的一千餘隻雄健的公雞，並從軍中選出五百名小兒派到雞坊裏去，負責餵養和訓練這些鬥雞。據《東城老父傳》記載：

> 長安雄雞，金毫鐵距，高冠昂尾，千數養於雞坊。選六軍小兒五百人，使馴擾教飼。上之好之，民風尤甚。諸王世家外戚家貴主家侯家，傾帑破產市雞以償雞值，都中男女以弄雞為事，貧者弄假雞。帝出遊，見昌弄木雞……召試殿庭，皆中元宗意，即日為五百小兒長。……當時天下號為神雞童。時人為之語曰：「生男不用識文字，鬥雞走馬勝讀書。賈家小兒年十三，富貴榮華代不如。能令金距期勝負，白羅繡衫隨軟輿。父死長安千裏外，差夫持道挽喪車。」〔註20〕

《酉陽雜俎》，前集卷1，〈忠志〉，《唐五代筆記小說大觀》（上海古籍出版社，2000），頁559。

〔註18〕唐・鄭處誨，《明皇雜錄》（北京：中華書局，1997），頁58。

〔註19〕唐・李白，《李太白全集》（北京：中華書局，1977），頁799。

〔註20〕唐・陳鴻祖，《東城老父傳》，收錄在清・董誥等奉敕編、清・陸心源補輯拾遺，《全唐文及拾遺》（台北：大化書局，1987），卷720，頁7412～7414。

盛唐時期，鬥雞皆規模龐大，呈現鬥雞風氣之盛。十三歲的賈昌不僅善馴鬥雞，而且亦善鬥雞，被玄宗任命爲皇家雞坊五百小兒長，不僅威風凜凜，更是俸祿豐厚。此舉使得長安居民紛紛仿效，故而有「生兒不用識文字，鬥雞走馬勝讀書」的民謠產生，足見玄宗時期鬥雞風氣之盛。

唐代的鬥雞固然屬於博戲，然而，「當年重意氣，先占鬥雞場」〔註21〕，「日日鬥雞都市裡，贏得寶刀重刻字」〔註22〕，也反映了唐人任俠使氣的風尚，展示了唐代青年爭勇好勝的時代風貌。可以說，從一個側面映現出「盛唐氣象」。〔註23〕

不僅玄宗有鬥雞癖好，唐代諸皇帝、諸王等酷愛鬥雞者不乏其人。「上之好之，民風尤甚。」重臣、寵倖及豪俠等也多以鬥雞爲務，開民間鬥雞風氣。可見，皇帝之所好對人民的影響至大，甚至影響整個國家的價值觀與發展至鉅。鬥雞爲當時普遍的娛樂活動，因此，文士們以鬥雞爲題者，比比皆是。

除了鬥雞之外，博戲時使用的骰子中「四點塗紅」，乃玄宗與楊貴妃行骰子戲之結果。據宋・樂史《楊太眞外傳》中記載：

> 上與妃采戲，將北，唯重四轉敗爲勝。連叱之，骰子宛轉而成重四，
>
> 遂命高力士賜緋，風俗因而不易。〔註24〕

唐玄宗與楊貴妃行骰子戲，第三擲時楊貴妃佔上風，玄宗唯有擲出重四才得以轉敗爲勝。玄宗投擲骰子時邊吆喝「重四」，骰子旋轉良久，最終果眞擲出重四而險勝楊貴妃，玄宗一時龍顏大悅，御口親封「賜緋」，將骰子之四點這一面塗紅，沿襲至今。

但是，宋・程大昌《演繁露》中則認爲，帶紅點的骰子是由開始制作，因爲溫庭筠〈南歌子〉中描述道：

> 井底點燈深燭伊，共郎長行莫圍棋。玲瓏骰子安紅豆，入骨相思知
>
> 不知。〔註25〕

〔註21〕 中華書局校訂，《全唐詩》卷367，〈張仲素・春遊曲〉，頁4188。

〔註22〕 中華書局校訂，《全唐詩》卷381，〈張籍・少年行〉，頁4276。

〔註23〕 韓養民、李志慧等著，《中國民俗史・隋唐卷》（北京：人民出版社，2008），頁553。

〔註24〕 宋・樂史，丁如明輯校，《楊太眞外傳・卷下》（上海：古籍出版社，1985）。另據清・董康《曲海總目提要・燕青博魚》記載：「明皇與貴妃采戲，將北，惟重四可轉。上連呼叱之，骰子轉成重四。上悅，賜四緋也。」（南京：南京大學出版社，2003），卷1，頁46。

〔註25〕 溫庭筠，清・曾益等選箋注，《溫飛卿詩集箋注》（上海：古籍出版社，1998），

溫庭筠藉詠嘆長行骰子，以諧音雙關表達對妻子的愛堅貞不移，足見夫妻感情之深。但是，倘若真把四顆紅豆嵌在骰子面上，那麼這顆骰子將如核桃般大。因此，當如《楊太眞外傳》所云爲是。

六、度之郎才，平步青雲

　　玄宗時期權勢浩大的楊國忠，可說是依靠博戲而興起的。據《舊唐書・楊國忠傳》記載：

> 國忠無學術拘檢，能飲酒，蒱博無行，爲宗黨所鄙。……太眞妃，即國忠從祖妹也。天寶初，太眞有寵，劍南節度使章仇兼瓊引國忠爲賓佐，旣而擢授監察御史。去就輕率，驟履清貫，朝士指目嗤之。
> 〔註26〕

楊國忠是楊貴妃的遠房兄弟，自幼即嗜賭如命，親戚們因而看不起他而不願與之交往。當楊國忠流浪到長安時，正是唐玄宗荒於政事而迷於樗蒲博戲之時。唐玄宗得知楊國忠善樗蒲而召見他，並任命爲金吾兵曹參軍、閑廐判官，專門爲玄宗負責管理賭帳。據《新唐書》記載：

> 言國忠善摴蒲，玄宗引見，擢金吾兵曹參軍、閑廐判官。兼瓊入爲戶部尚書兼御史大夫，用其力也。國忠稍入供奉，常後出，專主蒲簿，計算鉤畫，分銖不誤，帝悅曰：「度支郎才也。」累遷監察御史。
> 〔註27〕

楊貴妃的族兄楊國忠因善博而入侍宮中，並把玄宗的賭賬整理得有條不紊，而被玄宗稱讚「度支郎才也」，因而開始平步青雲於仕途。並且，楊氏兄妹亦經常以樗蒲遣興，陪玄宗遊戲，直到夜晚。鄭嵎〈津陽門詩〉中道：

> 上皇寬容易承事，十家三國爭光輝。繞床呼盧恣樗博，張燈達晝相
> 謾欺。相君侈擬縱驕橫，日從秦虢多遊嬉。〔註28〕

此詩極生動地描寫楊氏兄妹樗蒲時熱鬧的情景。此外，唐玄宗妹妹代國公主亦精通樗蒲。在駙馬鄭萬鈞〈代國長公主碑〉中即有云：「每樗蒲簺□棋□於盡得妙微。〔註29〕」亦清楚地描述代國公主精於樗蒲。玄宗朝官宦博戲之盛，

　　　卷9，〈集外詩〉，頁211。
〔註26〕後晉・劉昫等，《舊唐書》，卷106，〈楊國忠傳〉，頁3241～3242。
〔註27〕北宋・歐陽修、宋祁等，《新唐書》，卷206，〈楊國忠傳〉，頁5837。
〔註28〕中華書局校訂，《全唐詩》，卷567，頁6562。
〔註29〕清・董誥等奉勒編、清・陸心源補輯拾遺，《全唐文及拾遺》，卷279，〈鄭萬

乃因玄宗沉迷於聲色之惑，以致多不視朝之故。因此，李白在〈宮中行樂詞．
其八〉詩中云：

> 素女鳴珠佩，天人弄綵毬。今朝風日好，宜入未央遊。〔註30〕

李白以詩作諷其輟遊宴之樂，而臨政視事於未央。李白言於此，意於彼，頗
有譎諫之風。唐玄宗除了喜歡鬥雞之外，各種博戲亦頗爲擅長，樗蒲、雙陸
戲等均極爲精通。沉迷博戲的結果，荒於政事，導致安史爲亂，唐代開始走
向衰敗之路。此外，，李白在〈答王十二寒夜獨酌有懷〉詩中亦云：

> 人生飄忽百年內，且須酣暢萬古情。君不能狸膏金距學鬥雞，坐令
> 鼻息吹虹霓。不能學哥舒橫行青海夜帶刀，西屠石堡取紫袍。〔註31〕

李白反對以武力屠殺來邀功，無奈志士才人受到打壓無法以學識濟天下。因
此藉此詩感慨賢愚顛倒、佞幸小人得勢、是非混淆的現實。鬥雞徒爲了投皇
帝所好，挖空心思，出奇爭勝的醜惡行徑，以及得寵雞童驕橫愚蠢的醜態都
躍然於紙上。

　　在此，李白以名將哥舒翰和鬥雞徒相比擬，並加以諷刺與貶抑。這樣從
另一方面反映出傳統社會中，對於飲酒、博戲總認爲是「無行」標誌。到了
唐文宗當政時，每當外任官員臨行時總要以「豈有好之而無妨也！〔註 32〕」
諄諄告誡。

七、以博斷獄，勝則免，不勝則死

　　官宦、貴族們博戲，除了休閒娛樂、藉機利益輸送的功能之外，甚至還
曾以博戲作爲決獄的方式。據《新唐書》記載：

> 凡民訟，（董昌）不視獄，但與擲博齒，不勝者死。用人亦取勝者。
> 〔註33〕

唐末之時，董昌官封義勝軍節度使、同平章事，用法嚴峻，但卻曾以擲骰方
式作爲決獄。當百姓於官府爭訟時，董昌既不聽取雙方證據，亦不調查研究，
竟讓爭訟當事人以擲骰子方式決定。勝者贏得官司，不勝者即處以極刑。非

　　　　鈞・代國長公主碑〉，頁 2826。
〔註30〕唐・李白，清・王琦注，《李太白全集》（北京：中華書局，1977），頁 302～
　　　　303。
〔註31〕中華書局校訂，《全唐詩》，卷 178，頁 1820～1821。此詩蕭士贇疑是偽作。
〔註32〕後晉・劉昫等，《舊唐書》，卷 17 下，〈文宗紀〉，頁 580。
〔註33〕北宋・歐陽修、宋祁等，《新唐書》，卷 225，〈逆臣董昌傳〉，頁 6467。

但如此，董昌用人任官，亦以擲骰決定，如此作法讓人啼笑皆非。官宦博戲荒唐事不只如此，另據《新唐書》記載：

> 崔顥者，亦擢進士第，有文無行。好蒲博，嗜酒。娶妻惟擇美者，
> 俄又棄之，凡四五娶。終司勳員外郎。〔註34〕

崔顥雖及進士第，但是有文采卻無品行。喜好蒲博活動、好飲酒。娶妻只選貌美者，但娶後不久又休棄之，前後娶了四、五任妻子，然能官拜司勳員外郎。另據《舊唐書》記載：

> 雖琚州伯，與佐官、胥吏、酋豪連榻飲謔，或樗蒲、藏鉤以爲樂。
> 〔註35〕

王琚雖爲玄宗時的功臣，但因貪污受賄、奢侈腐敗，被貶爲地方官。擔任州伯時，仍常與佐官、胥吏、酋豪等連榻飲謔，並且以樗蒲、藏鉤爲樂。

八、宋璟無私，政治氣象一新

　　宴飲、歡娛乃人之常情，唐代蒲酒活動在官員中極爲盛行，本無可厚非，但若因而影響國家安全與穩定，則必須採取相對應的手段。唐代宰相宋璟於擔任殿中侍御史時，即負責糾察百官、整肅風紀。據《新唐書》記載：

> 贊曰：姚崇以十事要說天子而後輔政，顧不偉哉，而舊史不傳。觀
> 開元初皆已施行，信不誣已。宋璟剛正又過於崇，玄宗素所尊憚，
> 常屈意聽納。故唐史臣稱崇善應變以成天下之務，璟善守文以持天
> 下之正。〔註36〕

當時朝野嗜博賭財，武則天常於宮中聚賭，其他擔任中央監察機關的御史台亦常公然在公署內行博戲，宋璟對此現象非常痛恨。他鐵面無私、不趨炎附勢，只要發現同僚於御史台內博戲者，均一律降其官職直至削職爲民。因此，御史台內再無人博戲了。另據《新唐書》記載：

> 王翰……少豪健恃才，及進士第，然喜蒲酒。張嘉貞爲本州長史，
> 偉其人，厚遇之。翰自歌以舞屬嘉貞，神氣軒舉自如。張說至，禮
> 益加。復舉直言極諫，調昌樂尉，又舉超拔羣類。方說輔政，故召
> 爲祕書正字，擢通事舍人、駕部員外郎。家畜聲伎，目使頤令，自

〔註34〕北宋・歐陽修、宋祁等，《新唐書》，卷203，〈崔顥傳〉，頁5780。
〔註35〕後晉・劉昫等，《舊唐書》，卷106，〈王琚傳〉，頁3251。
〔註36〕北宋・歐陽修、宋祁，《新唐書》，卷124，〈宋璟傳〉，頁4395。

視王侯，人莫不惡之。說罷宰相，翰出爲汝州長史，徙仙州別駕。

日與才士豪俠飲樂游畋，伐鼓窮歡，坐貶道州司馬，卒。〔註37〕

王翰少年即恃才豪健，後來進士及第，喜愛博戲與飲酒，亦常直言極諫。得到并州長史張嘉貞與張說的提拔，從調昌樂尉、祕書正字、通事舍人、駕部員外郎、汝州長史，仙州別駕，官運亨通。最後因縱情宴樂游畋，貶爲道州司馬。可見，唐代雖然自由與開放，游藝與宴樂活動盛行，但若一味縱情窮歡，影響政務，亦可能因之貶官。

九、擊球狀元，以球封三川

玄宗之後的帝王們，喜愛博戲者大有人在。例如，僖宗在位期間，政事全交給宦官田令孜掌握，自己卻肆無忌憚地遊樂，尤喜歡鬥雞、賭鵝、騎射、劍槊等。當時災害連年，人民生活困苦，官員盤剝沉重。據《資治通鑑》記載：

> 上（僖宗）好騎射、劍槊、法算，至於音律、蒲博，無不精妙；好
> 蹴鞠、鬥雞，與諸王賭鵝，鵝一頭至直五十緡。尤善擊球，嘗謂優
> 人石野豬曰：「朕若應擊球進士舉，須爲狀元。」對曰：「若遇堯、
> 舜作禮部侍郎，恐陛下不免駁放。」上笑而已。度支以用度不足，
> 奏借富戶及胡商貨財。〔註38〕

唐僖宗在位之時正值多事之秋，甚至兩次被迫入蜀避難，但是僖宗仍不知勵精圖治，卻仍沉迷於鬥雞走狗、樗蒲、蹴鞠等博戲之中。僖宗曾與諸王賭鵝，鵝一頭有值五十緡者，賭注之大可見一斑。甚至曾與石野豬說：「朕若應擊球進士舉，應可得狀元。」可見僖宗對擊球極爲熱衷。以致於入不敷出，必須與富戶和胡商借貨財，但是，僖宗荒唐事不只這一樁。據《太平廣記》記載：

> 敬瑄與楊師立、牛勖、羅元杲以打球爭三川，敬瑄獲頭籌。〔註39〕

唐僖宗時，西川節度使出缺。覬覦這一位置的大臣有陳敬瑄、師立、牛勉、羅元果等人。當時朝野風行踢球，無法可想的唐僖宗，就讓四人就各自表演踢球本領。陳敬瑄獲頭籌，成爲西川節度使。以與政務能力不相關的踢球本領決定節度使，可見唐僖宗主政時的荒誕無稽，國政因而日漸衰敗。

〔註37〕北宋‧歐陽修、宋祁等，《新唐書》，卷202，〈王翰傳〉，頁5759。

〔註38〕宋‧司馬光，《資治通鑑》，卷253，〈唐紀僖宗〉，頁734。

〔註39〕宋‧李昉、李穆、徐鉉等編纂，《太平廣記》，卷289，〈妖妄‧陳僕射〉，頁2302。

十、「豈有好之而無妨」，文宗禁博

唐代博風盛行，造成社會風氣沉迷於博戲與賭風之中，但仍有皇帝當朝時採取明確的禁止措施，其中，文宗皇帝即對博戲活動採取禁止態度。據《舊唐書》記載：

> 中書用鴻臚卿張賈爲衢州刺史，賈好博，朝辭日，帝謂之曰：「聞卿善長行。」對曰：「政事之餘，聊與賓客爲戲，非有所妨。」帝曰：「豈有好之而無妨也！」內外聞之悚息。……雜戲人弄孔子，帝曰：「孔子，古今之師，安得侮瀆。」亟命驅出。〔註40〕

衢州刺史張賈喜愛博戲，赴任前與文宗辭別。文宗聽聞張賈所云：「政事之餘，聊與賓客爲戲，非有所妨」而大怒。內外官員得知之後，無不引以爲鑑而戒愼恐懼。另外，有一次雜戲之人以孔子爲戲，文宗便命令將雜戲之人驅逐出去。由此可見，文宗不容官員因博戲而荒廢政務，而且，不容雜戲之人污辱、戲謔孔子。政治上之作爲可見一斑。

儘管博戲風氣在文宗時受到了限制，但是博戲活動至唐武宗時，卻不僅產生質變，更對社會產生負面影響。因此，唐武宗會昌三年時，京兆尹（盧弘）上奏朝廷，須採取必要手段加以遏制。據《唐會要》記載：

> 兩坊市閭行不事家業，黥刺身上，屠宰豬狗，酗酒鬥打。及倩構關節，下脫錢物，捋蒱賭錢人等。伏乞今後如有犯者，許臣追捉。若是百姓，當時處置。如屬諸軍諸使禁司，奏聞。從之。〔註41〕

從京兆尹奏文中可知，武宗時兩坊街市多不從事家業者，卻多酗酒鬥毆、行樗蒱賭錢之人等，京兆尹希望武宗能准許追緝上述爲非作歹之人。從事者若爲百姓，即當處置，藉以整頓治安，並針對宦官集團亂政所採取的必要手段。唐武宗當即批准了奏摺。儘管如此，唐武宗仍恣情淫欲，嬉荒無度，因此，禁賭行同虛設。因此，李商隱於〈隋宮〉一詩中有云：

> 乘興南遊不戒嚴，九重誰省諫書函？春風舉國裁宮錦，半作障泥半作帆。〔註42〕

李商隱藉隋煬帝逸樂奢侈、不問國事，以至國家滅亡，諷刺唐武宗荒廢朝政、

〔註40〕後晉·劉昫等，《舊唐書》，卷17下，〈文宗紀〉，頁580。

〔註41〕宋·王溥，《唐會要》（日本京都：中文出版社，1978），卷67，〈京兆尹〉，頁1188。

〔註42〕唐·李商隱，葉蔥奇疏注，《李商隱詩集疏注》（北京：人民文學出版社，1985），卷上，頁153。

浪費民力、沉迷女色，必將步上隋煬帝後塵。

　　雖然，唐代有《唐律疏議》的禁賭條文，又有文宗明確地採取禁賭措施，但是，唐代博戲之風至唐末更盛，故而亂臣賊子對外假博戲之名宣稱昭儀弒君。據《舊唐書》記載：

> 天祐元年八月十二日，昭宗遇弒。……己酉，矯制曰：「昭儀李漸榮、河東夫人裴貞一，今月十一日夜持刃謀逆，懼罪投井而死，宜追削爲悖逆庶人。」蔣玄暉夜既弒逆，詰旦宣言於外曰：「夜來帝與昭儀博戲，帝醉，爲昭儀所害。」歸罪宮人，以掩弒逆之跡。〔註43〕

中唐以前，朝臣任「使」者固多，卻甚少見宦官任「使」職者；到了玄宗朝之後，宦官擔任「使」職漸多。宦官假藉「使」職，遂由宮中侍役身份進而干預外朝政務。唐代宦官法定職掌雖始終未變，但其權勢卻不斷在擴增。唐代自玄宗以後，宦官權勢日盛，弄權干政，弒君立君，使士大夫對宦官產生極大反感而謀除宦官，甘露之變即士大夫謀除宦官之事件。甘露事變之後，宦官氣燄更盛，中央政府完全控制在宦官手中，迫脅天子，下視宰相，凌暴朝士如草芥，一切決策操之宦官，天子爲傀儡，宰相但行文書而已。〔註44〕

　　昭宗在何皇后殿內，樞密使蔣玄暉謀反，夫人裴貞、昭儀李漸榮均被其黨羽殺害。蔣玄暉假造詔令，稱李漸榮、裴貞一夜晚與昭宗博戲，並謀殺昭宗，並藉機改立輝王李柷爲皇太子，代理軍國政事。又假傳皇后令，讓太子於靈柩前即位。宦官干政的結果，終使唐帝國走入終點。

　　綜上所述，帝王們位高權重，因此，其博戲的樣貌可謂多姿多采，不勝枚舉。舉凡將博戲與政治作爲搭上關係，奪權掌政；以博爲喻，期盼大臣能如博戲時的率性輔政；帝王們對博戲的熱衷與研究，無形中亦對博戲產生推升作用。至於皇宮中的賭寢，則是宮廷中的特殊文化；骰子賜緋，更非平民百姓所能成就，直至千百年後的今天亦甚受影響。帝王們迷戀百戲、博戲，在推波助瀾的情形下，大臣百姓群起效尤，進而產生「鬥雞走馬勝讀書」的畸形文化現象。

　　此外，博戲過程因爭道或言語交鋒，在歷史上均曾發生過因而喪失自身性命，甚至抄家滅族者。但玄宗在棋局將輸之際，或以猧子亂局，或因白鸚鵡局中鼓舞解危，非但無因此喪失性命或引起內亂，而且卻成爲歷史上的記

〔註43〕 後晉・劉昫等，《舊唐書》，卷20下，〈哀帝紀〉，頁786。
〔註44〕 王壽南，《唐代的宦官》（台北：台灣商務印書館，2004），頁20～21、48～56。

趣一樁，顯示出唐代君臣間的分際與帝王政權的控制能力。

縱然如此，若帝王嗜博，卻不知適時調理朝政，或將導致朝政紊亂，這是爲政者所不能不知曉，而必須加以警惕的。

第二節　社交活動的博戲文化

社交活動常在宴樂中進行，而百戲、博戲在宴樂中扮演極爲重要的角色。這樣的情況，遠從先秦時代即有之。隋代時，博戲在社交活動中十分普遍，據王績〈三日賦・并序〉云：

> 余以大業四年，獲遊京邑，暮春三月，蟄騁娛遊，……同博奕之猶賢，取波流之順俗……戲分群聚，人多座促。爭梟帝女之壺，鬥彩曹王之局。六博退而梟盡，撂蒱停而馬足。新投素卵，始泛元醪。洞簫徐引，仙瑟對操。喧趙琴而弦急，促秦箏而柱高。連歌合舞，節鼓鳴韶。〔註45〕

詩人王績在長安，見士女盈川，車馬雲集，六博相互爭道，樗蒱競鬥五木，伴以琴瑟，遊戲歡娛之情樂融融。王績描述唯妙唯肖，熱鬧非凡，亦當爲遊藝、博戲愛好者。

在唐代的社交活動中，博戲亦扮演著極爲重要的角色，據薛恬〈戲樗蒱頭賦〉中有云：

> 在眾藝兮所尚，伊樗蒱兮自久。招邯鄲少年，命諸萬新友，分曹列席，促樽舉酒。……終日莫閒，連宵戰酣。……別有膏粱之子，縉紳之客，時爲此物，以代支策。初一擬而純盧，忽連呼而成白，相顧則笑，泯然無隙。請傾耳而側目看後來之一擲。〔註46〕

賦中描述在眾多活動當中，樗蒱流傳最久遠，而最令人癡迷。尤其在宴飲場合，不論是膏粱之輩，或是縉紳之客，均通宵達旦地進行樗蒱之戲。呼盧喝雉，歡愉至極，反映出社會樗蒱成風的情形。另據劉禹錫〈和牛相公游南莊醉后寓言戲贈樂天〉詩亦云：

> 城外園林初夏天，就中野趣在西偏。薔薇亂髮多臨水，鸂鶒雙遊不

〔註45〕清・董誥等奉勒編、清・陸心源補輯拾遺，《全唐文及拾遺》（台北：大化書局，1987），卷131，〈王績・三日賦并序〉，頁1315。

〔註46〕清・董誥等奉勒編、清・陸心源補輯拾遺，《全唐文及拾遺》（台北：大化書局，1987），卷959，〈薛恬《戲樗蒱頭賦》〉，頁9954。

避船。水底遠山雲似雪，橋邊平岸草如煙。白家唯有杯觴興，欲把
頭盤打少年。〔註47〕

詩中所描寫的即是宴集時以「頭盤」爲戲的景象，說明當時常將宴飲、博戲
與賭博等緊密地連結在一起。

一、統治階級之社交活動與博戲文化

　　宴飲、歡娛乃人之常情，唐代蒲酒活動在官員中極爲盛行，在眾多博戲
中，以「雙陸」（長行）爲盛。唐太宗李世民就是一個雙陸高手，女皇帝武則
天行雙陸之戲更是到了如癡如醉的地步。在宮廷風氣的影響下，雙陸在唐代
盛極一時，不僅是人們日常消閒娛樂的主要方式之一，也是常見的賭博手段。
當時，宮中雙陸之戲的賭注可爲佩刀、玉帶等，並不限於金錢。

　　唐代宮中博戲較爲興盛者爲唐太宗、武則天及唐玄宗三朝。唐太宗喜愛
玩樗蒲博戲，據《朝野僉載》記載：

> 文武聖皇帝微時，與無礙蒲戲爭彩，有李陽之宿憾焉。帝登極，礙
> 藏匿不出。帝令給使將一鷂子於市賣之，索錢二十千。礙不知也，
> 酬錢十八貫，給使以聞。帝曰：「必王無礙也。」遂召至，惶懼請
> 罪。帝笑賞之，令於春明門待諸州麻車三日，並與之。礙坐三日，
> 屬灞橋破，唯得麻三車，更無所有。帝知其薄命，更不復賞。頻請
> 五品，帝曰：「非不與卿，惜卿不勝也。」固請，乃許之，其夜遂
> 卒。〔註48〕

太宗即位前，與王無礙博戲爭輸贏，而有李陽之宿的遺憾。太宗登位之後，
王無礙就躲了起來。太宗設計謀將王無礙召到皇宮，王無礙因感惶恐而前往
請罪。但太宗不僅沒有責罰王無礙，反而賞賜他三天各州的貢品，結果王無
礙卻只等到三車的麻。太宗知道他命薄，因此沒有再加以賞賜。但王無礙卻
請求做五品官，太宗以「非不與卿，惜卿不勝也」拒絕。然而在王無礙不斷
請求下，太宗最後同意了。想不到，當天晚上王無礙便去世了。對於李陽之
宿樗蒲的遺憾，王無礙害怕因而受太宗懲處，但太宗非但不責罰他，反而賞
賜他，可見太宗對樗蒲博戲時的種種行爲不甚在意。

　　另據唐・劉餗《隋唐嘉話》記載：

〔註47〕中華書局校訂，《全唐詩》，卷360，頁4072～4073。
〔註48〕唐・張鷟，《朝野僉載》（北京：中華書局，1985），卷6，頁85。

> 薛萬徹尚丹陽公主，太宗嘗謂人曰：「薛駙馬村氣。」主羞之，不與
> 同席數月。帝聞而大笑，置酒召對，握槊，賭所佩刀子，佯爲不勝，
> 解刀以佩之。罷酒，主悅盛，薛未及就馬，遽召同載而還，重之逾
> 于舊。〔註49〕

丹陽公主下嫁薛萬徹，公主常以薛萬徹駑鈍而感到羞恥，因此連續好幾個月
不與他同床。唐太宗聽聞之後，以佩刀作爲賭注，召集高祖諸婿與薛萬徹進
行握槊，大家知悉太宗用意，因此故意輸給薛萬徹，於是唐太宗將佩刀贈與
薛萬徹。此時薛萬徹風光得意而自信倍增；其他姐妹及夫婿目光中不時流露
出失落和嫉妒的神情；而丹陽公主因丈夫在眾夫婿中出盡風頭，興奮、激動
之情難以掩飾。唐太宗藉握槊之戲，成功地調和了丹陽公主夫婦間的矛盾，
可見唐太宗不但擅長握槊，亦非常擅長安撫人心。

　　太宗時代的握槊（長行），除了有上述安撫人心功能之外，還曾成功地爲
太宗取得蘭亭集序珍品。據何延之〈蘭亭始末記〉云：

> 寒溫既畢，語議便合，（辯才和尚）因延（蕭翼）入房內，即共圍棋
> 撫琴，投壺握槊，談說文史，意甚相得。……蕭翼報云：「奉敕遣來
> 取〈蘭亭〉，〈蘭亭〉今得矣，故喚師來作別。」辯才聞語，哽絕良
> 久始蘇。翼便馳驛而發，至都奏御。太宗大悅。〔註50〕

太宗時的監察御史蕭翼善於握槊，藉由琴、棋、書、畫與博戲與辯才和尚交
遊。在取得辯才信任之後，從而用計爲太宗騙取辯才手中的王羲之書法珍品
〈蘭亭集序〉，蕭翼也因而獲得太宗的賞賜。

　　蒲酒雖可使人精神愉悅、豪氣干雲，但若沉溺於博戲、宴飲之中，輕則
導致破財誤事，重則家破人亡。故而常有一方面讚美嗜博與豪飲之行爲，另
一方面則將之視爲行爲的重大污點。據《資治通鑑》記載：

> 王世充將軍，丘懷義居門下內省，召越王君度、漢王玄恕、將軍郭
> 士衡雜妓妾飲博，侍御史張蘊古彈之。世充大怒，令散手執君度、
> 玄恕，批其耳數十；又命引入東上閣，仗之各數十。懷義、士衡不
> 問。賞蘊古帛百段。〔註51〕

〔註49〕唐・劉餗，《隋唐嘉話》，卷2，收入恒鶴校點，《唐五代筆記小說大觀》，頁
　　　　102。

〔註50〕清・董誥等奉勅編、清・陸心源補輯拾遺，《全唐文及拾遺》（台北：大化書
　　　　局，1987年3月），卷301，〈何延之・蘭亭始末記〉，頁3058～3061。

〔註51〕宋・司馬光，《資治通鑑》，卷187，〈唐紀・高祖〉，頁568～569。

王世充的將軍丘懷義在門下內省，與越王君度、漢王玄恕、將軍郭士衡及雜妓妾等暢飲與博戲，而遭到侍御史張蘊古的彈劾。世充大怒，將王君度、王玄恕各打數十下耳光，又下令帶入東上閣，各打幾十大板，而懷義、士衡不論處，並賞賜張蘊古帛布百段。可見，王世充亦反對府內聚眾暢飲博戲，並且，唐代御史張蘊古對於府內博戲之彈劾甚為積極。

在高宗當政時，王勃因年少有逸才，被高宗召為博士。據《舊唐書》記載：

> 勃六歲解屬文，構思無滯，詞情英邁，與兄勔、勮，才藻相類。父友杜易簡常稱之曰：「此王氏三珠樹也。」勃年未及冠，應幽素舉及第。乾封初，詣闕上宸遊東嶽頌。時東都造乾元殿，又上乾元殿頌。沛王賢聞其名，召為沛府修撰，甚愛重之。諸王鬥雞，互有勝負，勃戲為檄英王雞文。高宗覽之，怒曰：「據此是交構之漸。」即日斥勃，不令入府。〔註52〕

王勃因善作文章，年未及冠就已經名動朝野，並且被授予官職，可謂少年得志；但是，其人生轉折在為沛王門客時因一篇戲謔之文，引起高宗震怒，謂其文有「交構之漸」，將之罷黜。此時的王勃依然年輕，可謂少年失意。少年得志與轉瞬失意，這巨大的命運張力，對年輕的心靈來說相當殘酷，最終王勃在慘淡而近乎荒謬的落水悲劇中收場。由此記載中得知，唐高宗時諸王間行鬥雞之戲蔚成風氣。

在武則天當政時，樗蒲更可在唐朝宮廷內公開進行，據《舊唐書》記載：

> 每因宴集，則令嘲戲公卿以為笑樂。若內殿曲宴，則二張、諸武侍坐，樗蒲笑謔，賜與無算。〔註53〕

武則天當政，每次宴集，常以嘲弄公卿為樂；如果是內殿曲宴，則喜歡與張昌宗、張易之及武氏兄弟等進行樗蒲遊戲。武則天朝時樗蒲之盛，可見一斑。

婦女在中國博戲的發展過程中，佔著極為重要的地位。許多知名人物如武則天、楊貴妃都參與其中。婦女博戲之風最盛、最典型者當屬唐代後宮。據《舊唐書》記載：

> 以昌宗醜聲聞于外，欲以美事掩其跡，乃詔昌宗撰三教珠英於內。

〔註52〕後晉・劉昫，《舊唐書》，卷190上，〈王勃〉，頁5005。

〔註53〕後晉・劉昫等，《舊唐書》，卷 78，〈張行成傳附張易之、張昌宗傳〉，頁2706。

乃引文學之士李嶠、閻朝隱、徐彥伯、張說、宋之問、崔湜、富嘉

謨等二十六人，分門撰集，成一千三百卷，上之。〔註54〕

太后每次在內宮私宴，即召來武姓親貴、張易之和秘書監張昌宗一起飲酒、博戲、調笑。太后爲了掩蓋這種劣跡，便命令張易之、張昌宗和文學侍從李嶠在內宮編撰《三教珠英》。

　　除了武則天、唐玄宗之外，唐代皇帝多有熱愛參與百戲者。例如，順宗、穆宗在位期間，即常參與百戲、博戲活動。據《天中記》記載：

唐順宗在春宮日，甚好彈棋，時有吉達、高絨、崔同、楊同願之徒

悉爲名手。〔註55〕

當唐順宗仍爲太子時，特別喜愛彈棋之戲。當時有吉達、高絨、崔同、楊同願等彈棋高手，都曾應召與順宗進行彈棋，亦可見彈棋之戲在當時頗受歡迎。此時彈棋之戲，雙方棋子從各六子變爲各十二子。〔註56〕另據《舊唐書》記載：

宣制畢，陳俳優百戲於丹鳳門內，上（穆宗）縱觀之。丁亥，左神

策軍觀角抵及雜戲，日昃而罷。……自是凡三日一幸左右軍及御宸

暉、九仙等門，觀角抵、雜戲。……甲寅，御新成永安殿觀百戲，

極歡而罷。〔註57〕

穆宗熱愛百戲，在丹鳳門內陳俳優百戲，並且親自觀賞；甚至三日一幸，觀角抵、雜戲等。當永安殿落成之後，穆宗更於其內觀百戲，至歡且樂。唐時百戲中，鬥雞、蹴鞠等，均含有賭博成分。敬宗在位期間，亦常參與百戲活動。據《舊唐書》記載：

上（敬宗）御三殿，觀兩軍、教坊、內園分朋驢鞠、角抵。……九

月丁丑朔，大合宴於宣和殿，陳百戲。〔註58〕

敬宗曾上三殿，觀看兩軍、教坊、內園分隊進行驢鞠、角抵競賽。亦曾在宣和殿內，舉行百戲活動，可見敬宗亦喜愛百戲活動。

〔註54〕後晉・劉昫，《舊唐書》，卷78，〈張易之、張昌宗〉，頁2707。

〔註55〕明・陳耀文，《天中記》（上海：古籍出版社，1991），卷41，〈彈棋〉，頁966。

　　　～921

〔註56〕謝貴安，《君王游勒萬機——皇室娛樂》（武漢：華中理工大學出版社，1994），

　　　頁118。

〔註57〕後晉・劉昫等，《舊唐書》，卷16，〈穆宗紀〉，頁476。

〔註58〕後晉・劉昫等，《舊唐書》，卷17上，〈敬宗紀〉，頁521。

二、文士之社交活動與博戲文化

唐代是「詩」的全盛時期，不論是文士親自參與或是從旁觀察，透過文士詩文，均可以較完整地描繪出唐代社會風貌。據李白〈少年行，三首之三〉詩云：

> 君不見淮南少年遊俠客，白日毬獵夜擁擲。呼盧百萬終不惜，報讎
>
> 千里如咫尺。少年游俠好經過，渾身裝束皆綺羅。〔註59〕

李白此詩描寫淮南少年終日以毬獵與樗蒲爲樂，恰與薛恬〔註60〕描述邯鄲少年遊樂情形相似。足見唐代社會中，不分地域，樗蒲等博戲與遊樂均受到少年們的喜愛，甚至成痴狀態。詩中極生動地描述淮南少年對博戲的喜愛與豪氣，白天打球射獵，晚上呼盧喝雉，縱使一擲百萬，亦不會感到遲疑與可惜。可見，唐代淮南地區的少年博戲風氣極盛，而且賭注亦極爲龐大。此亦爲唐代統治階級貴族公子遊俠們，生活行徑的最佳寫照。

除了鬥雞之外，李白寫下許多關於六博的詩作，顯見李白對六博亦極爲熟悉。在其〈猛虎行〉中有云：

> 有時六博快壯心，繞床三匝呼一擲。〔註61〕

李白生動地描述行六博者的雄心壯志，以及擲出貴彩時的得意之情。在〈送外甥鄭灌從軍〉中亦云：

> 六博爭雄好彩來，金盤一擲萬人開。丈夫賭命報天子，當斬胡頭衣
>
> 錦回。〔註62〕

李白的外甥鄭灌即將從軍，李白在筵席上藉六博爲喻，期盼外甥能如行六博般博得好采，一帆風順，衣錦還鄉。另外，在其〈少年行・三首之一〉詩中云：

> 少年負壯氣，奮烈自有時。因擊魯句踐，爭博勿相欺。〔註63〕

少年們耿介又豪氣，博戲時常以君子之爭，不會如魯句踐與荊軻博戲，卻於爭道過程中，魯句踐怒斥荊軻，導致荊軻嘿然逃去。此外，據岑參〈玉門關蓋將軍歌〉詩云：

> 野草繡窠紫羅襦，紅牙縷馬對樗蒲，玉盤纖手撒作盧，眾中誇道不

〔註59〕唐・李白，清・王琦注，《李太白全集》，頁357。
〔註60〕同註46。
〔註61〕唐・李白，清・王琦注，《李太白全集》，頁362～363。
〔註62〕唐・李白，清・王琦注，《李太白全集》，頁810～811。
〔註63〕唐・李白，清・王琦注，《李太白全集》，頁341。

曾輸。櫪上昂昂皆駿駒，桃花叱撥價最殊。騎將獵向城南隅，臘日

射殺千年狐。我來塞外按邊儲，爲君取醉酒剩沽。醉爭酒盞相喧呼，

忽憶咸陽舊酒徒。〔註64〕

岑參出席蓋將軍的盛宴，對於席間侍酒的營伎樗蒲留下深刻印象。岑參以誇張的手法描寫了駐守玉門關的蓋將軍無事之餘、置酒歡愉的熱鬧場面。由此可知，樗蒲在唐代的軍旅中非常盛行。

　　但是，軍中紀律乃關乎國家安全者，倘若掌握軍權者沉迷樗蒲之戲，或將釀出危害國君安全，甚至影響國家存亡。據《新唐書》記載：

監軍李大宜在軍中，不治事，與將士樗蒲、飲酒、彈箜篌琵琶爲樂，

而士米粒不饜。〔註65〕

前往抵抗安史之亂的哥舒翰部，由於監軍李大宜不專於事，且與將士沉迷於樗蒲、聲色飲酒爲樂，最終導致潼關失守，致使玄宗不得不入蜀避難。可見，玄宗晚期軍中沉迷於博戲者之不顧國家安危與荒唐；而玄宗對此亦不明察，終使國勢逐漸衰落。此外，岑參在〈送費子歸武昌〉詩中有云：

知君開館常愛客，樗蒲百金每一擲。平生有錢將與人，江上故園空

四壁。〔註66〕

費子喜歡與人往來，並且進行樗蒲博戲，每次總是一擲賭百金，最終導致家徒四壁。將這樣豪賭的行徑，表現在意識上，顯現出擺落傳統的約制與信條。

　　到了中唐時期，除夕進行博戲的情形相當普遍。天寶五年，當杜甫自齊趙歸長安時即作了〈今夕行〉一詩，即云：

今夕何夕歲云徂，更長燭明不可孤。咸陽客舍一事無，相與賭博爲

歡娛。馮陵大叫呼五白，袒跣不肯成梟盧。英雄有時亦如此，邂逅

豈即非良圖。君莫笑劉毅從來布衣願，家無儋石輸百萬。〔註67〕

這首詩可說是描述唐代文士博戲風氣的代表作。杜甫借前人來自解，表達了自己客居咸陽時與他人縱博的情形，而且生動地表現了酒徒兼博徒的生活寫照。詩中少年們於除夕守歲時進行博戲，呼五白以助投卻不成梟。少年們因

〔註64〕唐‧岑參，廖立箋注，《岑嘉州詩箋注》（北京：中華書局，2004），頁378～384。

〔註65〕北宋‧歐陽修、宋祁等，《新唐書》，卷135，〈哥舒翰傳〉，頁4574。

〔註66〕唐‧岑參，廖立箋注，《岑嘉州詩箋注》，頁354～357。

〔註67〕唐‧杜甫，清‧仇兆鰲注，《杜詩詳註》（台北：文史哲出版社，1976），卷1，頁124～125。

此作自解之詞，顯現出豪放之意。最後藉劉毅輸錢之事，說明英雄得失本無常，在失意中偶然遭遇亦可成就良緣。

另外，中國唐代中期政治人物兼知名畫家韓滉，博雅多才，工書法、善鼓琴。韓晃經常入鄉，以寫生為樂。擅畫人物及農村風景、牛驢等，畫牛尤「曲盡其妙」。在〈判僧雲晏五人聚賭喧諍語〉詩云：

> 正法何曾執貝，空門不積餘財。白日既能賭博，通宵必醉尊罍。強
> 說天堂難到，又言地獄長開。并付江神收管，波中便是泉臺。〔註68〕

白天既能參與賭博活動，晚上必定通宵達旦地暢飲至醉。如此沉迷於賭博與豪飲，家門敗落是可想而知的。詩人藉僧雲晏五人聚賭而淪為波臣，諷諭迷賭者，應迷途知返，方能避免家敗而身亡。

而文章精切，作品平易近人，老嫗能解的白居易，是新樂府運動的倡導者。白居易曾將自己的詩分為諷喻、閒適、感傷和雜律等四類。當中，白居易最為重視的是諷喻詩，但影響最大的卻是新樂府詩。其詩作體現詩人「為君，為臣，為民，為物，為事」而作的詩歌理論，對當時社會的諸多問題，提出了較為系統的規諫。在其〈和春深第十七首〉詩中云：

> 何處春深好，春深博弈家。一先爭破眼，六聚鬥成花。鼓應投壺馬，
> 兵衝象戲車。彈棋局上事，最妙是長斜。〔註69〕

詩中「博弈家」即專門提供人們博弈娛樂的場所，內設有圍棋、樗蒲、雙陸、象戲、投壺、彈棋等遊藝，成為後人研究唐代游藝活動的重要參考資料。博弈家的出現，必然是為因應眾多嗜好博戲者而設立，這也反映出唐代博戲之風相當盛行。另外，白居易〈酬微之誇鏡湖〉詩中亦云：

> 我嗟身老歲方徂，君更官高興轉孤。軍門郡閤曾閑否，禹穴耶溪得
> 到無。酒盞省陪波卷白，骰盤思共彩呼盧。一泓鏡水誰能羨，自有
> 胸中萬頃湖。〔註70〕

白居易在詩中酬答元稹，描寫自己年老時閒來無事，與好友呼盧喝雉，沉浸在樗蒲呌喝的熱鬧氣氛中。而在〈劉十九同宿〉詩有云：

> 紅旗破賊非吾事，黃紙除書無我名。唯共嵩陽劉處士，圍棋賭酒到

〔註68〕中華書局校訂，《全唐詩》，卷873，頁9891～9892。
〔註69〕唐·白居易，謝思煒校注，《白居易詩集校注》（北京：中華書局，2006），頁2086。
〔註70〕中華書局校訂，《全唐詩》，卷446，頁5001。

天明。〔註71〕

白居易與嵩陽劉十九同宿，一起圍棋賭酒直到天明，可見其生活放縱而閒適。此亦透露出博弈迷人之處，沉浸其中，使人忘憂。儘管如此，白居易非贊同沉迷於博戲與嗜酒行徑。因此，在其〈觀兒戲〉詩中云：

> 髫齓七八歲，綺紈三四兒。弄塵復鬥草，盡日樂嬉嬉。堂上長年客，
> 鬢間新有絲。一看竹馬戲，每憶童騃時。童騃饒戲樂，老大多憂悲。
>
> 〔註72〕

七、八歲的兒童，或三、四名少年聚在一起，每日盡情鬥草玩樂。直到長大之後，感嘆人生虛度。白居易從側面描述當時青少年多從事鬥草等活動，而老年人卻因此有所感嘆的人生經歷。可見，沉迷博戲，以致老大徒傷悲，提醒時人切勿貪玩博戲。可見，白居易不贊同沉迷於博戲。在此，白居易有關博戲的詩文由抒發任俠使氣的豪邁，轉變成追求淺斟低唱的感官享受。另外，在〈漢宮少年行〉詩云：

> 分曹六博快一擲，迎歡先意笑語喧。巧爲柔媚學優孟，儒衣嬉戲冠
> 沐猿。〔註73〕

少年們分組進行六博，歡笑聲不斷。樣子像極以和順奉承取悅於人的樂人優孟，亦像穿戴衣帽的獼猴，如此虛有儀表而品格低下。以優孟和獼猴形容進行六博之戲者，足見李益極爲厭惡沉迷於博戲活動之人。

　　此外，早期與宦官鬥爭，後期竟依附宦官的元稹。在江陵時期，詩作多寫身邊瑣事，缺乏內容。元稹最擅長艷詩和悼亡詩，情眞意摯，頗能感人。在其〈寄吳士矩端公五十韻〉詩云：

> 事業若杯盤，詩書甚徽纆。西州戎馬地，賢豪事雄特。百萬時可贏，
> 十千良易借。寒食桐陰下，春風柳林側。藉草送遠遊，列筵酬博塞。
>
> 〔註74〕

在春日送別中擺設筵席，歡送友人時，仍舉行博塞活動，玩樂一番。除了表達祝福外，更具賓主盡歡之意。可見，唐代博戲相當流行。

　　此外，在〈敘詩寄樂天書〉中云：

〔註71〕唐・白居易，謝思煒校注，《白居易詩集校注》，頁1368。
〔註72〕唐・白居易，謝思煒校注，《白居易詩集校注》，頁792。
〔註73〕中華書局校訂，《全唐詩》，卷282，頁3213。
〔註74〕唐・元稹，《元稹集》，頁61。

是用悉所爲文，留穢箱笥，比夫格（象戲格）弈樗塞之戲，猶曰愈
於飽食，僕所爲不又愈於格弈樗塞之戲乎？〔註75〕

元稹借孔仔「不有博弈者乎？爲之猶賢乎已。」稱讚白居易爲文遣興，較之
以博塞娛興更勝一籌。從中亦得以見元稹與白居易爲文相娛，情感之深。並
且從中亦得知唐代中葉以後，「寶應象棋」在當時社會已逐漸流行。

以四六駢體文奏章，被視爲當代第一的張祜，爲天平節度使令狐楚將張
祜與杜甫、韓愈相提並論，稱：「杜詩、韓文，令狐奏章」，以宮詞得名。據
王定保《唐摭言・敏捷》記載：

張祜客淮南幕中，赴宴時，杜紫微爲支使，座中有屬意處，索骰子
賭酒，牧之微吟曰：「骰子逡巡裏手拈，無因得見玉纖纖。」祜應聲
曰：「但知報道金釵落，彷彿還應露指尖。」〔註76〕

唐朝人張祜客居於淮南節度史的幕府。有一次，前往赴宴，那時擔任御史的
杜牧看見宴席中有個妓女在擲骰子賭酒，杜牧認爲大家的焦點都集中在骰子
的點數上，卻忽略妓女的嬌媚；張祜也以「但知報道金釵落，仿佛還應路指
尖」相應和。可見當時人們對骰子戲癡迷之程度。

此外，長於詩文，力斥當時駢文，提倡古文，與柳宗元並稱「韓柳」的
韓愈，亦與博戲有不解之緣。在其〈晚秋郾城夜會聯句（韓愈、李正封）〉詩
云：

作樂鼓還槌，從禽弓始弓廣。取歡移日飲，求勝通宵博。五白氣爭
呼，六奇心遠度。〔註77〕

在晚秋的晚會中，各種遊藝活動使得會場熱鬧非凡。飲酒、蒲博等通宵達旦
地進行，熱鬧呈現當時宴飲文化。此外，在〈送靈師〉詩中則云：

圍棋鬥白黑，生死隨機權。六博在一擲，梟盧叱回旋。〔註78〕

韓愈此詩不但指出好友靈師，未出家前年少輕狂，沉迷於博弈。更說明圍棋
是黑與白之間的爭鬥，生或死是依據隨機的變化與謀略；六博的關鍵則在於
擲骰子，樗蒲則依梟與盧盤旋取勝。韓愈鮮明地指出圍棋與六博、樗蒲之差
別，顯然韓愈對博弈非常熟悉。而且以博弈爲戰鬥，如同生死大權亦在隨機
應變中，其喻亦甚爲恰當。在其〈河東節度觀察使滎陽鄭公神道碑〉中有云：

〔註75〕唐・元稹，《元稹集》，頁353。
〔註76〕五代・王定保，《唐摭言》（北京：中華書局，1985），卷13，〈敏捷〉，頁121。
〔註77〕中華書局校訂，《全唐詩》，卷791，頁8911～8912。
〔註78〕中華書局校訂，《全唐詩》，卷337，頁3775。

公（滎陽鄭儋）與賓客朋遊，飲酒必極醉，投壺博弈，窮日夜，若
樂而不厭者。〔註79〕

鄭儋在河東軍為官公正，為政寬厚，樂於提拔後進。與賓客相交遊時，總是
以酒盡歡，至醉方休，並且整夜以投壺、博弈等活動相娛，快樂而無不滿足。
在其〈示兒〉詩中又云：

酒食罷無為，棋槊以相娛。凡此座中人，十九持鈞樞。又問誰與頻，
莫與張樊如。來過亦無事，考評道精粗。〔註80〕

韓愈認為，飲食喝酒之後無所事事，可以棋槊之戲娛樂。原本以一種似乎無
所謂的態度說「開門問誰來，無非卿大夫」，可是，隨後又誇耀非但往來無白
丁，而且還都是「十九持鈞樞」的朝中重臣，顯示韓愈對自己的仕途成就自
得而溢於言表。此外，在其〈過鴻溝〉詩有云：

真成一擲賭乾坤。〔註81〕

賭之格局有大有小，政治賭之格局相較於金錢之賭為大，而且影響亦深且遠。
因此韓愈問道：「誰有辦法以天下為賭注，一決勝負呢？」顯然，韓愈對博戲
存有更大的期許與責任。另據王定保《唐摭言‧切磋》記載：

韓文公著〈毛穎傳〉，好博簺之戲。張水部以書勸之曰，凡二書。
其一曰：「……有德者不為，猶以為損，況為博塞之戲與人競財乎？
君子故不為也，今執事為之，廢棄時日，籍實不識其然！」文公答
曰：「吾子譏吾與人言為無實駁雜之說，此吾所以為戲耳，比之酒
色，不有間乎？吾子譏之，似同浴而譏裸裎也。若高論不能下氣，
或似有之，當更思而誨之耳。博簺之譏，敢不承教！其他俟相見。」
〔註82〕

韓愈著有〈毛穎傳〉，喜好博簺之戲。韓愈的好友張籍寫信給他，並批評韓愈
喜歡博戲。韓愈針對朋友的指責，一一回覆。這封信寫得抑揚頓挫，跌宕多
姿，情理兼具而縱橫自如，頗具藝術魅力。韓愈擇善固執，知錯能改，值得

〔註79〕唐‧韓愈，〈河東節度觀察使滎陽鄭公神道碑〉，收入清‧董誥等奉勒編、清‧
　　　　陸心源補輯拾遺，《全唐文及拾遺》（台北：大化書局，1987），卷 562，頁
　　　　5689。
〔註80〕中華書局校訂，《全唐詩》，卷 342，頁 3836。
〔註81〕中華書局校訂，《全唐詩》，卷 344，頁 3855。
〔註82〕五代‧王定保，《唐摭言》（北京：中華書局，1985），卷 5，〈切磋〉，頁 45。
　　　　亦見於《韓昌黎集‧答張籍書》（台北：河洛圖書出版社），頁 76～77。

效倣。另據溫庭筠〈觀棋〉詩云：

> 閑對楸枰傾一壺，黃華坪上幾成盧。他時謁帝銅龍水，便賭宣城太
> 守無。〔註83〕

閒暇無事以博戲、飲茶喝酒為樂，呼盧喝雉之聲絡繹不絕。讓人想起當年宋
文帝與羊玄保，以博戲賭宣城太守一事之無稽與荒唐。另據李遠〈友人下第
因以贈之〉詩云

> 劉毅雖然不擲盧，誰人不道解樗蒲。黃金百萬終須得，只有接莎更
> 一呼。〔註84〕

李遠藉晉代劉毅樗蒲「一擲百萬」之事，安慰參與科舉考試而未能及第的友
人，勉勵他再接再厲，終有「黃金百萬」之日。此外，在李商隱〈無題〉詩
中亦有云：

> 隔座送鉤春酒暖，分曹射覆蠟燈紅。嗟余聽鼓應官去，走馬蘭台類
> 斷蓬。聞道閶門萼綠華，昔年相望抵天涯。豈知一夜秦樓客，偷看
> 吳王苑內花。〔註85〕

詩中描述為官者忙碌的生活。夜晚，與妻子隔著座位玩送鉤的遊戲，在紅燭
下進行文字遊戲。當更鼓聲響起，又急忙趕上朝，騎著馬兒上御史台，就像
斷根的蓬草一般奔轉忙碌。此文不但說明，唐代為官者大多忙錄於政務，儘
管如此，仍不忘夜晚回家與妻子博戲一番，除了解除相思之苦外，亦顯現出
博戲在官宦生活中的不可或缺。

三、百姓之社交活動與博戲文化

以博戲作為日常生活中的用語或隱喻，亦可推知博戲在唐代的社交活動
中扮演極為重要的角色，據《太平廣記》記載：

> 隋盧嘉言就寺禮拜，因入僧房。一僧善於論議，嘉言即與談話。因
> 相戲弄，此僧理屈。同坐二僧，即助此僧酬對。往復數回，三僧並
> 屈。嘉言乃笑謂曰：「三個阿師，並不解樗蒱。」未喻，嘉言即報言：
> 「可不聞樗蒱人云，『三個禿，不敵一個盧。』」觀者大笑，僧無以
> 應。〔註86〕

〔註83〕中華書局校訂，《全唐詩》，卷583，頁6765。一作段成式詩。
〔註84〕中華書局校訂，《全唐詩》，卷519，頁5936。
〔註85〕中華書局校訂，《全唐詩》，卷539，頁6182。
〔註86〕宋・李昉，《太平廣記》（北京：中華書局，1961），卷248，〈盧嘉言引隋・侯

隋朝盧嘉言到寺廟禮神敬佛，與僧房中僧人相互戲謔。經過幾番論戰，三位
僧人都敗下陣來。盧嘉言笑著對三位僧人說：「可不聞樗蒲人云，『三個禿，
不敵一個盧。』〔註87〕」圍觀者聽了都捧腹大笑，而三位僧人則不發一語。
盧嘉言以樗蒲之采名「禿」（雜采，筭數 4）和「盧」（王彩，筭數 16）之諧
音來嘲笑和尚，三位和尚亦深知其藉樗博以達嘲弄之意，足見當時人們非常
熟悉樗蒲這種遊戲。

再者，據劉崇遠《金華子雜編》記載：

> 王昭輔嘗話故鍾陵平江西時，見一王處士善筮，自云授《易》於至
> 人，纖巨如見。鍾陵幕中有楊推官，常因休暇，會同人小飲。時賓
> 客未齊闋，且於小廳奕棋握槊以竢俱至。俄而主人忽南面瞪目，神
> 色沮喪，遽歸堂前，使人傳語賓客，託以不安，且罷此會。〔註88〕

江西楊推官常與朋友集會宴飲，亦常於宴飲中盡情弈棋、握槊，好不熱鬧與
愜意。另據張鷟〈游仙窟〉中有云：

> 十娘笑曰：「莫相弄！且取雙六局來，共少府公賭酒。」僕答曰：「下
> 官不能賭酒，共娘子賭宿。」十娘問曰：「若爲賭宿？」余答曰：「十
> 娘輸籌，則共下官臥一宿；下官輸籌，則共十娘臥一宿。」十娘笑
> 曰：「漢騎驢則胡步行，胡步行則漢騎驢，總悉輸他便點。兒遞換
> 作，少府公太能生。」〔註89〕

文中描寫女主人十娘、五嫂等以詩書相酬，宴飲歌舞的故事。當中的雙陸不
以金錢、財物爲賭注，而爲賭宿，似乎亦受宮廷賭宿之風影響，足見雙陸在
民間之盛行。

綜上所述，不論是統治階級、文士或世平民百姓，博戲在社交活動中均
佔著極爲重要的地位。社交活動中，博戲使氣氛熱絡，藉由博戲的舉行與歡
飲，不但賓主盡歡，更因而增進彼此的情誼。因此，社會各階層中的社交活
動，博戲扮演著重要的角色。

白《啓顏錄》〉，頁 1315。
〔註87〕 此處的「禿」暗喻僧人，是罵人的話。「盧」在博戲中爲頭彩，此處暗喻盧嘉
言自己。
〔註88〕 南唐・劉崇遠，《金華子雜編》（北京：中華書局，1985），卷上，頁 11。
〔註89〕 張鷟，《游仙窟》（北京：書目文獻出版社，1989），頁 11～12。

第三節　時代風尚的博戲文化

　　唐代氣象恢弘，社會風氣極為開放，自由浪漫的風氣形成文士不受拘束的心性，造就唐代任俠的士風、豪放不羈的性格。對於快樂與放縱的追求，促使文士們將博戲視為不可或缺的遊樂方式。這樣的氛圍，致使唐代文士博戲之風不亞於魏晉時期。

　　唐代文士參與博戲者為數不少，不論是放浪形骸者如李白、杜牧、李商隱與溫庭筠，甚至連每飯不忘君的詩聖杜甫、百代文宗的韓愈也不諱言博戲。而陳子昂、王翰、崔顥、高適、岑參、李益、白居易、劉禹錫、元稹、張籍等，均可以在其詩文或傳記中看到本人或他人博戲的記述或描寫，由此我們可以認識唐代文士的風尚。並且，藉由詩人的作品，得以讓我們認識唐代時代風尚的博戲文化。

一、休閒時以博戲為樂

　　唐代的大臣們有喜好博戲者，據《舊唐書》記載：

> 崔光遠，……好樗蒲飲酒。……少歷仕州縣。開元末為蜀州唐安令，
> 與楊國忠以博徒相得，累遷至左贊善大夫。〔註90〕

崔光遠在開元末與楊國忠常相樗蒲，累官至左贊善大夫。另據李肇《唐國史補》記載：「洛陽令崔師本，又好為古之握槊。〔註91〕」宮中博戲之風盛行如此，其他統治階級亦群起效尤，甚而過之。其中，唐朝韋氏與杜氏是兩大高門，當時有「城南韋杜，離天尺五」之稱。據蘇鶚《同昌公主傳》記載：

> 韋氏諸宗，好為葉子戲，夜則公主以紅琉璃盛光珠，令增祁捧之堂
> 中，而光明如畫焉。〔註92〕

同昌公主與韋氏諸宗，常集會廣化里，夜以繼日地鬥紙牌，大賭特賭。另據王建〈宮詞〉詩中云：

> 分朋閑坐賭櫻桃，收卻投壺玉腕勞。各把沈香雙陸子，局中鬥累阿
> 誰高。〔註93〕

〔註90〕後晉・劉昫等，《舊唐書》，卷111，〈崔光遠傳〉，頁3317。

〔註91〕唐・李肇，《唐國史補》，卷下，收入曹中孚校點，《唐五代筆記小說大觀》，頁197〜198。

〔註92〕唐・蘇鶚，《杜陽雜編》（北京：中華書局，1985），卷下，頁27。

〔註93〕中華書局校訂，《全唐詩》，卷302，頁3444。

宮女分成幾隊，以櫻桃做賭取樂，先以投壺競賽，再手捻沉香棋子玩雙陸。除了宮女之外，王公大人們亦有喜愛雙陸之戲者。據《唐國史補》記載：

> 王公大人，頗或耽玩，至有廢慶弔，忘休，輟飲食者。〔註94〕

王公大臣們因沉迷長行而忘記禮數，以致廢寢忘食，甚至到傾家蕩產者，大有人在。據張說〈贈崔二安平公樂世詞〉詩云：

> 十五紅妝侍綺樓，朝承握槊夜藏鈎。君臣一意金門寵，兄弟雙飛玉
> 殿遊。寧知宿昔恩華樂，變作瀟湘離別愁。〔註95〕

所描寫者即是中宗寵臣崔日知、崔日用等，受寵遊樂握槊、藏鈎之情景。可見宮中大臣、寵臣，均為雙陸、握槊與藏鈎的愛好者。

唐代有為數不少的文士愛好博戲，因而寫下許多詠嘆博戲詩文。如張說在〈贈崔二安平公樂世詞〉有云：

> 十五紅妝侍綺樓，朝承握槊夜藏鈎。君臣一意金門寵，兄弟雙飛玉
> 殿遊。〔註96〕

此詩描述崔二白天進行握槊之戲，晚上則玩起藏鈎，生活愜意自如。在唐代，博戲是不分男女老少，也不分城市或山野。在這樣博戲風氣盛行時，仍有許多詩人透過詩文勸戒時人切莫沉迷於賭博，以免身敗名裂，傾家蕩產。另外，張說在〈灉湖山寺〉詩中即云：

> 險哉透撞兒，千金賭一擲。成敗身自受，傍人那歎息。〔註97〕

說明初唐時，賭風即相當盛行，因此，沉迷於博戲，而一擲輸上千金者有之。更有因博戲而導致身敗名裂，只留旁人為之嘆息。韋應物在〈逢楊開府〉詩中有云：

> 朝持樗蒲局，暮竊東鄰姬。司隸不敢捕，立在白玉墀。驪山風雪夜，
> 長楊羽獵時。一字都不識，飲酒肆頑癡。武皇升仙去，憔悴被人欺。
> 讀書事已晚，把筆學題詩。兩府始收跡，南宮謬見推。非才果不容，
> 出守撫惸嫠。忽逢楊開府，論舊涕俱垂。坐客何由識，惟有故人知。
>
> 〔註98〕

〔註94〕唐‧李肇，《唐國史補》，卷下，收入曹中孚校點，《唐五代筆記小說大觀》，頁197～198。

〔註95〕中華書局校訂，《全唐詩》，卷86，頁941。

〔註96〕中華書局校訂，《全唐詩》，卷86，頁941。

〔註97〕中華書局校訂，《全唐詩》，卷86，頁933。

〔註98〕中華書局校訂，《全唐詩》（北京：中華書局，1996），卷190，頁1955～1956。

此詩是韋應物回憶自己在玄宗朝宿衛禁軍時的情景，以此詩對這段生活作了一些反思。韋應物把自己描寫成一群惡少，暴露自己作姦犯科、無法無天，成為鄉里一霸，最後以自己愚拙，作了真誠的懺悔。韋應物以自身生活為例，揭示了「假遊俠」不僅有可笑的一面，還有可惡的一面。

少年李白亦曾經意氣風發好一段時光。在其〈敘舊贈江陽宰陸調〉中直云：

> 我昔鬥雞徒，連延五陵豪。邀遮相組織，呵嚇來煎熬。君開萬叢人，
> 鞍馬皆辟易。告急清憲臺，脫余北門厄。〔註99〕

少年李白是一名鬥雞徒，甚至還成立了組織，結果因而得罪了當地的其他組織。李白在長安北門差一點小命不保，幸好有兄弟解圍。李白如此生動地說明自己是酒徒兼博徒的寫照。詩題既是敘舊，表示李白年少輕狂時的作為。

另據敦煌文書王梵志〈雙陸智人戲〉詩云：

> 雙陸智人戲，圍棋出專能。解時終不惡，酒後與仙通。〔註100〕

王梵志認為，雙陸是一種高雅的「智人戲」，與宋人稱雙陸為「雅戲」，有異曲同工之妙。此外，唐人詩歌中，詠雙陸最著名者為朱灣〈詠雙陸骰子〉一詩：

> 采采應緣白，鑽心不為名。掌中猶可重，手下莫言輕。有對唯求敵，
> 無私直任爭。君看一擲後，當取擅場聲。〔註101〕

朱灣詠嘆雙陸時擲骰子的情形。將擲投時應如何拿捏掌握，以及擲投後的驚喜或失望，描述得淋漓盡致。另據李貞白〈詠罌粟子〉詩云：

> 倒排雙陸子，希插碧牙籌。既似犧牛乳，又如鈴馬兜。鼓搥并瀑箭，
> 直是有來由。〔註102〕

此詩雖為吟詠罌粟子，但可以據此了解雙陸子的形狀為鼓搥狀，似鈴馬兜、母牛乳。與考古發現及文獻圖像資料形狀基本一致。除了詩人之外，筆記小說及俗講變文中亦有許多關於博戲的描寫。而劉禹錫在〈論書〉一文中有云：

> 吾觀今之人，適有面詆之曰：「子書居下品矣。」其人必逌爾而笑，
> 或謷然不屑；詆之曰：「子握槊、奕棋居下品矣。」其人必赧然而愧，

〔註99〕唐・李白，清・王琦注，《李太白全集》，頁530～531。
〔註100〕陳尚君輯校，《全唐詩補編》，頁106。
〔註101〕中華書局校訂，《全唐詩》，卷306，頁3745～3746。
〔註102〕中華書局校訂，《全唐詩》，卷870，頁9873。

或艴然而色。是故「敢以六藝斥人，不敢以六博斥人」嗟乎！眾尚
之移人也。〔註103〕

魏晉南北朝時期，握槊即已流行，但此種博戲並不列於「藝」。而「書」乃六
藝之一，凡士必遊之也。但是唐代時的文人，被他人說自己的書法水準不高
時，大多只是坦然一笑；但當被他人說自己的握槊、奕棋水準不高時，必然
會羞愧而拂袖而退。此皆「眾尚之移人」，足見大環境影響人之深。而「敢以
六藝斥人，不敢以六博斥人」，亦見社會上崇尚博戲，博戲遍及各階層，成為
休閒時主要的娛樂活動。社會上崇尚博戲，博戲遍及各階層，成為休閒時主
要的娛樂活動。此外，劉禹錫〈觀博〉文中，描寫握槊遊戲風俗，對棋具、
骰子、行棋規則均有描述：

> 客有以博戲自任者，速餘觀焉。初，主人執握槊之器置於廡下，曰：
> 主進者要約之。既揖讓即次，有博齒二，異乎古之齒。其制用骨，
> 觚稜四均，鏤以朱墨，耦而合數，取應期月。視其轉止，依以爭道。
> 是制也通行之久矣，莫詳所祖。以其用必投擲，故以博投詔之。是
> 日客抵骨於局，且祝之曰：「其來如趣，其去如脫。事先趦趄，命中
> 無蹉跌。無從彼呼，無俾我恒！」分曹道迫，自朝至於日中昃，而
> 與所祝異焉。客視骨如有情焉，如或憑焉，悉詈之不泄，又從而齕
> 齧蹂躪之，莫顧其十目之咍讓也。乃曰：「非餘術之不工，是朽骨者
> 不餘畀也。請刷恥於奕棋！」主人促命燭以續之，驚神默計，巧竭
> 智盡。主進者書勝負之數於牘，視其所喪，又倍前籍矣。觀者曰：「以
> 夫人之褊心，亦將詬棋而抵枰矣。」既乃恬而不恤，赧然有失鵠求
> 身之色，人鹹異之。子劉子曰：先人者制人，博投是已。從人者制
> 於人，枯棋是已。二者豈有數存乎其間哉？但處之勢異耳！是知當
> 軸者易生嫌，而退身者易為譽。易生之嫌，不足貶也；易為之譽，
> 不足多也。在辯其所處而已。〔註104〕

握槊之骨製方形骰子稱為「博齒」，填以紅黑兩色，擲骰以行棋；參與博戲者，
常祈求好運降臨，但結果常不如人願；沉迷博戲而屢輸者，非但不認為自己

〔註103〕唐・劉禹錫，〈論書〉，收入清・董誥等奉勒編、清・陸心源補輯拾遺，《全唐
　　　　文及拾遺》（台北：大化書局，1987），卷607，頁3327。

〔註104〕清・董誥等奉勒編、清・陸心源補輯拾遺，《全唐文及拾遺》（台北：大化書
　　　　局，1987），卷608，〈劉禹錫・觀博〉，頁6143。

博技不如人，反而常寄望時來運轉，能有翻盤機會。設局者即捉住博徒這種心理，刺激博徒們進一步下大賭注，將勝負之數書於木牌之上，以引誘博徒身陷其中。韓愈喜好圍棋，亦喜愛握槊，常於閒暇時以圍棋或握槊來娛樂。

二、離鄉背井，以博戲消愁

樗蒲、博飲常成爲離鄉遊子撫慰思鄉之情的最佳活動據殷堯藩〈金陵道中〉詩云：

> 堠長堠短逢官馬，山北山南聞鷓鴣。萬里關河成傳舍，五更風雨憶呼盧。寂寥一點寒燈在，酒熟鄰家許夜沽。〔註105〕

夜深人靜，伴隨著窗外風雨聲，最令寂寞旅人難忘的是樗蒲時呼盧喝雉的情形。因此，旅人在外多有從事博戲者。此外，在溫庭筠〈寄岳州李外郎遠〉詩中云：

> 含顰不語坐持頤，天遠樓高宋玉悲。湖上殘棋人散後，岳陽微雨鳥來遲。早梅猶得迴歌扇，春水還應理釣絲。獨有袁宏正惆悵，一樽惆悵落花時。〔註106〕

溫庭筠的妻子喜愛玩長行，總是勸他早日回家一同玩長行。故在其〈南歌子詞二首，一作添聲楊柳枝辭〉之二中云：

> 井底點燈深燭伊，共郎長行莫圍棋。玲瓏骰子安紅豆，入骨相思知不知。〔註107〕

「燭」諧音「囑」。「圍棋」諧音「違期」。這其實是一首情詩，意即對所愛的人深深的囑咐。溫庭筠藉詠嘆長行骰子，以諧音雙關表達對妻子的愛堅貞不移，足見夫妻感情之深。另據薛能〈并州〉詩云：

> 少年流落在并州，裘脫文君取次遊。攜挈共過芳草渡，登臨齊憑綠楊樓。庭前蛺蝶春方好，床上樗蒲宿未收。坊號倔松人在否，餅鑪南畔曲西頭。〔註108〕

薛能客居并州（北都太原府）時，儘管是在花好時節的春天，亦通宵達旦地進行樗蒲，可見其對樗蒲的喜愛與著迷。而鄭谷在〈永日有懷〉詩中亦云：

〔註105〕中華書局校訂，《全唐詩》，卷492，頁5569。
〔註106〕中華書局校訂，《全唐詩》，卷582，頁6750。
〔註107〕溫庭筠，清·曾益等選箋注，《溫飛卿詩集箋注》（上海：古籍出版社，1998），卷9，〈集外詩〉，頁211。
〔註108〕中華書局校訂，《全唐詩》，卷559，頁6483。

能消永日是樗蒲，坑塹由來似宦途。兩擲未終榿櫪內，座中何惜爲
呼盧。〔註109〕

當官運不如意時，往往藉樗蒲來度日，以消磨時光。鄭谷詩中以古法樗蒲中
的坑和塹，比喻仕宦之途之浮沉與不得而知。在此，樗蒲不僅具有消閑度日
之效外，更與宦途產生聯繫，似乎又象徵著「樗蒲有神」的神秘性。

三、「樗蒲有神」，增添博戲神秘色彩

「樗蒲有神〔註110〕」，自古即廣爲流傳，想不到唐代竟發生因樗蒲而得
以幸運活命的事。據張鷟《朝野僉載》記載：

開元八年，契丹叛，關中兵救營府，至澠池缺門，營於穀水側。夜
半水漲，漂二萬餘人，惟行網夜樗蒲不睡，據高獲免。〔註111〕

開元時，因契丹叛變，關中軍馳援。但是，到了半夜，穀水高漲，二萬餘人
被水沖走，唯獨通宵達旦玩樗蒲者，躲過此浩劫。所以，不僅可以藉樗蒲贏
取財物，更有甚者，竟因樗蒲而得以保全性命，此或爲「樗蒲有神」說之另
一註解。另據唐·李冗《獨異志》記載：

《敦煌實錄》云：王樊卒，有盜開其冢，見王樊與人樗蒲，以酒賜
盜者，盜者惶怖飲之，見有人牽銅馬出冢者。夜有神至城門，自言
是王樊使，今有人發冢，以酒墨其唇，但至，可以驗而擒之。盜既
入城，城門者乃縛詰之，如神言。〔註112〕

有欲盜王樊墓者，驚見王樊竟仍與人樗蒲。更甚者，王樊竟藉與盜墓者同飲
之際以酒墨其唇，並以此通知守城門者，因而順利將盜墓者捉拿。爲另類「樗
蒲有神」之說，再添一椿。

四、「雙陸不勝」，影響佛經變文創作

在武則天的影響下，朝野上下雙陸成風。例如，武則天「雙陸不勝」在
當時產生很大的影響。民間還據此創作變文，宣講佛經故事。如敦煌變文〈悉

〔註109〕中華書局校訂，《全唐詩》，卷676，頁7754。
〔註110〕清·陳夢雷編，蔣廷錫校訂，《古今圖書集成·博物彙編·藝術典》，卷807，
〈博戲部〉記載：後燕慕容寶與韓黃、李根於宴會樗蒲時云：世云樗蒲有神，
豈虛也哉！若富貴可期，恆得三盧。
〔註111〕唐·張鷟，《朝野僉載》，卷1，（北京：中華書局，1985），頁13。
〔註112〕唐·李冗，《獨異志》（北京：中華書局，1985），卷上，頁6。

達太子修道因緣〉記載：

> 爾時淨梵大王，爲宮中無太子，憂悶不樂。或於一日之中作一夢，
> 夢見雙陸頻輸。即問大臣是何意？大臣答曰：「既是陛下夢見雙陸頻
> 輸者，爲宮中無太子，所以頻輸。」大王又問大臣，如何求得太子？
> 大臣奏大王曰：「城南有一天祀神，善能求恩乞福。何方便去往求太
> 子，必合容許。」〔註113〕

在此，淨梵大王即武則天角色，大臣則與狄仁傑角色同。另一篇敦煌變文〈太
子成道經〉亦有相似講述：

> 是時淨飯大王，爲宮中無太子，優悶尋常不樂。或於一日，作一夢，
> 夢見雙陸頻輸者，明日即問大臣是何意旨？大臣答曰：「陛下夢見雙
> 陸頻輸者，爲宮中無太子，所以頻輸。」大王問大臣，如何求得太
> 子？大臣奏大王曰：「城南滿江樹下，有一天祀神，善能求恩乞福。
> 往求太子，必合容許。」〔註114〕

淨飯大王即淨梵大王，亦爲武則天角色，大臣則與狄仁傑角色同。可見，唐
代的雙陸不僅影響宮廷政治，更因此而影響民間的變文創作，甚至宣講佛經
故事亦因此得到效果。

五、女子樗蒲，取樂歡愉，非爲百萬錢財

婦女從事博戲活動，大約出現於秦漢之時。由於，中國博戲的技巧性，
要求博戲者須有閒暇時間，而古代中國婦女相對男人而言有較多的閒暇。婦
女之中最閒暇者當屬專制帝王的後妃嬪娥們。而賭風最盛，也最典型者當屬
唐代後宮。許多知名人物如武則天、楊貴妃都參與其中。

後宮佳麗爲數眾多，當嬪妃們爭寵時，有以博戲作爲安排侍寢的依據。
王建〈宮詞〉之四十五中就曾寫道：

> 叢叢洗手繞金盆，旋拭紅巾入殿門。眾裡遙抛新橘子，在前收得便
> 承恩。〔註115〕

皇帝向宮女群中抛擲橘子，搶到的人便可以承歡，也就是說得到陪侍皇帝的
機會。此種情況有點像抛繡球，以點女人侍寢的意思。另據《開元天寶遺事》

〔註113〕周紹良主編，《敦煌文學作品選》（北京：中華書局，1987年），卷3，頁114。
〔註114〕周紹良主編，《敦煌文學作品選》，卷3，頁115。
〔註115〕中華書局校訂，《全唐詩》，卷302，頁3442。

亦記載：

> 明皇未得妃子，宮中嬪妃輩投金錢賭侍帝寢，以親者爲勝。召入妃
> 子，遂罷此戲。〔註116〕

唐玄宗未納楊貴妃時，每遇宮中嬪妃爭寵，多以擲金錢方式決定，得勝者才得以入侍帝寢。直到楊貴妃召入後，此戲才作罷。宋・陶谷在《清異錄》中則記載道：

> 開元中，後宮繁眾，侍寢者難於取捨，爲彩局兒以定之，集宮嬪用
> 骰子擲。最勝一人乃得專夜，宮瑰私號骰子爲「挫角媒人」。〔註117〕

宮女嬪妃們從事博戲主要是用以排遣孤悶爲目的，最後竟把博戲當成贏取侍寢皇帝權力的手段。把博戲發展成像唐代這樣的功能，在歷代後宮中不一定獨有，只是因爲唐代比較不諱言罷了，但博戲的此種功能只能在專制帝王的後宮中才能見到。唐玄宗時，後宮博戲之風最盛。玄宗常與楊貴妃、嬪御與諸王等博戲。除了后妃之外，眾多宮女更是唐代宮廷內博戲的主要成員。據《開元天寶遺事》記載：

> 內庭嬪妃，每至春時，各於禁中結伴三人至五人，擲金錢爲戲，蓋
> 孤悶無所遣也。〔註118〕

可見春天的內庭中，常有以擲錢爲戲的博戲舉行。另外，王建〈宮詞〉詩中云：

> 分朋閒坐賭櫻桃，收卻投壺玉腕勞。各把沈香雙陸子，局中鬥累阿
> 誰高。〔註119〕

宮女們分隊，以櫻桃做賭取樂，先以投壺競賽，再手捻沉香棋子玩雙陸，具體描繪出宮女們日常生活的寫照。另外，和凝〈宮詞百首〉第三十六首云：

> 錦褥花明滿殿鋪，宮娥分坐學樗蒲。欲教官馬衝關過，咒願纖纖早
> 擲盧。〔註120〕

宮詞多爲描寫宮庭生活，和凝生動而具體地勾勒出宮女另一種生活樣貌。宮女們分列而坐，相互學習樗蒲。這樣的活動，在唐代宮廷中不但是一種流行，

〔註116〕五代・王仁裕，《開元天寶遺事》（北京：中華書局，1985），卷下，〈投錢賭寢〉，頁20。

〔註117〕宋・陶谷，《清異錄》（北京：中華書局，1985），卷1，〈彩局兒〉，頁24～25。

〔註118〕五代・王仁裕，《開元天寶遺事》，卷上，〈戲擲金錢〉，頁13。

〔註119〕中華書局校訂，《全唐詩》，卷302，頁3444。

〔註120〕中華書局校訂，《全唐詩》，卷735，頁8399。

也是一種風尚，更能藉以排解宮中單調、無聊而漫長的日子。另據《開元天寶遺事》中亦記載道：

> 每至秋時，宮中妃妾輩皆以小金籠捉蟋蟀，閉於籠中，置之枕函畔，夜聽其聲。庶民之家，皆效之也。〔註121〕

開元天寶之後宮，每到秋天之時，宮中妃妾即進行以鬥蟋蟀為賭的博戲。受宮中風氣影響，長安人亦流行鬥蟋蟀之戲。據《負暄雜錄》即描寫道：

> 鬥蛩之戲，始於天寶間。長安富人鏤象牙為籠而畜之，以萬金之資付之一喙。〔註122〕

長安人不僅鬥蟋蟀成風，而且竟「以萬金之資付之一喙」，此時的蟋蟀之戲可謂極盡豪奢。另據〈宮廷詩〉云：

> 欲得藏鉤語多少，嬪妃宮中□□和。每朋一百人為定，遣賭三千匹彩羅。〔註123〕

後宮嬪妃們每隊百人進行藏鉤，其輸贏甚至可達三千匹彩羅，可見宮女博戲賭注非常大。另據李白〈宮中行樂詞・其六〉云：

> 更憐花月夜，宮女笑藏鉤。〔註124〕

於臘日飲祭之後，婦女與兒童常進行藏鉤之戲。此外，博戲有雅、有俗，博之以歡愉則雅，博之以財物則俗。據《花間集》中和凝〈採桑子〉詩云：

> 蜻蜓領上訶梨子，繡帶雙垂。椒戶閒時，競學樗蒲賭荔枝。〔註125〕

少女們以荔枝為賭注，競相學習玩樗蒲的情景。足見唐代不分男女均有樗蒲之戲之愛好者，而且樗蒲不以錢財為限，荔枝亦可成賭注。顯然女子樗蒲在於取樂同歡，而非百萬錢財。

　　唐代開放而多元的社會，加以政治清明、思想活躍，造就婦女博戲風氣極盛，較之男子的博戲而言，其種類不相上下，但多了幾分文雅之氣與精緻。

　　後宮佳麗、嬪妃們，有以博戲作為安排侍寢的依據，亦有以消閒解悶為目的，如宮內的鬥蟋蟀即是。此外，後宮嬪妃們尚流行藏鉤博戲，每次參與人數，甚至可達一百人同時進行。統治階級的婦女參與博戲的情形更為普遍，

〔註121〕五代・王仁裕，《開元天寶遺事》，卷上，〈金籠蟋蟀〉，頁8。
〔註122〕宋・顧文薦，《負暄雜錄》，收入清・沈青峰，《雍正・陝西通志》，卷九十八，清文淵閣四庫全書本。
〔註123〕不著撰人，《宮詞叢鈔・敦煌寫本・宮廷詩》第26。
〔註124〕唐・李白，《李太白全集》，頁300～301。
〔註125〕五代・趙崇祚，《花間集》（武漢：武漢出版社，1995），卷6，頁108。

甚至可以夜以繼日地進行。一般婦女亦有喜好博戲而且技藝高超者，唐代圍棋第一高手王積薪的棋藝，相傳得自於鄉野老嫗的傳授而更爲精進。

　　總而言之，唐代婦女的博戲活動蓬勃發展，代表著博戲風氣已橫跨社會階層之界線，在社會上廣泛流行。

六、博戲爭勝不賭錢，雅博同歡

　　博戲之雅，不僅出現在婦女，亦出現在文士之中。據李頎〈同張員外諲酬答之作〉詩中云：

　　　　鶡冠蓽屨無名位，博弈賦詩聊遣意。〔註126〕

文人之賭，有文雅與粗俗之分。博之以閒情則雅，因賭而博則俗；博之詩文則雅，博之金錢、物品則俗。李頎在與畫家張諲以詩文互答時，表示嚮往隱士般生活，不追求名位，平日以博弈活動與吟詩作賦當作消閒，當屬文雅之博。陸龜蒙在〈江南秋懷寄華陽山人〉詩有云：

　　　　桁排巢燕燕，屏畫醉猩猩。懶檜推嵐影，飛泉撼玉琤。○○尋遠近，
　　　　握槊鬥輸贏。枝壓離披菰，簷垂磈磊橙。忘情及宗炳，抱疾過劉楨。
　　　　野饋誇菰飯，江商賈蔗餳。〔註127〕

所描繪者爲一酷愛握槊的高士形象。另據張籍〈羅道士〉詩云：

　　　　樓中賒酒唯留藥，洞裡爭棋不賭錢。〔註128〕

羅道士在酒樓中曾經賒帳，可是會將藥物留在酒樓中作爲抵押；但是，在棋盤上只求堂堂正正地戰勝對手，以贏得對手的尊敬而獲得在棋上的尊嚴，卻從不以金錢爲賭。此類之博，即屬雅博，爲博戲中的高境界。

　　雖然，唐代有以弈棋爲賭者，但弈棋並非與賭畫上等號。在其劉禹錫〈觀棋歌送儇師西遊〉詩中有云：

　　　　長沙男子東林師，閒讀藝經工弈棋。……藹藹京城在九天，貴遊豪
　　　　士足華筵。此時一行出人意，賭取聲名不要錢。〔註129〕

詩中對儇師行棋非以金錢爲目的，而是以贏得對手的尊敬而獲得在棋盤上的尊嚴爲目的，亦即以「爭棋」爲目的，其高超的棋藝及人品值得歌頌。

〔註126〕中華書局校訂，《全唐詩》，卷133，頁1357。
〔註127〕中華書局校訂，《全唐詩》，卷623，頁7168。
〔註128〕中華書局校訂，《全唐詩》，卷385，頁4343～4344。
〔註129〕中華書局校訂，《全唐詩》，卷356，頁4005。

七、險峻的環境，造就博戲性格

不同時代與地區，在不同的人群當中，流行的博戲方式也不盡相同。唐代上流社會流行雙陸與握槊，民間則流行擲骰子。據《隋書》記載：

> 梁州於天官上應參之宿。……及漢，又析置益州。……貧家不務儲蓄，富室專於趨利。其處家室，則女勤作業，而士多自閑，聚會宴飲，尤足意錢之戲。〔註130〕

唐代益州（四川）地區，民間喜歡在聚會宴飲之時行攤錢之戲，飲酒、博戲相互進行。此外，杜甫客居夔州時，寫了不少記錄四川奉節地區的山川和風土人情的詩章。在〈最能行〉詩中有云：

> 峽中丈夫絕輕死，少在公門多在水。富豪有錢駕大舸，貧窮取給行舼子。小兒學問止論語，大兒結束隨商旅。欹帆側柁入波濤，撥漩捎濆無險阻。〔註131〕

夔州地勢險要，當地人自幼即與水搏鬥，因此養成人們不畏滔滔江水的性格。夔州貧富差距甚大，從行舟之船的華麗或簡易即可判定。當地兒童大都只識讀「論語」，顯見文化教育水準不高。正因如此，當地風俗相對惡薄。另外，在〈夔州歌十絕句之四〉詩中云：

> 蜀麻吳鹽自古通，萬斛之舟行若風。長年三老長歌里，白晝攤錢高浪中。〔註132〕

四川與蘇州自古即以苧麻與鹽互通有無，滿載蜀中貨物的商船航行在長江上，賈人和船工們有的引吭高歌，有的行攤錢作樂，忘險爭利，以致對於身處長江的驚濤害浪，視若無睹。可見夔州風俗惡薄，杜甫藉昭君、屈原為夔州人解嘲。意錢之戲，即攤錢也。

八、博戲與傳說

唐代筆記小說和俗講變文中，有許多關於博戲的描述。據李冗《獨異志》記載：

> 唐貞元中，有乞者解如海，其手自臂而墮，足自脛而脫，善擊球、

〔註130〕唐・魏徵等，《隋書》，卷29，〈地理志〉，頁829。

〔註131〕唐・杜甫，清・仇兆鰲注，《杜詩詳註》（台北：文史哲出版社，19766），卷15，頁765～766。

〔註132〕唐・杜甫，清・仇兆鰲注，《杜詩詳註》，卷15，頁774～775。

樗蒲戲，……至元和末猶在，長安戲場中日集數千人觀之。〔註133〕

唐德宗貞元年間，有一名乞丐解如海，雖然手臂以下是缺少的，但卻善於擊
球與樗蒲等博戲。當解如海在長安的戲場中表演時，甚至吸引上千人觀看。
故事中，除了藉博戲展現「殘而不廢」的精神外，並且顯現出唐代多元而開
放的社會風氣。另據張讀《宣室志》記載：

> 唐貞元中，有一僧客於廣陵，亡其名，自號大師，廣陵人因以「大
> 師」呼之。大師質甚陋，好以酒肉爲食。日衣弊襲，盛暑不脫，由
> 是蚤蟣聚其上。……少年與人對博，大師怒，以手擊其博局，盡碎。
> 〔註134〕

有個僧人客居於廣陵，自號「大師」，爲人粗野，性格狂暴蠻橫。一次與人博
戲，即以手將賭局砸了粉碎。於是博戲雙方大打出手，引起數以千計的人圍
觀。結果對方逃跑，而廣陵人因此以爲大師有神力，而其本人亦以力大而自
負。最終因老僧告誡，廣陵大師從此消失匿跡。群僧對此事更爲驚異，於是
稱大師爲「大師佛」。顯然，唐德宗貞元年間，人們對於博戲過程中的醜態並
不太在意，只要擁有特別專長或才能，並且對自己的行爲有所領悟，將仍得
到眾人的稱讚。

另據戴孚《廣異記‧趙州參軍妻》記載：

> （新娘）被車載至泰山頂，別有宮室，見一年少，云是三郎。令侍
> 婢十餘人擁入別室，侍妝梳。三郎在堂前，與他少年雙陸，候妝梳
> 畢，方擬宴會。〔註135〕

這是一個死而復生的故事。趙州盧參軍之新娘突然暴斃，術士明崇儼以三道
神符救其生還，而新娘表示是被泰山三郎所害，三郎在宴會前正與其他少年
進行雙陸。另據趙璘《因話錄》中敘述道：

> 滎陽鄭還古……弟齊古，好博戲賭錢，還古帑藏中物，雖妻之贄玩，
> 恣其所用，齊古得之輒盡。還古每出行，必封管鑰付家人曰：「留待
> 二十九郎償博，勿使別爲債息，爲惡人所陷誤也。」弟感其意，爲
> 之稍節。〔註136〕

〔註133〕唐‧李冗，《獨異志》（北京：中華書局，1985），卷上，頁6。
〔註134〕唐‧張讀撰，《宣室志》，卷9，收入《唐五代筆記小說大觀》（上海古籍出版
　　　　社，2000），頁1062。
〔註135〕戴孚，《廣異記‧趙州參軍妻》，《原刻景印百部叢書集成》（藝文印書館‧龍
　　　　威秘書第五函）。
〔註136〕唐‧趙璘，《因話錄》，卷3，（北京：中華書局，1985），頁16。

鄭還古「性孝友」，其弟齊古喜好博戲賭錢。即便如此，還古與妻子仍將財產任憑齊古使用，免其被惡人所陷害。齊古感悟哥哥的用意，對於賭博行爲稍微節制，還古、齊古兄弟情誼令人動容。顯見博戲活動亦有用於賭博者，而沉迷於賭博者，大多難以自拔，並易因而淪落罪惡深淵。另據范攄《雲溪友議・金仙指》記載：

> 浙西韓相公晃，斷法師雲晏等五人聚集賭錢，因有喧諍，云：「正法何曾執貝，空門不積餘財。白日既能賭博，通宵必醉罇罍。強説天堂難到，又言地獄長開。並付江神收管，波中便是泉臺。」〔註137〕

浙西韓相公晃與斷法師雲晏等五人聚集賭錢，因此有「正法何曾執貝，空門不積餘財。」之喧諍。顯然，賭博、通宵狂歡宴飲，常相伴發生。沉迷賭戲者，常造成家徒四壁，最終淪爲波臣。嗜博賭財者，不可不引以爲誡。另據王古《報應記・沈嘉會》記載：

> （沈嘉會）瞬息之間便到，宮殿宏麗，童子引入謁拜。府君即延入曲室，對坐談笑，無所不知，謂嘉會曰：「人之爲惡，若不爲人誅，死後必爲鬼得而治，無有徼幸而免者也。若日持金剛經一遍，即萬罪皆滅，鬼官不能拘矣。」又云：「前府君有過，天曹黜之。某姓劉。」嘉會亦不敢問其他也。嘗與嘉會雙陸，兼設酒餚。嘉會起，於小廳東見姑臧令慕容仁軌執笏端坐，云：「府君帖追到此，已六十日，未蒙處分。」嘉會坐啓府君，便令召仁軌入，謂曰：「公縣下有婦人阿趙，被縣尉無狀拷殺，阿趙來訴，遂誤追公。」庭前有盆水，府君令洗面，仍遣一小兒送歸。嘉會亦辭。復令二男送。凡在泰山二十八日。〔註138〕

這是一則信仰虔誠而得福報的故事。沈嘉會在貞觀年間擔任校書郎，因事而發配蘭州。因思鄉情切，早晚必面東朝泰山祈拜，希望能生而得返，如是二百餘天。後來感動泰山府君，將沈嘉會迎到泰山，不僅了卻思鄉之情，並歡愉達二十八日。此外，民間對於博戲活動亦充滿神秘色彩。傳說中，仙界亦盛行博戲，而且其所賭之物亦異於人間。另據陳邵《通幽錄・盧瑣》記載：德宗貞元年間，范陽盧瑣妻弘農楊氏，家中婢女小金經常莫名昏厥，原本啞巴的小金母親突然開口說話，自稱是已故楊氏舊婢花容，受盧生舅楊郎所託，

〔註137〕唐・范攄，《雲溪友議》（北京：中華書局，1985），卷11，〈金仙指〉，頁64。
〔註138〕李昉，《太平廣記》，卷102，〈沈嘉會〉，頁690～691。

前來傳語給娘子。盧生問其舅安在？答曰「楊郎在安養寺塔上，與神人楊二郎雙陸。〔註139〕」，據牛僧孺《玄怪錄》中記載：

> 有巴邛人，不知姓。家有橘園，⋯⋯剖開，每桔有二老叟，須眉皤然，肌體紅潤，皆相對象戲，身僅尺餘，談笑自若，剖開後，亦不驚怖，但與決賭。賭訖，⋯⋯食訖，以水噀之，化為一龍，四叟共乘之，足下泄泄雲起，須臾風雨晦冥，不知所在。巴人相傳云：「百五十年已來如此，似在隋唐之間，但不知指的年號耳。」〔註140〕

在巴邛一處橘子園中，橘子內各有兩名正在對弈賭勝負的老人，從「皆相對象戲」一語，反映出唐代象戲盛行。從中亦得以見唐代有以象戲為賭，而「橘中戲」亦成為象棋別名。其中賭賽結束之後，一名老叟云：「君輸我海龍神第七女髮十兩，智瓊額黃十二枚，紫絹帔一副，絳臺山霞實散二庾（古代容量單位元一庾為十六鬥），瀛洲玉塵九斛（古代容量單位元，十鬥為一斛），阿母療髓凝酒四鍾，阿母女態盈娘子躋虛龍縞襪八兩，後日於王先生青城草堂還我耳。」文中巴邛仙人所博之物，讓人大開眼界。另據穀神子《纂異記》中描述道：

> 使者曰：「一飯之恩，誠宜報答。百萬之眖，某何用焉？今有仙官劉綱，謫在蓮花峰。足下宜匍匐徑往，哀訴奏章，舍此則無計矣。某昨聞金天王與南嶽博戲不勝，輸二十萬，甚被逼逐。足下可詣嶽廟，厚數以許之，必能施力於仙官。縱力不及，亦得路於蓮花峰下。不爾，荊榛蒙密，川穀阻絕，無能往者。」〔註141〕

浮梁張縣令，家業遍佈在江淮一帶，積累的財寶和糧食，無法計算。在華陰遇到傳遞關中生死薄的黃衣小吏，張縣令得知太行山正在召募人魂，自己也將命終，於是乞求黃衣使者延緩死期。黃衫使者感念一頓酒飯的恩惠，告知仙官劉綱被貶於蓮花峰，張縣令應該竭盡全力前往悲傷地訴說、奏請。而金天王和南嶽王進行一種賭輸贏的遊戲，輸了二十萬，張縣令可以用巨額的錢財許諾給金天王，如此可以在仙官前面協助張縣令。但是，最終由於張縣令對三峰的承諾沒能實現，而得了病，連寫給妻子的遺書沒寫完就死亡了。在此，仙界亦有利用博戲為賭者，而且其賭金數目甚大。

〔註139〕李昉，《太平廣記》，卷340，〈盧瑎〉，頁2695～2698。

〔註140〕唐・牛僧孺，《玄怪錄》（台北：文史哲出版社），卷3，〈巴邛人〉，頁73～74。

〔註141〕唐・谷神子，《纂異記・浮梁張令》，卷3，收入《唐五代筆記小說大觀》（上海古籍出版社，2000），頁519。

除此之外，唐代博戲還曾用以解決風流的問題。據《太平廣記》記載：

> 張云容薛昭者，唐元和末爲平陸尉。……昭詢其姓字，長曰云容，
> 張氏；次曰鳳臺，蕭氏；次曰蘭翹，劉氏。飲將酣，蘭翹命骰子，
> 謂二女曰：「今夕佳賓相會，須有匹偶，請擲骰子，遇采強者，得薦
> 枕席。」乃遍擲，云容采勝。翹遂命薛郎近云容姊坐，又持雙杯而
> 獻曰：「眞所謂合卺矣！」昭拜謝之。〔註142〕

薛昭遇到張云容、蕭鳳台、劉蘭翹三位美女，酒喝得盡興的時候，蘭翹拿出
骰子，與另兩個美女約定，以擲骰子得強彩者，才得以侍寢。於是三相繼擲
骰子，最終由張云容擲得強彩，因而得以與薛昭枕席。「上之好之，民風尤甚」，
宮廷內有以擲骰決定入侍帝寢之情，民間亦有之。

當皇帝、貴族們大肆進行博戲時，平民百姓將如是效仿，甚而有過之無
不及。據《唐國史補》記載：

> 乃博徒是強名爭勝。謂之「撩零」，假借分畫謂之「囊家」，囊家什
> 一而取，謂之「乞頭」。有通宵而戰者，有破産而輸者……。圍棋次
> 於長行，其工者近有韋延祐、楊茈首出。如彈棋之戲甚古，法雖設，
> 鮮有爲之；其工者，近有吉達、高越首出焉。〔註143〕

「囊家」是唐代民間出現賭博的專門場域，不僅作東且爲賭博提供賭具、場所
及必要設備者，夜晚還須提供蠟燭等，這是中國聚賭抽頭的最早文字記錄。囊
家從贏家抽取十分之一的錢，稱爲「乞頭」或「子頭」，類似今日之抽紅。而
旁觀者跟局押注者，押其零頭，輸贏隨之，謂之「撩零」。這種博戲分莊家與
押家，押家爲跟局者，跟莊或跟押者多寡不限，而設局抽紅者是永遠的贏家。

九、縱博千場遊俠兒

據高適〈邯鄲少年行〉詩云：

> 邯鄲城南遊俠子，自矜生長邯鄲裏。千場縱博家仍富，幾度報仇身
> 不死。宅中歌笑日紛紛，門外車馬常如雲。未知肝膽向誰是，令人
> 卻憶平原君。君不見今人交態薄，黃金用盡還疏索。以茲感歎辭舊
> 游，更於時事無所求。且與少年飲美酒，往來射獵西山頭。〔註144〕

〔註142〕宋·李昉，《太平廣記》（北京：中華書局，1961），卷69，〈女仙〉，頁429。
〔註143〕唐·李肇，《唐國史補》，卷下，收入《唐五代筆記小說大觀》，頁197～198。
〔註144〕中華書局校訂，《全唐詩》，卷213，頁2217。

住在邯鄲城南邊的遊俠，常以生長在邯鄲而感到自傲。經過上千次的博戲活動，家裡依舊富有。家宅中，每天充滿歌聲與歡笑；訪客絡繹不絕。僅管如此，現今人們的交情不深，能真心相待者寥寥可數。高適藉本詩表達世態炎涼，不如遠離塵囂，與邯鄲的遊俠一起縱情美酒與射獵。另一方面，由「千場縱博家仍富」可知唐代民間博戲賭風盛行，並且沉迷於博戲者大多導致家敗的命運。能如邯鄲遊俠兒般保持家業者，實屬罕見。另據吳象之〈少年行〉詩云：

> 承恩借獵小平津，使氣常游中貴人。一擲千金渾是膽，家徒四壁不
> 知貧。〔註145〕

詩中描寫陪皇帝出獵的少年，因結交顯要富貴之人，且得到皇帝的賞賜，便任意揮霍，花錢無度，使家裡窮得一貧如洗。可見，年少不經事只管盡情豪賭之行徑。另據崔顥〈代閨人答輕薄少年〉詩云：

> 妾家近隔鳳凰池，粉壁紗窗楊柳垂。本期漢代金吾婿，誤嫁長安遊
> 俠兒。……花間陌上春將晚，走馬鬥雞猶未返。三時出望無消息，
> 一去那知行近遠。桃李花開覆井欄，朱樓落日卷簾看。愁來欲奏相
> 思曲，抱得秦箏不忍彈。〔註146〕

少女原本期待所托者是金龜婿，怎知竟是長安裡的遊俠兒。丈夫出門後，常常流連於鬥雞走馬的活動，獨留妻子在家單相思。除了表達妻子獨守空閨的無奈之外，從詩作中亦可知，長安少年沉迷博戲之深。博戲讓人流連忘返，或將導致家庭失能、夫妻失和，或將引起社會問題。詩人在此表達憂心與提出博戲賭博化的警訊。

十、沉迷博戲，更甚愛自己生命

好決勝負乃人之常情，據李廓〈長安少年行〉詩云：

> 好勝耽長夜，天明燭滿樓。留人看獨腳，賭馬換偏頭。樂奏曾無歇，
> 盃巡不暫休。時時遙冷笑，怪客有春愁。〔註147〕

此詩乃描寫長安豪門少年，為決勝負而通宵達旦進行長行，不肯罷休。可見，其沉溺長行之深。而唐代對雙陸博戲最著迷者，當屬貝州人潘彥，據唐・張

〔註145〕中華書局校訂，《全唐詩》，卷777，頁8800。
〔註146〕中華書局校訂，《全唐詩》，卷125，頁1234。
〔註147〕中華書局校訂，《全唐詩》，卷24，頁329。

驚《朝野僉載》記載：

> 咸亨中，貝州潘彥好雙陸，每有所詣，局不離身。曾泛海，遇風船
> 破，彥右手挾一板，左手抱雙陸局，口銜雙陸骰子。二日一夜至岸，
> 兩手見骨，局終不捨，骰子亦在口。〔註148〕

唐高宗時期，貝州（今河北）有一名字叫做潘彥的人，酷愛雙陸，局不離身。一次出海，結果碰上風浪，船破墜水，潘彥右手搶到一塊木板，左手緊緊抱著自己的寶貝雙陸棋盤，把骰子銜在嘴中，漂流了兩天一夜，最後才獲救上岸，結果此時雙手已經破損見骨，但是局終不舍，而且骰子亦在口。潘彥可說是一名寧捨命，不捨雙陸棋的異人啊！

唐代以前，博弈作為一種文化的觀念，在社會上並未完全確立。入唐以後，方將琴棋書畫相提並論，作為衡量人文造詣與文化修養的參考依據。文人又將博弈與詩文作聯繫而融合起來，不僅使得博弈文化在世人心中得到更大的認同外，更增添博弈文化多彩多姿的內涵。

唐玄宗後期，開元天寶年間，唐帝國國力極度強盛，經濟文化呈現空前繁榮景象，人民創造精神也有所發揚。於此同時，政治、經濟各方面卻又潛伏著各種危機，導致政治由開明逐漸轉為腐敗。在長安的李白，深感上層統治者的腐敗。據李白〈古風·五十九首之二十四〉詩云：

> 大車揚飛塵，亭午暗阡陌。中貴多黃金，連雲開甲宅。路逢鬥雞者，
> 冠蓋何輝赫。鼻息干虹蜺，行人皆怵惕。世無洗耳翁，誰知堯與跖。
>
> 〔註149〕

此詩乃李白針對唐代現實狀況所作的一首諷刺詩。詩的前八句寫宦官、雞童豪華的生活和飛揚跋扈的氣焰。李白對這些得倖小人的生活並沒有進行全面描寫，而是巧妙地描繪京城大道上的兩個場景。權貴、宦官的大車在疾馳，揚起了漫天塵埃，遮蔽了中午的大道。藉以說明，當時已無「洗耳翁」許由這樣的聖人了，因此產生「誰會分辨堯和跖？」這樣的感慨。另據〈行路難·三首之二〉詩云：

> 大道如青天，我獨不得出。羞逐長安社中兒，赤雞白狗賭梨栗。彈
> 劍作歌奏苦聲，曳裾王門不稱情。淮陰市井笑韓信，漢朝公卿忌賈
> 生。君不見昔時燕家重郭隗，擁慧折節無嫌猜。劇辛樂毅感恩分，

〔註148〕唐·張鷟，《朝野僉載·補輯》，收入《唐五代筆記小說大觀》，頁81。
〔註149〕唐·李白，清·王琦注，《李太白全集》（北京：中華書局，1977），頁120～
122。

輸肝剖膽效英才。昭王白骨縈爛草，誰人更掃黃金臺。行路難，歸
去來。〔註150〕

唐代上層社會喜歡拿鬥雞進行遊戲，唐玄宗曾在宮內造雞坊，鬥雞的小兒更
因而得寵。因此，產生「生兒不用識文字，鬥雞走狗勝讀書」的民謠。此乃
因為藉由鬥雞，便可以與紈袴子弟交遊，仕途上亦有了捷徑。對此，李白嗤
之以鼻，因此聲明自己羞於去追隨長安社中的小兒。如同在〈白馬篇〉中「鬥
雞事萬乘，軒蓋一何高〔註151〕」及〈答王十二寒夜獨酌有懷〉中所說「君不
能狸膏金距學鬥雞，坐令鼻息幹虹霓〔註152〕」是相同意思。

　　李白並不把長安的權貴們當一回事，如同馮諼在孟嘗君門下作客，覺得
孟嘗君對自己不夠禮遇，因此經常彈劍而歌，表示不稱意。李白借用了韓信、
賈誼的典故，寫出長安一般社會上對他的嘲笑與輕視，而當權者則是對自己
忌妒和打擊。整首詩表現了李白對功業的渴望，流露出在困頓中仍想有所作
為的積極熱情。李白嚮往燕昭王和樂毅等人的風雲際會，也希望有「伯樂識
千里馬」的機緣。「行路難，歸去來」，只是一種憤激之詞，具體地指要離開
長安，並非消極避世，並且還抱持它日東山再起的幻想。此外，在〈古風‧
四十六〉云：

一百四十年，國容何赫然。隱隱五鳳樓，峨峨橫三川。王侯象星月，
賓客如雲煙。鬥雞金宮裏，蹴踘瑤台邊。舉動搖白日，指揮回青天。
〔註153〕

玄宗喜好鬥雞，因此貴臣、外戚皆群起效尤，貧者甚且逗弄木雞，儼然形成
「雞禍」。以白日青天比作玄宗，身旁得志者，舉動指揮足以動搖玄宗視聽。
維妙地表達出唐玄宗時期，一方面是空前強大帝國的繁榮氣象，一方面是統
治階級在強大繁榮外衣的掩蓋下已開始走向奢侈和腐化。在〈古風‧三〉李
白以詠史的形式作了類似的描寫：

秦王掃六合，虎視何雄哉！揮劍決浮雲，諸侯盡西來。明斷自天為，
大略駕群才。收兵鑄金人，函谷正東開。銘功會稽嶺，騁望琅邪台。
刑徒七十萬，起土驪山隈。尚采不死藥，茫然使心哀。〔註154〕

〔註150〕唐‧李白，清‧王琦注，《李太白全集》，頁190～191。
〔註151〕唐‧李白，清‧王琦注，《李太白全集》，頁279～280。
〔註152〕唐‧李白，清‧王琦注，《李太白全集》，頁910～911。
〔註153〕唐‧李白，清‧王琦注，《李太白全集》，頁143～145。
〔註154〕唐‧李白，清‧王琦注，《李太白全集》，頁92～93。

大唐帝國曾經先後以不同的形式，重演秦始皇故事，除收兵鑄金人而外，諸如平定諸侯，籠駕群才，銘功會稽，起土驪山等均有之。詩人表面是詠史，實際是對唐代王朝極盛而漸衰的徵象深表憂慮。詩的後段藉秦始皇採藥蓬萊，顯然是諷刺唐玄宗好神仙求長生的荒唐夢想。另外，李白在〈梁園吟〉詩中亦云：

> 連呼五白行六博，分曹賭酒酣馳輝。〔註155〕

詩人簡單幾筆即描繪出酣飲、豪博的形象，從客觀景物到歷史遺事以至一些生活場景，把它如實地描繪出來，使人感到一股強烈的感情激流。使我們好像親眼見到一個正直靈魂的苦悶與掙扎，進而衝擊抗爭，從而感受到社會對他的無情摧殘和壓抑。

綜上所述，隨著玄宗熱愛鬥雞之戲，造成盛唐時期一股「鬥雞走馬勝讀書」的民風。此外，淮南、邯鄲與長安等地的少年，受此博戲風氣影響，亦出現豪賭與不羈的遊俠行徑。於此同時，詩人亦提出博戲賭博化，所帶來的社會問題警訊。此外，中央監察機關御史臺的博戲之風，在宋璟整頓前十分盛行，無怪乎博戲在各階層十分流行，甚至影響到了軍中。軍紀關乎一國安全，不得不慎。由於樗蒲博戲敗壞軍紀，因此唐代軍令即嚴禁樗蒲。據《李衛公兵法》云：

> 諸軍中有樗蒲博戲，賭一錢以上同坐，所賭之物沒官。〔註156〕

各軍之中有樗蒲博戲而賭一錢以上者，應加以處罰，且其所賭之物均沒收充公。如此將禁賭規定行之明文，顯見軍中博戲風氣到了不得不禁的地步。另據李筌《太白陰經全解》云：

> 以強凌弱，樗蒲忿爭，酗酒喧競，惡罵無禮，於理不順者斬。〔註157〕

由於樗蒲進行中，常有強凌弱之情事，加以酗酒喧鬧、惡罵無禮，不順乎理者應當問斬。禁賭規定雖然嚴屬，但是，常有軍官們帶頭違犯軍紀，因此，軍中禁賭令之執行常大打折扣。加上社會遊手好閒者，常出入博戲場所，以樗蒲賭錢，引起一連串社會問題，確實是不得不加以省思的。除此之下，據《唐六典》記載：

〔註155〕中華書局校訂，《全唐詩》，卷166，頁1718。

〔註156〕唐・杜佑，《通典》，卷149，〈兵典二・法制附雜教令〉，頁3821。

〔註157〕唐・李筌，《太白陰經全解》（湖南：岳麓書社，2004年），卷3，〈雜儀類・誓眾軍令篇〉，頁173。

> 凡道士、女道士、僧、尼……飲酒食肉、設食五辛、作音樂博戲……
>
> 皆苦役也。〔註158〕

唐代的博戲種類不勝枚舉，雅俗兼備，其參與人員亦不分貴賤與男女。在激烈博戲的過程中，或因此違法亂紀，故而規定，道士、和尚、尼姑等，若從事飲酒食肉、宴樂博戲等活動者，均須服勞役。此外，《唐六典》另有記載：

> 殿中侍御史掌殿庭供奉之儀式。……凡兩京城內……各察其所巡之
>
> 內有不法之事。（……蒲博、盜竊、獄訟冤濫、諸州綱典貿易隱盜、
>
> 賦斂不如法式，諸此之類，咸舉按而奏之。若不能糾察及故縱、蔽
>
> 匿者，則量其輕重而坐所由御史。）〔註159〕

殿中侍御史掌殿庭內供奉儀式，並巡查所內不法之事。當中列舉蒲博、盜竊、獄訟冤濫、諸州綱典貿易隱盜、賦斂不如法式等，均舉按而奏。如果無法糾察或故意放縱、藏匿者，則該御史須連坐處罰。可見，博戲已深入社會各階層，而且影響極廣，必須加以限制與遏止。

隨著江南富庶與商業的發展，社會風尚日趨奢華和享樂。據李肇《唐國史補》記載：

> 長安風俗，自貞元侈於遊宴，其後或侈於書法圖畫，或侈於博奕，
>
> 或侈於卜祝，或侈於服食，各有所蔽也。……王公大人，頗或耽玩，
>
> 至有廢慶吊，忘寢休，輟飲食者。〔註160〕

長安城的風俗從貞元（唐德宗的年號，西元785～805年）開始，逐漸沉迷於遊宴，諸如書法圖畫、博奕活動、卜祝服食等，都各有愛好者。有的統治階級們，沉迷遊宴到廢寢忘食，甚至連婚喪喜慶也不參加，中唐社會風氣之轉變可見一斑。

隨著唐代博戲之風盛行，社會亦開始出現一股檢討聲浪。據敦煌變文〈孔子項托相問書〉中有云：

> 夫子曰：「無車中有雙陸局，共汝博戲如何？」小兒答曰：「吾不博
>
> 戲也。天子好博，風雨無期；諸侯好博，國事不治；吏人好博，文
>
> 案稽遲；農人好博，耕種失時；學生好博，忘讀書詩；小兒好博，

〔註158〕唐・李林甫，《唐六典》（北京：中華書局，1992），卷4，頁126。

〔註159〕唐・李林甫，《唐六典》，卷13，頁381。

〔註160〕唐・李肇，《唐國史補》，卷下，曹中孚校點，《唐五代筆記小說大觀》（上海：上海古籍出版社，2000），頁197～198。

答撻及之。此是無益之事何用學之！」〔註161〕

文中以孔子東遊時，巧遇七歲小兒項托，兩人以雙陸博戲相問難。但是，孔子生長的春秋時代，雙陸棋尚未出現在中國。文中主要藉孔子之對答不如七歲之項托，以反映因民間博戲之風盛行，可見文人與社會開始興起一股反對以博戲爲賭的聲浪。另外，趙摶認爲，長行乃無益之戲，沈迷其中，將有害於政務，在其〈廢長行〉中寫道：

> 紫牙鏤合方如鬥，二十四星銜月口。貴人迷此華筵中，運木手交如陣鬥。不算勞神運枯木，且廢爲官恓惶獨。門前有吏嚇孤窮，欲訴門深抱冤哭。耳厭人催坐衙早，才聞此戲身先到。理人似愛長行心，天下安平多草草。何當化局爲明鏡，掛在高堂辨邪正。何當化子作筆鋒，常在手中行法令。莫令終日迷如此，不治生民負天子。〔註162〕

此詩意在關心民生疾苦。當時有些官員因沉迷於長行而不理政務，荒廢行政，因此趙摶作此詩呼籲廢止長行之戲。以期化棋局爲明鏡，以明辨邪正；化棋爲筆，行法爲令，以期不負天子、百姓之重托與厚望。但由於趙傳對長行規制不甚了解，故而將骰子二十一點描述成「二十四星」。

綜上所述，唐代許多城市，尤其是南方一些城市如杭州、蘇州等地，由於經濟富庶，商賈雲集，市井無賴亦混雜其間，因而博戲風氣很盛。唐代婦女的博戲活動蓬勃發展，代表著博戲風氣已橫跨社會階層之界線，在社會上廣泛流行。因此，唐代筆記小說和俗講變文中，存在許多關於博戲的描述。再者，「上之好之，民風尤甚」，宮廷內有以擲骰決定入侍帝寢之情，民間亦有之。此現象反映出當皇帝、貴族們大肆進行博戲時，平民百姓將如是效仿，甚而有過之無不及。因此，唐代民間出現賭博的專門場域，不僅作東且爲賭博提供賭具、場所及必要設備者，夜晚還須提供蠟燭等，這是中國聚賭抽頭的最早文字記錄。

第四節 小 結

唐代是中國博戲文化史發展上的重要時期，在許多方面表現出承先啓後的特點。首先，博戲器具與形式，融貫古今，更有創制。其中，骰子創制、

〔註161〕《敦煌變文》（日本京都：中文出版社，1978），卷3，頁231～233。
〔註162〕中華書局校訂，《全唐詩》，卷771，頁8712。

定型於唐代，一直沿用至今，並對後世產生深遠影響。第二，隨著城市經濟的繁榮，不僅賭風盛行，並且出現「囊家」等專門的博戲組織。第三，唐代上流社會的博戲風氣盛行。宮廷中，武則天嗜賭雙陸，作夢亦夢雙陸；玄宗因博而賜緋等即是例證。皇帝博戲影響所及，造成士大夫亦喜參與博戲、更有善於博戲者。諸如李白、杜甫、韓愈等，在詩作中即有不少歌詠博戲的篇章。儘管《唐律疏議》是繼《法經》之後，封建王朝正式頒布的法律中，載有禁賭律文者，可見唐代對於博戲所造成之危害十分重視。但是，在上位者參與博戲的情況下，禁賭形同虛設。

　　唐代的建立與博戲有密切的關係，而唐代皇帝亦多喜好博戲。帝王們位高權重，其博戲的形態可謂多姿多采。舉凡將博戲與政治作為搭上關係，以奪權掌政；帝王們對博戲的熱衷與研究，無形中對博戲產生推升作用。至於皇宮中的賭寢，則是宮廷中的特殊文化；骰子賜緋，更非平民百姓所能成就，但其影響之深，直至千百年後的今天亦如是。帝王們迷戀博戲，在推波助瀾的情形下，大臣百姓紛起效尤，進而產生「鬥雞走馬勝讀書」的畸形文化現象。

　　此外，博戲過程因爭道或言語交鋒，在歷史上均曾發生過因而喪失自身性命，甚至抄家滅族者。但玄宗在棋局將輸之際，或以猧子亂局，或因白鸚鵡局中鼓舞解危，非但無因此喪失性命或引起內亂，僅成為歷史上的記趣一椿，顯示出唐代君臣間的分際與帝王政權的控制能力。縱然如此，若帝王嗜博，卻不知適時調理朝政，或將導致朝政紊亂，這是為政者所不能不知曉，而必須加以警惕的。

　　再者，唐代氣象恢弘，社會風氣極為開放，自由浪漫的風氣形成文士不受拘束的心性，造就唐代任俠的士風、豪放不羈的性格。對於快樂與放縱的追求，促使文士們將博戲視為不可或缺的遊樂方式。這樣的氛圍下，唐代文士博戲之風不亞於魏晉時期。唐代好博戲的文人屢見不鮮，諸如李白、杜甫、韓愈等，在詩作中即有不少歌詠博戲的篇章。

　　中唐開始，隨著江南富庶與商業的發展，社會風尚日趨奢華和享樂，士風也產生明顯變化。文以載道的韓愈與詩以采風的白居易，在歷史上是不可多得的正人君子，卻也毫無顧忌地追求聲色貨利，這看似矛盾的現象，實際上代表著中唐以降士大夫整體的社會傾向。亦即中唐以後文士的精神追求，不再一味以通過建功立業來自我肯定，而是走向生活與享受的另一個階段，

博戲因而備受青睞。

　　不論初唐、盛唐、中唐或晚唐，文人或親自參與博戲，或在旁觀博，或厭惡博戲，均透過詩文流傳下來。我們藉此得以知悉，唐代的博戲活動極為普遍，並且受到當時人們的歡迎與喜愛，而文人亦參與其中。但沉迷博戲者也多造成家徒四壁的下場，進而產生許多社會問題，確實是不得不加以省思的。

　　其次，在中國古代社會各階層中，貴族們絕大部分擁有雄厚財力，錦衣玉食、養尊處優，為博戲創造最佳環境，故而貴族階級的博戲風氣最盛。貴族婦女參與博戲的情形更為普遍，甚至可以夜以繼日地進行。一般婦女亦有喜好博戲而且技藝高超者，唐代圍棋第一高手王積薪的棋藝，相傳得自於鄉野老嫂的傳授而更為精進。總而言之，唐代婦女的博戲較之男子的博戲而言，種類不相上下，但多了幾分文雅之氣與精緻。

　　唐代社會開放，自由而浪漫的風氣造就人們不受拘束的心性，對於快樂與放縱的追求，導致博戲成為民間不可或缺的娛樂方式。眾所周知，不同時代與地區，在不同的人群當中，流行的博戲方式也不盡相同。唐代上流社會流行雙陸與握槊，民間則流行擲骰子。唐德宗貞元年間博戲盛行，平民階層中參與博戲者更是形形色色。民間對於博戲活動充滿神秘色彩。傳說中，仙界亦盛行博戲，而且其所賭之物亦異於人間。

　　此外，透過詩人文學作品可知，唐代時長安、邯鄲、淮南、益州、蜀地等，均擁有為數不少的少年遊俠兒。其中杜甫客居夔州時，寫了不少記錄四川奉節地區的山川和風土人情的詩章。夔州地勢險要，當地人自幼即與水搏鬥，因此養成人們不畏滔滔江水的性格。夔州貧富差距甚大，文化教育水準不高。或因如此，風俗相對惡薄。少年遊俠兒平日以飲博為樂，原為消遣娛興，無可厚非，但或有沉迷博戲致家徒四壁，甚至造成社會問題者，則不得不加以限制與禁止。

　　唐代的博戲種類不勝枚舉，雅俗兼備，其參與人員亦不分貴賤與男女。博戲風氣之盛，可見一斑。

　　除此之外，唐代的博戲文化，隨著大量的日本遣唐使而傳入日本，這些唐代流行的博戲也得到日本人民的喜愛，甚至逐漸成為賭博的工具。透過中國史籍與日本文字記錄，更加印證唐代博戲文化的多元與廣泛。

　　唐李肇《國史補》有云：「今之博戲，長行最盛」雙陸與握槊、長行不論

在宮廷或是民間，均極爲盛行。武則天白天玩雙陸，晚上做夢亦見雙陸，可見其喜愛雙陸的程度，已到成痴地步。「鬥雞皇帝」唐玄宗，除了特愛鬥雞之外，雙陸之戲亦常爲之。更甚者，唐中宗不僅讓武三思與韋皇后在榻床上行雙陸之戲，而且並爲之點籌。宮廷痴雙陸如此，大臣、貴族群起效尤。民間潘彥寧捨命，不捨雙陸棋的作風，讓人意會雙陸迷人之深。

第五章　結　論

　　遊戲是生物的一種本能，在原始人類甚至在其他動物界之中，遊戲都扮演著極為重要而且不可或缺的活動。博戲在世人心中，大多被視為遊戲而已，無足輕重。但是，當博戲放諸於傳統文化的架構中，博戲就不再只是遊戲而已了。

　　中國博戲文化的內涵非常豐富，從先秦以來，博戲總不失時宜地把各時代的學術思想和科學技術成果蘊含於其中。博戲豐富的內在蘊含，更導致外在功能的多樣化。博戲作為珍貴的歷史文化遺產，應發揮其啟迪智慧的發展功能、忘憂添趣的愉樂功能、涵茹砥礪的陶冶功能、切磋交流的社交功能、因物設教的教育功能等積極意義。儘管博戲存在消極的一面，諸如因嗜博而廢事棄業、以博為卜的盲從與盲信、以博為賭而形成的社會問題等。但仍瑕不掩瑜，博戲在中國歷史的發展上佔有重要的地位。

　　在中國遊戲歷史的發展中，唐代占著關鍵性的地位。除了傳統遊戲內容得到進一步的定型、推廣與普及之外，更逐漸發展出多樣的遊戲，豐富中國的遊戲文化。有唐一代，博戲活動蓬勃發展，這不僅是因為唐代經濟繁榮、國勢強盛，更由於文化交流頻繁，因此創造出多元而豐富的博戲活動。當然，帝王的提倡與親自參與，社會的開放與多元，文人的吟詠與歌誦等，都促使著博戲活動在唐代的蓬勃發展。

　　在中國，博戲、博弈、與賭博之間，存在密切關係。博戲在古代中國遊戲史上，包含極廣，舉凡一切棋戲、鬥戲等均屬博戲範疇，因此，圍棋、象棋、六博、樗蒲、雙陸、鬥雞、蹴鞠等均屬之。

　　古有稱博戲為博弈者，現今則普遍認為「弈」乃圍棋之代稱，與「博」

不同。「博」與「弈」兩者間最大的區別，在於是否使用骰子。其中，純粹以技術行棋而非依恃骰子機率者，爲「弈」，專指圍棋而言。若須先擲骰子再依采行棋者，則爲「博」，舉凡六博、樗蒲、雙陸者爲之。但若從考古發掘與文獻顯示，至少直至戰國時，「弈」並非專止圍棋，反而多指博棋。

此外，不論「博」或「弈」，均有爭勝負之情形，爲增加趣味性或動機性，除了勝負名聲之外，進而附帶金錢財物作爲勝負的獎勵，便將博弈與賭做成連結。將「博戲」、「博弈」與「賭博」視爲相關，此乃因或「以博爲賭」，或「因賭而博」之故。但中國古代博戲非爲簡單的爭勝負或贏財物而已，而是蘊含許多古代辯證法、象數及倫理的思維遊戲。

中國博戲文化產生的因素很多，而且各時期博戲的發展也不相同。大致而言，生產技術的進步與商品經濟的發達、統治者的倡導與親自參與等，是中國博戲產生的重要原因。生產技術進步與商品經濟發達之後，人們的物質生活得到滿足，即欲追求精神層面的享受，博戲由此而生。封建時代的帝王，集權力與財富於一身，常導致「上有所好，下必甚焉」風吹草偃的影響力，故而統治者的倡導與親自參與極大地推動博戲在中國社會的流行。

除此之外，對自然宇宙的觀察與認識、博戲與占卜的聯結，更是中國博戲文化的特色。此即人們藉由對自然、天文、地理、宇宙的觀察與認識，產生像數思維的遊戲。其中，中國古籍與傳說中的「河圖」與「洛書」即反映先民對自然宇宙的認識與想像、神秘而其妙。

春秋戰國時期，隨著社會經濟的發展，尤其城市商品經濟的繁榮，博戲活動已在社會各層面和各地區流行。上流社會中，從國君、王侯到貴族、富豪，都嗜好博戲，一般百姓亦有嗜好博戲者。於此同時，博戲不僅重視勝負，亦有金錢的輸贏情形。先秦時期的博戲，種類已趨多樣化，六博、弈棋、鬥雞、走狗、投壺與蹴鞠等，不一而足。其中以六博最盛，但此時的六博僅限於男性。此外，在某些地區更出現以賭博爲業的「博徒」。

先秦博戲除了賭錢輸物之外，還帶有原始的娛樂成分；到了秦漢時期，博戲進一步蛻變成「戲而取人財」之賭博活動。秦漢時期社會經濟的發展與平民貧富差距的擴大，爲博戲的興盛創造了社會基礎。此外，西漢的開國元勳大多來自民間，他們將各種博戲帶入宮廷，再由宮廷擴散至民間。不僅造成上流社會與民間的博戲風氣，更直接導致博戲技藝進一步向純粹賭具與賭技蛻變。秦漢時期最流行的博戲仍舊是六博，另有格五、彈棋、樗蒲和意錢

等新產生的博戲種類。除此之外，女子逐漸參與博戲，而且以博戲為業的「博徒」大量出現，顯示出此時期博戲的蓬勃發展。

至於魏晉南北朝時期，雖然是分裂戰亂的局面，但是仍有相對安定與短暫統一的社會環境。諸如官渡戰後曹操統一北方、赤壁戰後三國鼎立、西晉統一全國、北魏時期的北方，以及東晉與南朝時的南方，社會經濟並非完全停滯或遭受破壞，而是處於緩慢恢復與發展。於此同時，遊戲與各項娛樂活動逐漸打下了基礎。由於遊戲具有其獨特的愉情遣興，不論是有所作為的帝王，抑或是昏庸荒唐的君主，均對遊戲活動表現出濃厚的興趣。因此，遊戲與各項娛樂活動發展的興盛，更得益於歷代統治者的提倡與親自參與。博戲形式呈多樣化特點，隨著民族間的融合，胡戲也開始往內地傳入，而自漢代以來流行的六博此時開始衰落，取而代之的是樗蒲、雙陸、攤錢，以及圍棋、射箭等。

魏晉南北朝時期，中外遊藝交流更為頻繁，六面骰子傳入中國，不僅樗蒲與握槊等博戲活動，從少數民族地區進入中原的情況十分盛行，而且，樗蒲等博戲，甚至從中國傳至日本與朝鮮。魏晉南北朝遊藝活動上承秦漢，並為隋唐時期的遊藝繁榮奠定基礎。

到了唐代，帝王們位高權重，因此，其博戲的樣態可謂多姿多采，不勝枚舉。舉凡將博戲與政治作為搭上關係，奪權掌政；帝王們對博戲的熱衷與研究，無形中亦對博戲產生推升作用。至於皇宮中的賭寢，則是宮廷中的特殊文化；骰子賜緋，更非平民百姓所能成就，但其影響之深，直至千百年後的今天亦如是。帝王們迷戀博戲，在推波助瀾的情形下，大臣百姓分起效尤，進而產生鬥雞走馬勝讀書的畸形文化現象。

博戲過程因爭道或言語交鋒，在歷史上均曾發生過因而喪失自身性命，甚至抄家滅族者。但玄宗在棋局將輸之際，或以猧子亂局，或因白鸚鵡局中鼓舞解危，非但無因此喪失性命或引起內亂，而且卻成為歷史上的記趣一樁，顯示出唐代君臣間的分際與帝王政權的控制能力。縱然如此，若帝王嗜博，卻不知適時調理朝政，或將導致朝政紊亂，這是為政者所不能不知曉，而必須加以警惕的。

再者，唐代以前，博弈作為一種文化的觀念，在社會上並未完全確立。入唐以後，方將琴棋書畫相提並論，作為衡量人文造詣與文化修養的參考依據。文人又將博弈與詩文作聯繫而融合起來，不僅使得博弈文化在世人心中

得到更大的認同外，更增添博弈文化多彩多姿的內涵。

　　唐代文人或親自參與博戲，或在旁觀博，或厭惡博戲，均透過詩文流傳下來。我們藉此得以知悉，唐代的博戲活動極為普遍，並且受到當時人們的歡迎與喜愛。但若沉迷博戲，將造成家徒四壁的下場，進而產生許多社會問題，確實是不得不加以省思的。

　　在中國古代社會各階層中，貴族們絕大部分擁有雄厚財力，錦衣玉食、養尊處優，為博戲創造最佳環境，故而貴族階級的博戲風氣最盛。貴族婦女參與博戲的情形更為普遍，甚至可以夜以繼日地進行。一般婦女亦有喜好博戲而且技藝高超者，唐代圍棋第一高手王績薪的棋藝，相傳得自於鄉野老嫂的傳授而更為精進。總而言之，唐代婦女的博戲較之男子的博戲而言，種類不相上下，但多了幾分文雅之氣與精緻。

　　唐代社會中，在各層面均表現出受博戲文化影響的樣貌。在政治手段的博戲文化中。在社交活動的博戲文化中，在時代風尚的博戲文化中。

　　唐代社會開放，自由而浪漫的風氣造就人們不受拘束的心性，對於快樂與放縱的追求，導致博戲成為民間不可或缺的娛樂方式。眾所周知，不同時代與地區，在不同的人群當中，流行的博戲方式也不盡相同。唐代上流社會流行雙陸與握槊，民間則流行擲骰子。唐德宗貞元年間博戲盛行，平民階層中參與博戲者更是形形色色。民間對於博戲活動充滿神秘色彩。傳說中，仙界亦盛行博戲，而且其所賭之物亦異於人間。

　　此外，透過詩人文學作品可知，唐代時長安、邯鄲、淮南、益州、蜀地等，均擁有為數不少的少年遊俠兒。其中杜甫客居夔州時，寫了不少記錄四川奉節地區的山川和風土人情的詩章。夔州地勢險要，當地人自幼即與水搏鬥，因此養成人們不畏滔滔江水的性格。夔州貧富差距甚大，文化教育水準不高。或因如此，風俗相對惡薄。少年遊俠兒平日以飲博為樂，原為消遣娛興，無可厚非，但或有沉迷博戲致家徒四壁，甚至造成社會問題者，則不得不加以限制與禁止。

　　除此之外，唐代的博戲文化，隨著大量的日本遣唐使而傳入日本，這些唐代流行的博戲也得到日本人民的喜愛，甚至逐漸成為賭博的工具。透過中國史籍與日本文字記錄，更加印證唐代博戲文化的多元與廣泛。

　　綜上所述，唐代的遊藝活動盛行，參與遊藝活動的社會階層亦相當廣泛，涵蓋皇帝、王公貴族、文人墨客、百姓與婦女等，不論宮廷或市井大街，均

呈現歡於熱鬧氣氛。遊藝活動中，尤以博戲對社會產生的影響最大。賭博種類繁多，並且參賭人數眾多。唐代博戲活動的普及性打破宗教（佛教、道教）、人物（皇帝、貴族、文人、百姓、女性）之界限。此外，不論從唐代的詩歌或是小說中的博戲來看，不僅量多而且質精，由此可證明：唐代博戲活動在社會普及而且流行。

附　錄

一、六博棋制、棋位、運棋順序復原圖

資料來源：宋會群、苗雪蘭，《中國博弈文化史》（北京：社會科學文獻出版社，2010），頁 50。

二、李肇與李翱樗蒲采名之異同

貴雜采	李翱《五木經》	李肇《唐國史補》	備　註
貴采	盧采——皆玄，厥筴十六	盧采——全黑，其采十六	構成要件相同，惟李翱《五木經》犢采中，牛三白三，應作牛二
	白采——皆白，厥筴八	白采——全白，其采八	
	雉采——雉二玄三，厥筴十四	雉采——二雉三黑，其采十四	
	犢采——牛三白三，厥筴十	犢采——二犢三白，其采十	
	得連擲、出關、越坑	得連擲、打馬、過關	
雜采	開采——雉一牛二白三，厥筴十二	開采為十二	厥筴（采）數均相同，唯李翱《五木經》開采中，牛二應作牛一；李肇於《唐國史補》中並無述說各采之構成要件。
	塞采——雉如開，餘厥皆玄，厥筴十一	塞采為十一	
	塔采——雉白各二玄一，厥筴五	塔采為五	
	禿采——牛玄各二白一曰禿，厥筴四	禿采為四	
	撅采——白三玄二，厥筴三	撅采為三	
	梟采——白二玄三，厥筴二	梟采為二	

三、單馬與敵馬間的距離遭受打馬的機率

單馬與敵馬之間的距離	遭受打馬之機率	單馬與敵馬之間的距離	遭受打馬之機率
1	0.306	10	0.083
2	0.334	11	0.056
3	0.389	12	0.083
4	0.417	15	0.028
5	0.417	16	0.028
6	0.472	18	0.028
7	0.167	20	0.028
8	0.167	22	0.028
9	0.139	24	0.028

參考書目

一、基本史料

1. 十三經注疏整理委員會整理,《十三經注疏·孟子注疏》,北京:北京大學出版社,2000。

2. 十三經注疏整理委員會整理,《十三經注疏·春秋左傳正義》,北京:北京大學出版社,2000。

3. 十三經注疏整理委員會整理,《十三經注疏·論語注疏》,北京:北京大學出版社,2000。

4. 孔子,《論語新繹》,台北:聯經出版事業公司,2010。

5. 孔昭明發行,《欽定全唐文》,台北:大通書局,1975。

6. 王三聘輯,《古今事物考》,台北:臺灣商務印書館,1970。

7. 王溥,《唐會要》,日本京都:中文出版社,1978。

8. 王闢之,《澠水燕談錄》,北京:中華書局,1997。

9. 王讜,周勛初校證,《唐語林校證》,北京:中華書局,1997。

10. 中華書局校訂,《全唐詩》,北京:中華書局,1996。

11. 不著輯人,《翰林學士集》,台北:新文豐出版社,1989。

12. 司馬光,《資治通鑑今註》,台北:台灣商務印書館,1985。

13. 司馬遷,《史記》,台北:鼎文書局,1979。

14. 安世高譯,高楠順次郎編,《大正新脩大藏經·佛祖歷代通載二十二卷》,東京:大正一切經刊行會,1924～1934。

15. 列禦寇、楊伯峻,《列子集釋》,北京:中華書局,1979。

16. 李匡乂,《資暇集（及其他二種）》,北京:中華書局,1985。

17. 李昉等編,《太平廣記》,北京:中華書局,1961。

18. 李昉等編，《太平御覽》，台北：台灣商務印書館，1967。

19. 李林甫，《唐六典》，北京：中華書局，1992。

20. 李延壽，《南史》，北京：中華書局，1975～1981。

21. 李延壽，《北史》，北京：中華書局，1975～1981。

22. 李肇，《新校唐國史補》，台北：世界書局，1959。

23. 李翱，元革注，《五木經》，北京：中華書局，1985。

24. 杜佑，《通典》，台北：大化書局，1978。

25. 沈約，《宋書》，北京：中華書局，1975～1981。

26. 汪禔，《投壺儀節》，北京：中華書局，1985。

27. 屈原、宋玉等，《楚辭・招魂》，新疆：新華書店，1984。

28. 長孫無忌，《唐律疏議》，台北：台灣商務印書館，1973。

29. 段玉裁，《說文解字注》，台北：世界書局，1962。

30. 段成式，《酉陽雜俎》，台北：台灣學生書局，1979。

31. 洪遵，《譜雙》，北京：中華書局，1991。

32. 高明總編纂，林尹編纂，《兩漢三國文彙》，台北：中華叢書編審委員會，1960。

33. 高承，《事物紀原》，台北：臺灣商務印書館，1970。

34. 班固，《漢書》，北京：中華書局，1975～1981。

35. 張英，《淵鑒類函》，台北：新興書局，1978。

36. 張華原編，唐久寵導讀，龔鵬程總策劃，《博物志》，台北：金楓出版社，1987。

37. 張擬，《棋經》，上海：博古齋影印本，1922。

38. 張鷟，趙守儼點校，《朝野僉載》，北京：中華書局，1997。

39. 許慎撰，段玉裁注，《新添古音說文解字注》，台北：洪葉文化公司，1999。

40. 陳夢雷，《古今圖書集成》，台北：鼎文書局。

41. 陳耀文，《天中記》，上海：上海古籍出版社，1991。

42. 裴庭裕，《東觀奏記》，北京：中華書局，1997。

43. 董斯張，《廣博物志》，上海：上海古籍出版社，1992。

44. 董康，《曲海總目提要》，南京：南京大學出版社，2003。

45. 董誥等編，《全唐文》，北京：中華書局，1983。

46. 董誥等編，《全唐文・唐文拾遺》，北京：中華書局，1983。

47. 董誥等編，《全唐文・唐文續拾》，北京：中華書局，1983。

48. 劉仲輔，《棋訣》，北京：中華書局，1991。

49. 劉昫等撰，《舊唐書》，北京：中華書局，1991。

50. 劉肅，《大唐新語》，北京：中華書局，1985。

51. 劉餗，《隋唐嘉話》，北京：中華書局，1997。

52. 趙璘，《因話錄》，台北：台灣商務印書館，1966。

53. 撰人不詳，《敦煌變文》，京都：中文出版社，1978。

54. 潘自牧，《記纂淵海》，台北：正光書局，1976。

55. 鄭處誨，《明皇雜錄》，北京：中華書局，1997。

56. 歐陽修、宋祁，《新唐書》，北京：中華書局，1995。

57. 歐陽修，《歸田錄》，北京：中華書局，1997。

58. 顏之推撰，王利器集解，《顏氏家訓集解》，上海：上海古籍出版社，1980。

59. 魏收，《魏書》，北京：中華書局，1975～1981。

60. 魏徵，《隋書》，北京：中華書局，1975～1981。

61. 嚴可均校輯，《全上古三代秦漢三國六朝文》，北京：中華書局，1958。

62. 闕名，《玉泉子》，上海：上海古籍出版社，1988。

二、專書與論文集

1. 上海古籍出版社，丁如明、李宗爲等校點，《唐五代筆記小說大觀》，上海：上海古籍出版社，2000。

2. 山根幸夫主編，《中國史研究入門‧上冊》，北京：社會科學文獻出版社，2000。

3. 王文寶，《中國民俗研究史》，哈爾濱：黑龍江人民出版社，2003。

4. 王永平，〈論唐代的圍棋文化〉收入《唐文化研究論文集》，上海：上海人民出版社，1994。

5. 王永平，《唐代游藝》，西安：西北大學出版社，1995。

6. 王永平，〈唐代的雙陸與握槊、長行考辨〉收入《唐史論叢‧第9輯》，西安：三秦出版社，2007。

7. 王永平，《遊戲、競技與娛樂：中古社會生活透視》，北京：中華書局，2010。

8. 王定璋，《猜拳‧博戲‧對舞》，成都：四川人民出版社，2003。

9. 王宏凱，《中國古代游藝》，北京：中國國際廣播出版社，2010。

10. 王壽南，《唐代的宦官》，台北：臺灣商務印書館，2004。

11. 文史哲出版社編輯部，《唐人傳奇小說》，台北：文史哲出版社，1981。

12. 文芳主編，《黑色大歷史——賭博人生》，北京：中國文史出版社，2008。

13. 戈春源，《賭博史》，台北：華成圖書出版股份有限公司，2004。

14. 白川靜，王巍譯，《中國古代民俗》，瀋陽：春風文藝出版社，1991。

15. 史良昭，《枰聲局影──中國博弈文化》，上海：上海古籍出版社，1991。

16. 史良昭，《博弈遊戲人生》，台北：台灣商務印書館，1992。

17. 朱蕾，《賭博的歷史》，哈爾濱：哈爾濱出版社，2009。

18. 承恩元，《敦煌碁經箋證》，成都：蜀蓉棋藝出版社，1990。

19. 汪石滿，《中國民俗》，合肥：安徽教育出版社，2002。

20. 李用兵，《中國古代法制史話》，北京：中共中央黨校出版社，1991。

21. 李建民，《中國古代游藝史──樂舞百戲與社會》，台北：三民書局，1993。

22. 李寅生，《論唐代文化對日本文化的影響》，成都：金龍印務有限公司，2001。

23. 李斌城，《隋唐五代社會生活史》，北京：中國社會科學出版社，1998。

24. 李斌城，《唐代文化》，北京：中國社會科學出版社，2002。

25. 李耀忠，《雞王雄風》，北京：中國社會出版社，2009。

26. 李露露，《圖說中國傳統玩具與遊戲》，西安：世界圖書出版公司，2006。

27. 宋會群、苗雪蘭，《中國博弈文化史》，北京：社會科學文獻出版社，2010。

28. 周偉中，《棋類遊戲100種》，北京：人民體育出版社，2009。

29. 胡世慶，《中國文化通史》（上）（下），台北：三民書局，2005。

30. 殷偉，《女子游藝》，北京：文物出版社，2003。

31. 涂文學，《賭博的歷史》，北京：中國文史出版社，2009。

32. 郭雙林、蕭梅花，《中國賭博史》，台北：文津出版社，1996。

33. 殷登國，《百戲圖》，台北：時報文化公司，1992。

34. 徐家亮，《中國古代棋藝》，北京：商務印書管出版，1991。

35. 孫昌武，《隋唐五代文化志》，上海：上海人民出版社，1998。

36. 孫昌武，《隋唐五代文化史》，上海：東方出版中心，2007。

37. 孫順霖，《中國人的賭》，鄭州：中原農民出版社，2005。

38. 張仁善，《中國古代民間娛樂》。北京：商務印書館，1996。

39. 張亮采，《中國風俗史》，北京：東方出版社，1996。

40. 陳正平，《唐代游藝詩歌研究》，台北：文津出版社，2007。

41. 陳賢玲編著，《象棋方程》，北京：中國社會出版社，2009。

42. 傅京印，《遊戲棋》，北京：中國青年出版社，2008。

43. 畢世明，《中華文化通志》〈第五典教化與禮儀‧體育志〉，上海：上海人民出版社，1998。

44. 麻國鈞,《中華傳統遊戲大全》,北京:農村讀物出版社,1990。

45. 崔樂泉,《圖說中國古代遊藝》,台北:文津出版社,2002。

46. 黃寬重、柳立言,《中國社會史》,台北:國立空中大學,1996。

47. 萬繩楠整理,《陳寅恪魏晉南北朝史講演錄》,合肥:黃山書社,1987。

48. 楊蔭深,《中國古代游藝活動》,台北:國文天地雜誌社,1989。

49. 劉建美,《百年中國社會圖譜——從傳統消遣到現代娛樂》,成都:四川人民出版社,2003。

50. 劉餗,《筆記小說大觀》,台北:新興書局,1976。

51. 魯威,《市井文化》,遼寧:遼寧教育出版社,1993。

52. 謝貴安,《君王游樂萬機輕——皇室娛樂》,武漢:華中理工大學出版社,1994。

53. 蔡豐明,《遊戲史》,上海:上海文藝出版社,1997。

54. 韓養民、朱玉等著,《中國古代飲食》,西安:陝西人民出版社,2002。

55. 韓養民、郭興文等著,《中國民俗史·隋唐卷》,北京:人民出版社,2008。

56. 羅香林,《唐代文化史》,台北:台灣商務印書館,1974。

57. 羅新本、許蓉生,《中國古代賭博習俗》,陝西:陝西人民出版社,2002。

58. （英）蘭·費雪著,顧潔譯,王茁審,《石頭、剪刀、布》,北京:清華大學出版社,2009。

59. 嚴可均輯,《全上古三代秦漢三國六朝文》,北京:中華書局,1958。

三、期刊（學報）論文

1. 文司古,〈六博之戲〉,《飛（奇幻世界）》第 9 期,2006。

2. 文多斌,〈兩漢三國至隋唐五代時期的投壺〉,《台東師院學報》14 期（上）,2003。

3. 于左,〈玩物尚志:唐朝那些玩意兒〉,《文化月刊》第 3 期,2009。

4. 王則、李成、黃嵐,〈庫倫遼墓出土雙陸及相關的幾個問題〉,《北方文物》第 4 期,2000。

5. 王俊奇,〈演興亡于方盤,遇諷化于爭琮——博戲「響屩」考釋〉,《體育文史——學術園地》第 6 期,1997。

6. 王俊奇,〈長行是雙陸之異〉,《體育文史》第 2 期,1997。

7. 王建玲,〈投壺——古代寓教於樂的博戲〉,《文博》第 3 期,2008。

8. 王惠生,〈《觀弈棋》賞析〉,《南京師範大學文學院學報》第 2 期,2005。

9. 王慧,〈千年古風話雙陸〉,《紫禁城》第 6 期,2008。

10. 王堯,〈梟、博考源——西藏民間娛樂文化探討之一〉,《中國藏學》第 2

期，1996。

11. 王璐，〈王梵志詩中關於飲食博戲的世俗生活〉，《安陽師範學院學報》第 6 期，2006。

12. 司古，〈六博之戲〉，《飛——奇幻世界》第 9 期，2006。

13. 生活報，〈中國歷代嚴刑・禁賭揭密〉，《東西南北》第 4 期，2005。

14. 朱利民，〈唐代棋道〉，《人文雜誌》第 4 期，1990。

15. 朱曉海，〈讀兩漢詠物賦雜俎〉，《漢學研究》第 18 卷第 2 期，2000。

16. 向敏，〈賭徒的錯覺〉，《半月選讀》第 8 期，2008。

17. 老郝，〈從麻將不屬競技想到博弈〉，《新體育》第 1 期，1996。

18. 李江峰，〈敦煌本《孔子項託相問書》成書時代淺探〉，《河西學院學報》第 20 卷第 1 期，2004。

19. 李宗山，〈棋枰史話〉，《故宮文物》第 19 卷第 7 期，2001。

20. 李金梅，〈敦煌古代博弈文化考析〉，《體育科學》第 19 卷第 5 期，1999。

21. 李金梅、路志峻，（中國古代博戲考），《體育文化導刊》第 12 期，2005。

22. 李東琬，〈唐代弈棋人物鏡〉，《紫禁城》第 1 期，1989。

23. 李祥林，〈元曲中的圍棋和雙陸〉，《尋根》第 1 期，2005。

24. 李從明、胡沙可，〈漁獵博戲鏡淺析〉，《收藏家》第 6 期，2004。

25. 李寶柱，〈歷代禁賭史話〉，《黨政干部文摘》第 3 期，2005。

26. 宋德金，〈雙陸與民族文化的交流和融合〉，《歷史研究》第 2 期，2003。

27. 宋肅懿，〈唐代長安居民的都市生活與時尚〉，《明新學報 34 卷》第 1 期，2008。

28. 余明成，〈唐代長安市民遊藝活動初探〉，《新亞論叢》第 4 期，2002。

29. 杜朝暉，〈雙陸考〉，《中國典籍與文化》第 2 期，2006。

30. 杜朝暉，〈雙陸不勝、鸚鵡折翼來源考〉，《湖北大學學報》第 33 卷第 4 期，2006。

31. 杜聰明，〈吐魯番墓葬文物所見社會文化現象〉，《逢甲人文社會學報》第 1 期，2000。

32. 辛藝，〈武則天與中國象棋〉，《文史雜志》第 6 期，1996。

33. 周清泉，〈從弈博到賭博〉，《成都大學學報》第 3 期，1994。

34. 柳立言，〈研究賭博史的重要問題〉，《廣西大學學報》第 20 卷第 4 期，1998。

35. 苗雪蘭、宋會群，〈撲掩和攤錢——古代用錢幣作賭具的博戲研究〉，《韶關學院學報》第 29 卷第 2 期，2008。

36. 胡作玄，〈漫話賭博〉，《百科知識》第 1 期，2009。

37. 胡德生，〈古代棋桌上的風雲〉，《收藏》第 7 期，1997。

38. 祝中熹，〈彩繪木雕六博俑〉，《絲綢之路》第 3 期，1999。

39. 涂文學，〈中國古代賭博的流變〉，《文史知識》第 10 期，1994。

40. 馬建春，〈大食雙陸棋弈的傳入及其影響〉，《回族研究》第 4 期，2001。

41. 婁午塵，〈戒賭文化集趣〉，《閱讀與寫作》第 4 期，2006。

42. 陶立明，〈宋元禁賭及其賭風昌勝之原因初探〉，《淮南師範學院學報》第 3 卷第 1 期，2001。

43. 陶立明，〈宋元時期賭風再探〉，《淮北煤師院學報》第 23 卷第 3 期，2002。

44. 張世宗，〈游藝學應用模式初探：以博弈遊戲的功能性分析為例〉《臺北教育大學學報》第 19 卷第 1 期，2006。

45. 張宏林、馮謀泰，〈漢鏡中的規矩紋博局銘博戲圖與八極〉，《收藏家》第 9 期，2009。

46. 張忠年，〈漢代博戲與賭博習俗〉，《許昌學院學報》第 22 卷第 3 期，2003。

47. 張連舉、周玲，〈元雜劇中的賭鬥遊戲習俗〉，《許昌學院學報》第 26 期，2007。

48. 張燕波，〈唐代的博戲〉，《華夏文化》第 3 期，2001。

49. 陳一弘，〈仙鄉、帝鄉、梓鄉：崔顥‧黃鶴樓新詮〉，《東華漢學》第 6 期，2007。

50. 陳偉武，〈棋語〉，《語文建設》第 3 期，1997。

51. 理典，〈樗蒲與樗櫟〉，《咬文嚼字》第 4 期，2008。

52. 許蓉生，〈淺議六博的產生、演變及其影響〉，《四川文物》第 6 期，2005。

53. 許蓉生，〈士大夫賭博風氣的時代特點〉，《中華文化論壇》第 3 期，2006。

54. 崔樂泉，〈最早的六博棋盤〉，《體育文史》第 1 期，1994。

55. 崔樂泉，〈中國古代六博研究（上）〉，《體育文化導刊》第 4 期，2006。

56. 崔樂泉，〈中國古代六博研究（中）〉，《體育文化導刊》第 5 期，2006。

57. 梓樵，〈漫議博、彩、賭〉，《觀察與思考——法學》第 1 期，1999。

58. 曾洪林，〈彈棋探析〉，《體育文化導刊》第 4 期，2008。

59. 黃水云，〈論歷代博弈賦及其時代內蘊〉，《東方叢刊》第 1 期，2009。

60. 楊春芳，〈唐代致仕與休閒文化〉，《華夏文化》第 2 期，2002。

61. 楊樂生，〈中國歷代賭博奇觀〉，《文史天地》第 5 期，2007。

62. 楊樂生，〈中國歷代賭博奇觀〉，《文史月刊》第 8 期，2008。

63. 賈興安，〈遊戲與歷史〉，《大舞台藝術雙月刊》第 5 期，1998。

64. 路志峻、張有，〈絲綢之路上的胡戲——雙陸之考析〉，《敦煌研究》第 5

期，2009。

65. 劉向暉，〈來自博弈的智慧：中國模式和西方模式〉，《南通師範學院學報》第 19 卷第 1 期，2003。

66. 劉佳，〈六博棋與中國最早的六博棋盤〉，《河北畫報》第 7 期，2009。

67. 劉華清，〈賭博心理探究〉，《生活與健康》第 2 期，2001。

68. 劉曉明、屠應超，〈論唐代雜劇的形態〉，《廣州大學學報》第 3 卷第 11 期，2004。

69. 趙光懷，〈漢代博戲風氣〉，《華夏文化》第 2 期，2003。

70. 寧稼雨，〈《世說新語》中樗蒲的文化精神〉，《鹽城師範學院學報》第 1 期，2000。

71. 輝子，〈中國歷代嚴刑禁賭揭密〉，《文史博覽》第 5 期，2005。

72. 樂朋，〈好賭的中國人〉，《同舟共進》第 11 期，2005。

73. 樂朋，〈好賭的國人〉，《雨花》第 9 期，2006。

74. 廖濤、李振國，〈隋唐時期中國體育對日本的影響〉，《學術園地》第 4 期，1998。

75. 鄭豔娥，〈博塞雛議〉，《南方文物》第 2 期，1999。

76. 謝高文、岳起，〈塔爾波秦人博局圖〉，《文博》第 4 期，1997。

77. 燕軒，〈中國歷史上的賭博奇聞〉，《政府法制》第 9 期，2009。

78. 蘭殿君，〈中國歷史上的禁賭〉，《教師博覽》第 7 期，1996。

四、學位論文

1. 郭于菁，〈東晉士人應世觀的轉折〉。台南：成功大學中國文學系碩士班學位論文，2005。

2. 賴永大，〈唐代弈棋文化探微〉。台中：中興大學歷史學系碩士在職專班學位論文，2007。

五、外文書

1. （日）增川宏一，《賭博》。東京：法政大學出版局，1983。

2. （日）大原芳藏菊雄，《日用百科全書・圍棋與將棋・雙陸錦囊》。

3. （韓）김광언，《민속놀이 Minsoknori. 대원사》，2001.

4. （韓）Yi I-Hwa/Lee E-Wha, transl. Park Ju-Hee, 《Korea's Pastimes and Customs: A Social History》. Homa & Sekey Books, 2005.

5. Austin, Roland G., 《Roman Board Games》（I. Greece & Rome. 4 （10）），1934.

6. Hayes, William C, 《Egyptian Tomb Reliefs of the Old Kingdom. The

Metropolitan Museum of Art Bulletin》（New Series 4 （7）），1946.

7. Lillich, Meredith Parsons.《The Tric-Trac Window of Le Mans. The Art Bulletin65 （1）》，1983.

8. Murray, Harold James Ruthven.《Race-Games. A History of Board-Games Other than Chess. Hacker Art Books》.